인문치료총서 14

인문치료의 이론과 방법

강원대학교 인문과학연구소 (엮음)
김선희, 엄찬호, 유강하, 유건상, 윤일수
이민용, 이영의, 정성미, 정락길, 최병욱 (지음)

강원대학교 출판부

책 머리에

인문학은 예로부터 사람들에게 위안을 주고 마음 속 고민과 문제들을 해결하도록 힘을 주었으며, 마음의 상처들을 치유해주는 역할도 해왔다. 인문학에 내재되어 온 이러한 치유적 속성들을 체계적으로 활용하여 현대인의 정신적 위기와 마음의 문제들을 해결하려고 등장한 것이 인문치료이다. 강원대학교 인문과학연구소의 인문치료 사업단은 인문학 정신과 인문학적 방법으로 인문학의 치유적 속성을 체계적으로 활용하려는 활동 속에서 연구의 성과들을 쌓아오고 있다. 이러한 노력들의 성과가 이번에 여기 또 한 권의 책 『인문치료의 이론과 방법』으로 묶여져 나왔다. 인간 삶의 의미와 가치를 추구하는 학문인 인문학에는 문학, 역사, 철학, 미학, 종교학 등이 있고, 이런 인문학의 연장선상에 예술과 심리학 및 상담학 등이 관계된다고 할 수 있다. 이 책에는 이러한 분야의 연구들이 '인문치료의 이론과 방법'이라는 주제로 모이게 되었다.

이 책은 크게 2부로 나뉘어 있다. 그 중에서 제1부는 세 편의 글을 통해 인문치료의 바탕을 이루는 인문치료의 이론들을 조명하고 있다. 구체적으로 살펴보면, 책의 서두를 차지하고 있는 연구 「철학치료의 본질」은 인문학의 기본이 되는 철학의 입장에서 인문치료를 조명한다. 여기서 주로 다루어지고 있는 철학치료에 관한 이론은 곧바로 인문치료에 관한 이론적 논의의 토대를 마련하는 데로 이어질 수 있을 것이다. 다음에 이어지는 글 「내러티브의 소통이론과 치유적 활용」은 내러티브를 활용하여 인문치료를 달성할 수 있는 이론들을 살펴보고 그것의 치유적 활용 가능성을 다루고 있다. 이 연구는 인문학의 기반을 이루는 내러티브와 인문치료에 두루 적용될 수 있는 내러티브 소통을 서사학의 소통 이론에 힘입어서 적용하여 인문치료, 문학치료, 스토리텔링치료 등에서 효과적으로 활용될 수 있는 가능성을 모색하고 있다.

한편 「프로이트의 사유에 나타난 카타르시스에 대하여」에서는 문학과 예술을 통한 인문치료에서 중요한 쟁점에 있는 카타르시스 개념을 살펴보고 있다. 고대 아리스토텔레스 시대부터 고단한 삶의 스트레스에서 벗어나 삶의 불안을 해소하고 새로운 삶의 동기를 부여받는 데에 중요한 개념이었던 카타르시스 개념을 프로이트의 사유에서 살펴봄으로써 삶을 새롭게 통찰할 수 있는 가능성을 제기하고 있다. 여기서는 예술 작품에서 나타나는 카타르시의 효과의 복합성을 주목한 바 있는 프로이트의 논의들을 검토함으로써 프로이트에게서 자기애적 카타르시스라는 개념과 상실과 상처로부터 다시 새로운 세계를 도모하는 통찰적인 카타르시스의 개념이 제기되고 있음을 살펴보고 있다.

이 책의 제2부는 총 6편의 글을 통해 인문치료의 방법과 그 활용에 대해 다루고 있다. 우선 「출소자의 행복한 재사회화를 위한 '상호통섭적' 인문치료」를 보면, 이 글은 교도소 출소자들이 새로운 삶의 토대를 성공적으로 마련하도록 돕기 위한 인문학적 접근을 연구하고 있다. 이를 위하여 우선 출소자 재사회화 사업의 현황과 재사회화의 요인들을 살펴보고, 다음으로 재소자와 출소자에 대한 인문학 프로그램 현황과 재사회화 인문치료 프로그램의 과제와 대안을 제시하고 있다.

다음으로 「한국전쟁 전후 민간인 학살에 대한 분노와 치유」는 오랫동안 금기의 대상이 되었던 한국전쟁기 민간인 집단학살사건들과, 수십년 간 이어져 온 반공이데올로기에 희생된 피해자들을 조명하고 있다. 이 글을 통해 지금까지 마음속에 고통을 안고 살아가면서도 드러낼 수 있는 방법도 찾지 못하여 마음의 분노와 상처에서 벗어나지 못하고 있던 피해자들의 고통을 치유할 수 있는 국가적·사회적 치유프로그램 마련을 위한 연구가 제시되고 있다.

다음의 연구 「'고통'과 치유의 글쓰기」는 『사기』(史記)로 널리 알려진 사마천(司馬遷)이 가장 치욕적인 궁형(宮刑)을 받아 육체적·정신적 고통에 시달리면서 썼던 두 글, 즉 편지글인 「보임안서」(報任安書)와 자전적 성격의 「태사공자서」(太史公自序)를 통해 사마천의 글쓰기가 개인의 고통에 어떠한 영향을 주었고 그것의 의미는 무엇인지를 되묻는다. 이 글은 사마천이 글쓰기를 통해 돌이킬 수 없는 고통을 받아들이고, 스스로의 정체성과 자존감을 회복하려고 노력했다는 점, 사마천에게 있어 글쓰기가 치유의 과정이 되었다는 점을 밝힘으로써 글쓰기 측면에서 인문치료를 조명하고 있다.

「시치료로 본 예이츠의 초기시: 현실의 수용과 자아 성장」은 영국의 시인 예이츠의 초기시를 인문치료의 구체적 방법 중의 하나인 시치료적 관점에서 접근한다. 시 쓰기를 통하여 현실을 수용하고 자아 성장을 이룸으로써 더욱 지혜롭게 변모했던 예이츠에 대한 연구를 통해 시 감상 및 창작을 통한 개인의 변화라는 관점에서 시치료를 통한 인문치료의 가능성을 살펴보고 있다.

한편 「인문치료 구술 자료의 어휘 분석」에서는 인문치료 활동에서 얻은 말하기 자료의 어휘 분석을 통해 어휘 분석이 대상자들의 심리적, 정서적인 상태와 어떤 연관성을 갖고 있으며, 그 변화를 인지할 수 있는 척도로서 가능한가를 고찰하고 있다.

마지막으로 「텔레비전에서 만난 사이코드라마」는 TV 프로그램을 통해 소개되는 변형된 사이코드라마가 시청자들의 사이코드라마에 대한 인식에 미치는 영향이 무엇인가를 중심으로 살펴보고 있다. 이를 통해 TV프로그램에서 사이코드라마가 방영됨으로써, 변형된 사이코드라마를 전통적인 것으로 오인하는 경향도 있으나, 사이코드라마의 대중화에 상당히 기여하고 있다는 점을 밝히고 있다.

이 책은 지난 몇 년 동안 축적된 인문치료의 성과들을 담은 것들이다. 그러나 이 책 한 권으로 인문치료의 이론과 방법이 모두 완성되었다는 것은 결코 아니다. 이 책이 인문치료가 가는 폭넓고 긴 여정에 놓이는 작은 징검다리가 될 수 있기를 희망할 뿐이다. 이

책을 통해 인문치료에 대한 이해가 조금이라도 더 깊어지고 인문치료의 이론과 방법론이 보다 더 발전되는 데에 밑거름이 마련되기를 기대한다.

2014년 6월

필자들을 대신하며 이민용 씀

| 차 례 |

I 인문치료의 이론

철학치료의 본질

내러티브의 소통이론과 치유적 활용

프로이트의 사유에 나타난 카타르시스에 대하여

철학치료의 본질

이 영 의

1. 머리말

철학이 치료가 될 수 있는가? 철학이 치료라면 그 방법은 무엇인가? 철학치료가 문자 그대로 의사가 수술을 통해 심장병을 치료하듯이, 약사가 감기약을 처방대로 조제하듯이 마음의 불편함과 고통을 치료할 수 있는가?

나중에 자세히 논의하겠지만 여기서 말할 수 있는 것은 마음의 병을 치료하는데 있어서 의학치료만이 치료이고 나머지는 치료가 아니라는 주장은 억지라는 것이다. 우울할 때 프로작(Prozac)을 복용하여 우울한 상태를 벗어나는 것과 세네카를 읽거나 바흐의 음악을 듣고 우울한 상태를 벗어나는 것의 차이는 무엇인가? 그 중 어느 것이 진정한 마음 치료인가? 철학이 치료가 될 수 있는가라는 질문은 치료, 치유, 상담과 같은 개념적 문제라기보다는 철학이 어떤 의미에서 치료적 기능을 갖는가라는 실천적 문제이다. 우리는 그 질문에 대답하기 위해서 철학치료의 대상이 무엇이고(what), 그 대상을 어떻게(how) 치료해야 할 것인지를 검토할 필요가 있다.

이 글의 목적은 철학치료의 대상과 방법을 검토하여 그 본질을 파악하는 데 있다. 첫째, 이 글은 철학치료의 목적, 대상, 방법에 대한 검토를 통해 철학치료의 본성을 논의한다. 둘째, 이 글은 철학치료의 주 대상을 철학적 병 또는 철학적 병을 앓고 있는 정상인이라고 보고 그 병의 특징들을 검토하고, 이어서 존재론적, 인식론적, 논리적, 윤리적, 미학적 차원에서 철학적 병에 접근할 것을 제안한다. 또한 이 글은 질병을 분류하는 체계와 치료 차원을 의학치료, 심리치료, 철학치료를 중심으로 검토하여 철학치료의 정체성을 논의하기 위한 예비적 작업을 수행할 것이다.

셋째, 이 글은 철학치료의 정체성을 자기지시적, 주체적, 목적론적 특징을 갖는 것으로 파악하고 철학치료의 세 가지 원리, 즉 체화성 원리, 초월성 원리, 목적상대성 원리를 제시한다. 구체적으로 실천추리에 기반을 둔 목적론적 모형을 제시할 것이다. 이런 작업을 통해 철학치료가 의학치료와 심리치료와 차이가 나는 지점을 제안한다. 의학치료와 심리치료가 마음의 병에 대해 주로 인과적 접근을 취하는 데 비해 철학치료는 삶의 목적과 의미를 강조하는 목적론적 접근을 제공한다는 점을 주장할 것이다.

2. 철학치료의 정의

철학치료란 무엇인가? 철학치료가 심리치료만큼 일반적이지 않은 만큼 그에 대한 정의가 필요하다. 그런데 철학치료에 대한 정의를 내리는 데 있어서 유사한 명칭들이 혼용되고 있어 일반인뿐만 아니라 전문가들도 개념상 혼란을 느끼고 있다. 현재 이 분야에서는 철학치료를 지칭하는 명칭으로는 철학실천(philosophical practice), 임상철학(clinical philosophy), 철학치료(philosophical therapy) 철학상담(Philosophical counseling) 등이 사용되고 있다. 위의 명칭들은 저마다 강조하는 바가 다르기 때문에 그것들이 동일한 한 분야를 지칭한다고 볼 수는 없을 것이다. 여기서 개념의 교통정리가 필요한데,[1] 그 일은 이 글의 주요 목적이 아닐뿐더러 설사 여기서 어떤 제안을 한다고 하더라도 일반성을 확보하기는 어렵기 때문에 이 글에서는 통칭하여 '철학치료'로 표기할 것이다.

철학치료는 간단히 정의하면 '철학으로 삶의 문제를 치료하는 분야'이다. 여기서 치료란 대화, 토론, 성찰, 상담을 포함하는 활동이다. 그러나 이런 간단한 정의로는 철학치료의 본성을 파악하기는 어렵기 때문에 좀 더 상세한 정의가 필요하다. 가장 상세하고도 전문적인 정의는 라하브와 틸리만스((Ran Lahav and Maria da V. Tillimanns)에서 발견된다.[2]

> "철학상담은 오랜 전통을 새롭게 변형시켜 1980년대 초반에 유럽에 소개된 것이다. 철학상담은 심리학적 방법 보다는 철학적 방법으

로 일반인의 곤경을 다루는 접근법이다. … 그들의 곤경은 삶의 무의미함과 같은 일반적 느낌들과 보다 깊은 자기이해에 대한 욕구로부터 의사결정의 어려움, 가족 문제, 직업적 불만들과 같은 구체적 문제들에 이르기 까지 사실상 병리적인 문제는 아니지만 심리치료사가 다루는 대부분의 문제들을 말한다. 상담 과정에서 이루어지는 토론은 내담자가 그들 자신과 세계에 대한 철학적 이해를 계발하여 세계관을 풍요롭게 하고 자신들의 문제를 다룰 수 있어 스스로의 방식대로 살아가도록 돕는 것이다."

"이러한 접근이 철학적인 이유는 많은 개인이 처하는 곤경들은 본질적으로 철학적 문제들을 포함한다고 가정하기 때문이다. 그러므로 가족, 자신, 직업과 관련된 문제들은 종종 개념적 질문(예: 우정, 사랑, 자존심심의 개념적 문제), 윤리적 질문(예: 왜 자녀들에 대해 도덕적 책무, 배우자를 떠나보내는 데 있어서 도덕적 적절성), 실천적 질문들(예: 무엇이 진정되고 보람된 삶인가)과 그와 유사한 주제들을 포함한다."

"철학상담사의 역할은 개념분석 혹은 현상학적 연구와 같은 철학적 도구를 활용하여 내담자들이 처한 곤경들과 삶을 탐색하도록 돕는 것이다. 내담자들은 이러한 탐색을 통하여 그들의 세계관과 곤경들을 대하는 태도를 '채색'하는 새로운 통찰에 이른다."

위의 인용문은 철학치료의 목적, 대상, 방법 등을 포함하여 철학치료의 본질을 잘 보여준다. 거기에 따르면 철학치료의 목적은 내담자로 하여금 세계관을 계발하여 자신의 곤경을 극복할 수 있도록 돕는 데 있다. 철학치료의 대상은 정신병이나 정신장애를 앓고 있는 환자가 아니라 삶의 문제로 고민하고 있는 정상인이다. 그리고 철학치료의 방법은 수술이나 약물이 아니고 철학적 대화와 토론, 개념 분석이나 현상학적 방법이다. 철학치료의 목적이 세계관의 계발과 해석이라는 입장은 다양한 철학치료 학파에 통용될 수 있을 것이다. 왜냐하면 하이데거가 말했듯이 인간은 세계 내 존재(In-der-Welt-Sein)이기 때문에 한 개인의 삶의 문제를 제대로 해결하기 위해서는 내적 세계뿐만 아니라 가족, 이웃, 사회 등을 포함한 외적 세계도 고려해야 하기 때문이다.

위의 정의가 제기하는 중요한 논점 중 하나는 철학치료와 심리치료는 치료 대상, 즉 그 치료들이 해결하고자 하는 문제들이 대체로 일치한다는 주장이다. 그렇다면 그 두 가지 치료는 어떻게 차이가 나는가? 이 질문에 대답하기 위해 우리는 질병을 분류하고 그것들의 치료 차원을 고려할 필요가 있다.

3. 질병 분류와 치료차원

3.1 질병 분류

인류를 괴롭혀 온 질병의 종류는 매우 다양하다. 인간의 질병 중 상당수는 치료약이 개발되고 보건 환경이 개선됨에 따라서 극복되고 있지만 어떤 것들은 여전히 인류에게 위협적인 존재로 남아있기도 하고 또한 새로운 질병이 나타나기도 한다. 질병에 대한 체계적 분류로는 세계보건기구(WHO)가 개발한 국제질병분류(The International Statistical Classification of Diseases and Related

Health Problems, ICD-10, 1993)가 있다. 우리나라의 경우 ICD-10을 기본으로 하여 우리 실정에 맞는 한국표준질병사인분류(Korean Standard Classification of Diseases, KCD-6, 2010)를 제정하여 사용하고 있다. 한국표준질병사인분류에서는 질병들이 다음과 같이 분류되고 있다.

전신침해 질병군	I 특정 감염성 및 기생충성 질환
	II 신생물
전신병적질환군	III 혈액 및 조혈기관의 질환과 면역메커니즘을 침범하는 특정 장애
	IV 내분비, 영양 및 대사 질환
인체 해부학적 계통별 질환군	V 정신 및 행동 장애
	VI 신경계통의 질환
	VII 눈 및 눈 부속기의 질환
	VIII 귀 및 유돌의 질환
	IX 순환계통의 질환
	X 호흡계통의 질환
	XI 소화계통의 질환
	XII 피부 및 피하조직의 질환
	XIII 근골격계통 및 결합조직의 질환
	XIV 비뇨생식계통의 질환
분만 · 기형 · 신생아 질환	XV 임신, 출산 및 산후기
	XVI 출생전후기에 기원한 특정 병태
	XVII 선천 기형, 변형 및 염색체 이상
기타 병태	XVIII 달리 분류되지 않은 증상, 징후와 임상 및 검사의 이상 소견
	XIX 손상, 중독 및 외인에 의한 특정 기타 결과
기타 분류	XX 질병이환 및 사망의 외인
	XXI 건강상태 및 보건서비스 접촉에 영향을 주는 요인
	XXII 특수목적 코드

위의 표에서 분류된 질병들은 크게 두 종류로 나뉜다. 즉 신체의 병과 마음의 병이 그것이다.[3] 질병을 이처럼 신체의 병과 마음의 병을 구분하는 것은 오랜 역사를 갖고 있다. 스토아 사상가들은 그 두 가지 질병을 구분하고 있었는데 예를 들어 키케로는 '영혼의 질병이 신체의 질병 보다 더 위험하고 더 다양하다"고 지적했다.

마음의 병에는 두 가지 유형이 있다.

첫째 유형의 마음의 병은 정신분열증, 조울증, 편집증 등과 같이 뇌의 기능적 장애 때문에 발생하는 병들과 불안장애, 공황장애, 우울장애, 강박장애 등 신경증 계통의 장애들이 이에 속한다. 이런 유형의 마음의 병들은 KCD-6에서는 'V 정신 및 행동 장애' 항목 아래에 분류되고 있는데 그것들을 치료하는 주요 방법은 약물치료나 상담치료이다.[4] 예를 들어 도파민 가설에 따르면 정신분열증은 신경전달물질인 도파민이 과다 분비되기 때문에 발생한다. 만약 도파민 가설이 옳다면 정신분열증은 도파민의 분비를 통제하는 약물을 이용하여 치료할 수 있다. 다양한 신경증 환자들은 주로 심리치료가 제공하는 상담을 통해 치료를 받고 있다. 그러나 첫째 유형의 마음의 병은 철학치료의 주 대상이 될 수 없고 따라서 우리의 관심사도 아니다.

둘째 유형의 마음의 병은 신경생물학학적 원인이 아니라 자아와 사회, 그리고 그것들과 관련된 존재론적이고 가치론적 문제 때문에 발생한다. 이런 점에서 우리는 둘째 유형의 마음의 병을 '철학적 병'이라고 부를 수 있다.[5] 철학은 전통적으로 형이상학 및 존재론, 인식론, 논리학, 윤리학, 미학이라는 분야로 구분되어 왔는데.

우리는 그 구분을 이용하여 다음과 같이 둘째 유형의 마음의 병을 확인할 수 있다.[6)]

- 존재론적 병 : 삶의 목적과 의미 상실, 자아 상실, 세계관 혼란, 죽음에 이르는 병(키에르케고르), 실존적 공허(빅터 프랑클)
- 인식론적 병 : 무지의 오류(소크라테스), 지식의 오남용
- 논리적 병 : 형식적 오류, 비형식적 오류
- 윤리적 병 : 도덕성 상실, 앎과 행동의 괴리
- 미학적 병 : 미적 감각 상실, 미적 가치에 대한 불감증

위의 구분은 좀 더 세분화될 수 있다. 예를 들어 김영진(2004)은 한국 사회에 초점을 맞추어 둘째 유형의 마음의 병, 즉 철학적 병을 다음과 같이 구체적으로 설명하고 있다.

차 원	종 류
윤리 및 가치관 차원	잘못된 의리
	왕따를 당연시하는 의식
	잘못된 개인주의
	보수와 진보에 대한 오해
	보편화 가능성의 원리를 지키지 않는 병
	도덕과 예절을 구별하지 못하거나 하지 않는 병
	광신주의
	관용의 한계를 모르는 병
	잘못된 민족주의
	잘못된 성도덕
	화병
논리적 차원	사실과 가치를 구별하지 못하는 병
	논리적 모순
	비형식적 오류
인식론 차원	베이컨의 우상들(종족, 동굴, 시장, 극장의 우상)
	퍼어스의 신념 정착법

첫째 유형의 마음의 병과 철학적 병을 구분 짓는 주요한 기준은 첫째 유형의 마음의 병에 걸린 사람은 '환자'이지만 둘째 유형의 마음의 병은 표준적인 의학적 분류에 포함되지 않기 때문에 질병이라고 볼 수 없고 따라서 그것에 걸린 사람은 환자라고 부를 수 없다는 점이다. 환언하면 철학적 병은 정상인이 앓는 병이다. 철학적 병에 걸린 사람들은 의학적 의미에서 환자가 아닌 것이 분명하지만 심각한 실존적 문제를 갖고 있으며 그로 인해 자신이 심각한 고통을 받고 있거나 아니면 주위 사람들에게 심각한 해를 끼칠 수 있다는 점에서 마음에 붕대를 감아야 할 사람이고 그런 의미에서 역설적으로 '진정한 환자'이다. "영혼의 질병이 신체의 질병 보다 더 위험하고 더 다양하다"는 키케로의 말은 바로 이 점을 지적한 것이다.

철학적 병의 주체는 종종 개인이 아니라 사회일 경우가 있다.[7] 우리는 역사를 통해 한 사회가 일정 기간 동안 '사회적 건강'을 잃고 병리적 현상을 보인 경우를 보아 왔다. 예를 들어 1933년부터 1945년까지 나치정권 하의 독일사회가 그것이다. 1933년에 제정된 단종법에 의해 정신장애를 포함하여 유전적 결함을 갖고 있다고 판단된 40여만 명이 강제로 불임 수술을 당했고, 1940년에는 T-4 작전을 통해 4천여 명의 장애인들이 살해되었다. 또한 1935년에 제정된 뉘른베르크 법에 의해서 유대인들은 독일시민권을 박탈당하고 공직으로부터 추방되었고, 1938년에는 유대인이 운영하는 상점들이 파괴되는 사건이 발생했고 그 이후로 대대적인 유대인 학살이 이루어졌다. 우생학적 관점에서 행해진 강제 불임수술, 장애인 살해, 유대인 박해 및 학살 등이 행해진 당시의 독일사회는 '이성마비병'에 걸려있었다.

3.2 치료 차원

지금까지 살펴본 질병 분류에 따르면 질병은 크게 신체의 병과 마음의 병으로 구분되고, 후자는 다시 신경생물학적 마음의 병과 철학적 병으로 구분된다. 질병에 대한 이런 구분이 주어지면 우리는 어렵지 않게 그런 질병들을 치료하는 차원을 제시할 수 있다.

둘째 유형의 마음의 병	철학치료
첫째 유형의 마음의 병	정신과치료, 심리치료, 철학치료
신체의 병	(정신과 치료를 제외한) 의학치료

위 표에서 나타나듯이 신체의 병과 달리 마음의 병은 어느 한 가지 치료가 독점적으로 그 병을 치료할 수는 없다. 그 이유는 마음의 병들은 선천성 우울증이나 정신분열증과 같은 전형적인 경우를 제외하고는 두 가지 유형에 속할 수 있기 때문이다. 따라서 마음의 병들이 모두 정확히 위에서 제시된 두 가지 유형으로 구분될 수 있는 것은 아니다. 예를 들어 우울증은 다양한 원인들, 즉 뇌의 이상, 암페타민이나 알코올의 부작용, 어릴 적 정신외상, 도덕적 딜레마 등으로 인해 발생할 수 있다.[8] 우울증의 원인이 이처럼 다양하다면 그것은 여러 차원에서 치료될 수 있을 것이다. 메리노프(Marinoff)에 따르면 뇌의 이상이나 알코올의 부작용으로 인한 우

울증은 신경정신과의 치료 대상이고, 정신외상으로 인한 우울증은 심리치료와 철학치료의 대상이고, 도덕적 딜레마로 인한 우울증은 철학치료의 고유한 대상이다. 여기서 드러나듯이 마음의 병을 치료하는 차원들이 구별될 수 있는데 철학치료의 고유한 대상은 도덕적 딜레마로 인한 우울증과 같은 철학적 병이다.

정리하면 마음의 병들이 모두 철학치료의 대상이 될 수는 없다. 첫째 유형의 마음의 병은 일반적으로 철학치료의 대상이 아니다. 선천적으로 도파민이 적게 분비되어 우울증에 시달리는 사람은 정신과의 치료를 받아야 한다. 그러나 모든 우울증 환자가 정신과치료를 받아야 한다는 것은 아니다. 우울증의 예에서 볼 수 있듯이 마음의 병을 치료하는 차원들이 구분되어야 하며 그에 따라 고유한 치료법이 개발될 필요가 있다. 사업실패로 인해 고민하다가 우울증에 걸린 사람이 있다고 하자. 그의 우울증이 도파민이 적게 분비되어 발생한 것이라면, 세로토닌이 도파민의 분비를 통제하기 때문에 세로토닌의 분비를 촉진할 수 있는 철학적 방법을 고안할 필요가 있다. 예를 들어 이시형 박사가 제안하듯이 한 가지 주제를 생각하면서 걷는 인문학적 산책을 통해 세라토닌 분비를 촉진할 수 있을 것이다. 이 박사는 그런 방법을 소크라테스 워킹이라고 명명한다.[9] 여기서 알 수 있듯이 철학적 병을 치료하기 위해서는 소크라테스 대화법과 같은 문자 그대로의 철학적 방법뿐만 아니라 철학적 성찰을 가미한 여러 가지 방법을 개발할 필요가 있다. 방법론과 관련하여 철학과 인문학을 포함한 인접 분야들의 통합적 접근은 5절에서 자세히 다루어 질 것이다.

4. 철학치료의 정체성

철학치료의 대상은 철학적 병을 앓고 있는 사람들이다. 철학치료와 심리치료는 마음의 병을 치료하려고 한다는 점에서 동일한 대상을 갖지만 그 대상은 앞에서 보았듯이 일치하지 않는다. 환언하면 철학치료와 심리치료는 첫째 유형의 마음의 병으로 아픈 사람들을 대상으로 한다는 점에서는 일치하지만 둘째 유형의 마음의 병, 즉 철학적 병은 철학치료의 고유한 영역이다.[10)]

철학치료는 다음과 같은 특징을 갖는다.[11)]

첫째, 철학치료는 내담자의 자기지시적 치료를 목적으로 한다. 이 점 을 강조한 좋은 예로는 아헨바흐(Achenbach)가 제시한 항해사 비유가 있다. 배가 치료라는 항구를 향해 움직이고 있을 때 최종적으로 항로를 결정하는 것은 항해사가 아니라 선장이다. 이 비유에서 항해사는 상담사이며 선장은 내담자인데 항해사는 선장에게 조언을 하는 역할에 만족해야 한다.

둘째, 철학치료는 종종 주체적 결단을 강조한다. 철학적 병은 인간의 "세계-내-존재"라는 성격 때문에 발생하는 병이다. 이 점을 잘 보여주는 예는 키에르케고르(Kierkegaard)가 절망을 '죽음에 이르는 병'으로 파악한 것이다. 죽음에 이르는 병이란 그 병에 걸려 죽는다는 의미에서 '죽음에 이르는 병'이 아니라 역설적으로 '결코 죽을 수 없는 병', '죽으려 해도 죽을 수 없는 병', '죽을 수조차 없는, 죽어가면서도 죽을 수 없는 병'이다. 그러나 절망은 부정적 의미만을 갖는 것은 아니며, '죽음에 이르는 병'인 동시에 변증법적으로 '영생에 이르는 병'이기도 하다. 키에르케고르는 절망이라는 병이 영생에 이르기 위해서는 신의 기적을 믿고 역설을 받아들이는 용기와 결단이 필요하다고 강조했다. 이런 용기와 결단이 없이는 절망은 언제까지나 '죽음에 이르는 병'으로 남아 있다.

셋째, 철학치료는 의학치료, 심리치료와 달리 인과 관계에 의존하지 않는다.[12] 의학치료의 경우 일반적으로 질병이 확인되면 그 병을 치료하는 표준적인 절차와 방법이 준비되어 있다. 심리치료의 경우도 수 백여 종류의 심리적 장애들이 분류되어 있고 그것을 치료하기 위한 표준적 방법들이 개발되어 있다. 그러나 철학치료의 경우는 철학적 병의 종류를 분류하기가 어렵고 설사 누군가 그 일을 하더라도 그것이 상호배타적이고 망라적일 가능성은 거의 없다. 그 이유는 철학치료는 행위에 대한 목적 또는 의미 상대적인 설명에 기반을 두고 있기 때문이다. 예를 들어, 죽음을 생각해 보자. 죽음은 항상 인간에게 가능태로 존재하지만 보통은 크게 문제가 안 된다. 그러나 죽임이 현실태가 되면 우리는 종종 끔직한 고통을 경험하고 혼란에 빠지게 된다. 인생 말년에 세상을 떠난 아내의 죽음을 회고하는 남편은 단순히 아내가 이 세상에 존재하지 않는다는 점 때문이 아니라 죽을 수밖에 없는 존재의 의미를 이해하지 못하기 때문에 괴로워할 수 있다. 철학치료는 철학적 병을 야기한 물리적 원인(physical cause)이 아니라 심성 원인(mental cause)이나 행위의 이유(reason of action)를 이용한다.

체화된 마음 이론(embodied mind theory)에 따르면 뇌, 몸, 환경으로 구성된 역동적 체계에서는 창발적 과정이 나타나는데, 중요한 것은 창발적 과정은 물리적 인과에 해당하는 상향인과(upward causation) 뿐만 아니라 하향인과(downward causation)도 포함한다는 점이다. 바렐라와 톰슨은 하향 인과는 국소적인 신경활동과 연관하여 의식적인 인지 행동에서도 발생할 것이라고 제안한다.[13] 그 가설을 뒷받침하기 위해 그들은 두 가지 사례를 제시하는데 여기서는 그 중 하나만을 검토하기로 한다.[14] 간질발작은 환자의 정신 능력에 큰 영향을 미치는데, 이는 물리적 사건이 심리적 사건에 인과적 영향을 미치는 상향인과의 좋은 예이다. 하향인과의 사례는 다음과 같다. 1954년 펜필드와 자스펄(Penfield and Jasper)은 측두엽 간질 환자에게 발작이 시작하기 전에 복잡한 수학 계산을 시작하게 함으로써 발작을 지연시키는 방식을 제안했는데 최근 그 제안을 뒷받침하는 실험 결과들이 보고되고 있다. 이런 경험적 보고들이 있다고 하더라도 상위 차원에 속한 인지활동이 하위 차원의 국소적 신경 활동에 미치는 인과적 영향을 과학적으로 해명하는 매우 어려운 일이 남아 있다. 그럼에도 불구하고 그런 사례들은 하향인과의 가능성에 대한 과학적 증거를 제공한다.

하향인과가 과학적 개념이라면 이는 철학치료를 비롯한 심리치료와 정신치료의 학문적 위상에 있어서 커다란 변화를 초래할 것이다. 왜냐하면 그 개념은 정신에 변화를 줌으로써 신체에 인과적 영향을 야기할 수 있다는 생각에 대해 과학적 근거가 있음을 함축하기 때문이다. 하향 인과의 가능성은 특히 논리기반치료(LBT)처럼 순수한 이성적 활동에 의해 정서나 행동에서 변화를 일으키려는 접근에 경험적인 근거를 제공할 것이고 이는 다시 마음의 병을 치료하는 분야에서 대혁명을 야기할 것이다.

5. 철학치료의 원리

마음의 병을 이해하기 위해서는 먼저 마음을 이해하는 것이 논리적으로 올바른 순서일 것이다. 그러나 마음을 이해하는 것이 결코 쉬운 일이 아니다. 마음을 이해하기가 어려운 이유는 마음에 대한 다양한 이론들이 있다거나 마음을 지시하는 다양한 단어들이 있기 때문이 아니라, 마음의 존재 여부가 아예 불투명하기 때문이다. 우리는 종종 "마음이 아프다"라고 말하지만 물리주의적 과학관에 따르면 마음은 존재하지 않으며 마음이라고 불리는 것은 단지 몸이나 뇌의 기능(function)에 불과하다. 불교의 중관 사상에 따르면 마음은 존재하는 것도 아니고 존재하지 않은 것도 아닌 공(空)이다.

이 글에서 마음의 존재론을 자세히 논의하는 것은 어려운 일이므로 철학적 병을 이해하는 데 적합한 마음 이론만을 논의하기로 한다. 내가 보기에 그것은 최근 심리철학과 인지과학에서 활발히 논의되고 있는 체화된 마음 이론이다. 체화된 마음 이론에 따르면, 몸과 마음은 데카르트가 생각하듯이 상호 분리된 실체도 아니고 물리주의자들이 주장하듯이 "Water = H2O" 처럼 "마음 = 뇌"의 관계에 놓인 것이 아니라 인간을 구성하는 요소들이다. 마음은 주체가 생물학적 · 사회적 환경에 적응하는 매순간의 상호작용에서 존재하며, 뇌, (뇌 이외의) 몸, 환경이 하나의 단위로 작용하는 통합체, 즉 주체에서 성립한다. 체화된 마음 이론의 선구자인 메를로-퐁티(Merleau-Ponty)에 따르면 우리는 자신을 세계로부터 분리시킬 수 없다. 몸이 의식을 갖는 것이 아니라 몸이 곧 의식이며 그 결과 의식적인 것, 인지적인 것은 마음이 아니라 몸이다. 몸이 세계 안에 있기 때문에 후설(Husserl)의 견해와는 달리 우리는 세계로부터 물러설 수 없다. 한편 마음의 체화성은 건강 개념을 이해하는 데도 필수적이다. 세계보건기구(WHO)는 헌장(1946)을 통해, 건강은 질병에 걸리지 않거나 몸이 허약한 것에 그치지 않고 완전한 신체적, 정신적, 사회적 웰빙의 상태라고 강조하고 있다.

이상의 논의로부터 우리는 철학치료의 제1원리를 유도할 수 있다.

- (제1원리) 체화성 원리: 마음은 몸과 세계에 체화되어 있다.

제1원리인 체화성 원리에 따르면, 마음이 몸뿐 아니라 세계에 구현되어 있으므로 마음의 병을 치료하기 위해서는 뇌, 몸뿐만 아니라 내담자의 세계를 고려해야 한다. 여기서 마음의 병 중 특히 철학적 병의 체화적 성격이 분명해진다. 많은 사람들이 강조했듯이, 현대인이 앓고 있는 많은 정신적 문제, 마음의 병은 개인적이라기보다는 사회적이다. 우리는 마음의 병을 한 개인의 문제가 아니라 그와 그를 둘러싼 사회적 문제로 볼 필요가 있다. 상담을 해본 경험이 있는 사람들은 이를 경험하고 있다. 예를 들어, 미혼모 상담의 경우, 그들이 처한 사회 경제적 요소를 고려하지 않은 채 심리치료나 철학치료를 성공적으로 수행하는 것은 거의 불가능하다.

철학치료의 둘째 원리는 인간이 다른 존재와 달리 신체뿐만 아니라 마음(또는 영혼)을 가진 존재라는 사실로부터 나온다. 데카르트는 인간을 몸과 마음을 가진 존재로 보았다. 그러나 데카르트의 실체이원론은 몸과 마음의 관계를 적절히 설명하지 못하는 문제를 안고 있다. 철학적 병을 해명하는 데 있어 매우 적절한 이론은 빅터 프랑클(Viktor Frankl)의 이론이다. 프랑클에 따르면 인간은 신체, 마음, 영혼이라는 세 가지 요소로 구성되어 있는데 그것들은 다음과 같은 특징은 갖는다.[15)]

- 신체(Body): 생물학 법칙의 지배를 받음
- 마음(Psyche): 심리학 법칙의 지배를 받음
- 영혼(Spirit, Noos): 생물학이나 심리학의 법칙의 지배를 받지 않고 자유의지를 소유함

프랑클의 분류는 앞에서 언급된 철학치료와 다른 치료들과의 차이에 대한 중요한 논거를 제공한다. 즉 신체와 마음은 각각 생물학과 심리학의 법칙들에 따라 작동하기 때문에 그것들의 문제는 법칙적이고 인과적인 접근에 의해 해결될 수 있다. 즉 의학치료와 심리치료는 본질적으로 인과에 의존한다. 반면에 영혼의 작동은 자연 법칙적이지 않고 자유의지에 따라 움직이기 때문에 철학치료는 인과가 아니라 자율성과 초월성에 의존한다. 프랑클은 특히 의미

에의 의지(will to meaning)를 강조했는데, 그것은 자신의 삶의 목적을 이해하려는 욕구로서 인간의 가장 기본적인 동기이다. 인간은 다른 동물과는 달리 고통이 타인을 위한 초월적 의미를 갖는다고 생각되면 쾌락을 포기하거나 고통을 감내하려고 한다.

여기서 우리는 철학치료의 제2원리인 초월성의 원리를 유도할 수 있다.

- (제2원리) 초월성 원리: 인간은 현재의 상태를 유지하는 데 만족하지 않고 더 나은 상태를 지향하는 존재이다.

여기서 초월성은 항상성(homeostasis)의 반대 개념이다. 항상성은 생명 현상에 필요한 균형을 유지하려는 본능이다. 인간은 다른 동식물과 마찬가지로 생명을 유지하기 위해서는 체온을 유지하고 음식을 섭취하고 신진대사를 하는 등과 같은 활동을 통해 항상성을 유지해야 한다. 이처럼 항상성 유지가 삶의 필수 조건이기는 하지만 그것이 인간 삶의 본질일 수는 없다.

의학치료는 본질적으로 항상성 유지를 목적으로 한다. 즉 의학치료는 질병 이전의 상태로 복원하는 것을 목적으로 한다. 이런 점에서 심리치료도 예외는 될 수 없다. 심리치료는 대체로 과거 지향적(정신분석학, 분석심리학)이거나 행복이라는 소시민적 목적에 도달하기 위한 항상성유지 처방을 제공해 왔다(긍정심리학). 나는 여기서 항상성 유지를 목적으로 하는 치료가 중요하지 않다고 말하는 것이 아니다. 내가 말하려는 것은 항상성 유지가 인간성의 본질은 아니며 그런 이유로 철학치료는 항상성 유지를 목적으로 하지 않는다는 점이다. 기존의 많은 치료들은 균형, 평형, 항상성과 같은 긍정성만을 강조함으로써 부정성의 중요성을 간과하는 우를 범했다. 우리는 살아가면서 삶이 긍정성만으로 채워질 수 없으며 설사 그것이 가능하더라도 진정한 행복에 이르기는 어렵다는 점을 경험을 통해 잘 알고 있다. 철학치료는 고통, 곤경, 아픔, 절망의 부정성과 그것에 대한 인내, 극기, 수양이라는 덕목의 중요성을 강조한다.

초월성은 다른 한편으로 신속성과 경박성의 반대 개념이기도 한다. 현대정보사회는 그 안에 살고 있는 시민들로 하여금 여유와 깊이의 중요성을 깨달을 여지를 주지 않는다. 많은 사람들이 문명의 급류 속에서 여유와 깊이가 갖는 중요성을 지적해 왔다. 예를 들어, 벤야민(Walter Benjamin, 1977)의 표현에 따르면, 깊은 심심함은 경험의 알을 품고 있는 꿈의 새이고, 한병철(2010)에 따르면, "잠이 육체적 이완의 장점이라면 깊은 심심함은 정신적 이완의 장점이다."[16)]

철학치료의 셋째 원리는 목적상대성 원리이다. 앞에서 보았듯이 프랑클은 프로이트가 강조한 쾌락의 의지나 아들러가 강조한 권력의지(우월해지려는 의지)가 아니라 삶의 의미에의 의지를 강조했다. 프랑클이 프로이드의 정신분석학과 아들러의 개인심리학에 반하여 삶의 의미에의 의지를 강조하여 로고테라피를 체계화한 것은 큰 공로이다. 프랑클이 강조한 의미추구 작업에 한 가지 중요한 점이 덧붙여질 필요가 있는 데 그것은 바로 의미의 내용은 특정 대상에 상대적이라는 점이다. 예를 들어, 다이아몬드 반지는 그것이 처한 상황, 특히 여기서는 목적과 관련하여 의미를 확보한다. 결혼을 앞둔 여성에게 약혼자가 정식으로 건네는 다이아몬드 반지는 매우 의미가 깊지만 사막에서 길을 잃고 목이 마른 사람에게는 의미가 약하다. 여기에 철학치료의 셋째 원리가 성립한다.

- (제3원리) 목적상대성 원리: 삶의 의미는 목적 상대적이다.

철학치료의 셋째 원리인 상대성원리는 두 가지 내용을 담고 있다. 첫째는 삶의 의미를 추구하는 것이 좋지만 보편적인 삶의 의미는 없다는 것이고, 둘째는 저마다의 삶의 의미는 수단이 아니라 목적 상대적으로 확보된다는 것이다.

철학치료의 셋째 원리는 철학치료에 구체적 치료모형을 제공할 수 있다. 많은 학자들이 인간의 행위를 설명하는 데 있어서 인과적 설명의 한계를 지적하고 지향성에 기반을 둔 목적론적 설명을 주장해 왔다. 폰 리히트(von Wright)는 인간 행위에 대한 목적론적 설명을 지지하면서 행위를 설명하는 것은 행위의 기반이 되고 있는 동기를 이해하는 것이라고 주장한다. 행위의 의도나 목적이외에도 지적인 요소가 있는데 그것은 바로 상황에 대한 판단, 수단에 대한 고려 등이다. 이는 설명되어야 할 행위와 행위를 설명하기 위해 동원된 동기는 논리적으로 독립적이 아니라는 점을 의미한다. 즉 전자인 피설명항과 후자인 설명하의 관계는 개념적 관계이거나 논리적 관계이다.[17] 폰 리히트는 그런 관계를 실천추리 또는 삼단

논법(practical inference or syllogism)이라고 보았다. 그에 따르면 실천추리는 다음과 같은 구조를 갖는다.[18]

- 실천추리의 구조

  A는 p를 달성하려고 의도한다.

  A는 a를 하지 않고서는 p를 달성할 수 없다고 생각한다.

  그러므로 A는 a를 할 것에 착수한다.

위에 제시된 실천추리를 자살의 경우에 적용하면 다음과 같다.

> 철수는 자신의 명예를 지키기를 원한다.
> 철수는 자살을 하지 않고서는 자신의 명예를 지킬 수 없다고 생각한다.
> 그러므로 철수는 자살을 시도한다.

왜 철수가 자살을 시도했는가라는 질문에 대해 우리는 실천추리를 이용하여 그가 자살을 통해 자신의 명예를 지키려고 의도했다라고 설명할 수 있다.

폰 리히트의 실천추리는 행위를 설명하기 위해 제안되었고 철학치료에 활용될 가능성에 대해서는 누구도 언급하지 않았지만 우리는 그것을 철학치료의 모형으로 활용할 수 있다. 앞에서 논의된 체화된 마음 이론과 폰 리히트의 실천추리를 결합하면 다음과 같은 목적론적 치료 모형의 골격이 완성된다.[19] 목적론적 모형에는 다음과 같이 4단계의 과정으로 구성된다.

• 목적론적 모형의 4단계

(제1단계) 자신의 상황을 기술함

- 물리적 환경
- 정신적 환경
- 사회적 환경

(제2단계) 자신의 목적, 지향성, 의도를 파악함

- 자신의 p는 무엇인가?
- p가 진정한 지향적 대상인가?
- p가 다른 목표를 달성하기 위한 중간적인 것은 아닌가?
- p가 추구할 만한 가치가 있는가?

(제3단계) 자신의 규범 및 덕의 체계를 기술함

여기서 철학치료사가 해야 할 일은 내담자가 자신의 상황으로부터 출발하여 자신의 목적으로 나가갈 수 있는 길을 규범이나 덕의 체계와 관련하여 성찰하도록 돕는 것이다. 치료가 성공적이기 위해서는 치료사의 숙련된 경험뿐만 아니라 내담자의 지혜와 의지력이 필요하다.

(제4단계) 이전 단계에서 파악된 길이 진정한 해결이었는지를 확인하고 자신의 치료 결과를 사회에 환원함.

상담에서 종종 발생하는 문제 중 하나는 치료사가 볼 때 내담자의 문제가 해결되었다는 점이 분명하고 내담자 자신도 그 점을 인정했을 때 상담이 종료된다는 점이다. 그러나 철학적 병을 치료하는 과정은 종종 그 지점에서 종료될 수 없는 데 그 주된 이유는 내담자나 치료사가 판단한 해결책이 일시적이거나 피상적이고 진정한 해결책이 아닐 경우가 많기 때문이다. 시간이 지나면서 내담자는 자신의 문제가 여전히 해결되지 않고 그대로 남아있다는 것을 깨닫게 되는 경우가 있는 데 그것은 상담의 네 번째 단계에서 충분한 반성적 고려가 진행되지 않았기 때문에 발생한다. 따라서 내담자는 스스로 반성적 사고를 통하여 자신의 문제가 진정으로 해결되었는지를 확인하는 절차를 거쳐야 한다. 내담자의 문제가 진정으로 만족스럽게 해결되었을 경우에 그는 자신의 치료 체험을 타자와 공유할 도덕적 의무가 있으며, 이런 의미에서 치료를 마친 내담자는 이미 철학치료사이다. 그는 자신의 체험을 타자와 공유함으로써 자신이 속한 사회의 건강을 증진하는 일에 참여하게 된다.

6. 맺는말

지금까지 나는 철학치료의 본질과 과제를 철학치료의 정의, 치료 차원과 질병의 분류, 철학치료의 정체성과 세 가지 원리를 중심으로 살펴보았다. 철학치료가 현실에 정탁하기 위해서는 그것의 정체성이 분명해야 할 것이다. 나의 분석에 따르면 철학치료의 정체성은 철학적 병을 철학적으로 분류하여 철학적 원리에 따라 치료하는 데 있다. 그러나 나는 방법론적으로 철학치료가 철학적 방법이나 기법만을 고집할 필요는 없다고 본다. 철학치료의 효과를 높이기 위해서는 다른 치료들과 연합하거나 그것들의 기법들을 채용할 필요가 있다.

참고문헌

김석수. 「심리치료와 철학상담의 발전적 관계에 대한 모색」, 『사회와 철학』 17, 2009.

김영진. 『철학적 병에 대한 진단과 처방: 임상철학』, 서울: 철학과현실사. 2004.

김영필 외. 『정신치료의 철학적 지평』. 서울: 철학과현실사, 2008.

이시형. 『세로토닌하라』, 서울: 중앙북스, 2010.

이영의. 「체화된 마음과 마음의 병」, 『철학탐구』 23, 2008.

______. 「철학상담과 심리치료의 관계: 아헨바흐의 견해를 중심으로」, 『범한철학』 53, 2009.

______. “A More Philosophical Model of Counseling”, Universitas 37(1), 2010a.

______. “Embodied Mind Theory as a Foundation of Philosophical Counseling”, Journal of

Humanities Therapy 1, 2010b.

______. 「확장된 마음 가설에 대한 변호」, 『범한철학』 60, 2011a.

______. 「인문치료 정체성」, 『인문치료』 1, 강원대학교출판부, 2011b.

______. “Methodologies of humanities therapy”, Universitas 38(7), 2011c.

______. 「논리중심치료의 철학치료적 성격」, 『범한철학』 65, 2012a.

______. 「논리기반치료의 형이상학」, 『범한철학』 67, 2012b.

______. “A Teleological Model for Philosophical Practice”, Journal of Humanities Therapy 3, 2012c.

이진남. 「철학상담의 정체성과 심리상담」, 『동서사상연구소』 10, 2011.

한병철. 『피로사회』 , 서울: 문학과지성사, 2012.

Clark, A. and Chalmers, D. “The extended mind”, Analysis 58, 1988.

Cohen, E. What Would Aristotle Do?, New York: Prometheus, 2003.

______. The New Rational Therapy, NY: Rowman & Littlefield, 2009.

______. The Dutiful Worrier: How To Stop Compulsive Worry Without Feeling Guilty. Oakland: New Harbinger Pub, 2011.

Corsni, R. Wedding. D., Current Psychotherapies. 8th edition. New York: Thomson, 2008.

Ellis, A. and MacLarn, C. Rational Emotive Behavior Therapy, 2nd ed., New York; Impact, 2005.

Frankl. V. E. Man's Search for Ultimate Meaning. New York: Perseus Books, 1959.

______. The Will to Meaning. New York: World Pub, 1969.

Lahav, R. and da V, Tillimanns, M.. Essays on Philosophical Counseling. NY: University Press of America, 1995

Marinofff, L. Plato Not Prozac: Applying Philosophy to Everyday Problems, NY: Quill, 1999.

Spinoza, B. Ethics, translated by G. H. R. Parkinson. Oxford: Oxford University Press, 1677/2000.

Thompson, E. and Varela, F. J. "Radical Embodiment: Neural Dynamics and Consciousness", Trends in Cognitive Sciences 5, 2001.

Varela, F., Thompson, E. and Rosch, E. The Embodied Mind. Cambridge, MA: MIT Press, 1991.

von Wright, G. H. Explanation and Understanding. Ithaca, NY: Cornell University Press, 1971.

※ 이 글은 『대동철학』 65집(2013.12.31.) 91-116쪽에 게재된 논문 "철학치료의 본질과 과제"의 일부에 기반을 두고 작성되었다.

1) 이에 대한 국내 논의는 이진남,「철학상담의 한국적 적용을 위한 기초이론연구-용어 정리와 체계 설정을 위한 제언-」,『범한철학』 52, .2009 참조.

2) Ran Lahav and Maria da V. Tillimanns, Essays on Philosophical Counseling. NY: University Press of America, 1995, p. xiii.

3) 여기서 질병을 신체의 병과 마음의 병으로 구분한다고 해서 실체이원론이 주장하듯이 몸과 마음의 실체적 구분을 주장하는 것은 아니다. 우리는 그런 구분을 전제하지 않고서도 질병에 대한 현상적 느낌을 기준으로 양자를 구분할 수 있다.

4) 첫째 유형의 마음의 병은 알츠하이머병, 헌팅톤병, 파킨슨병 등과 같이 'VI 신경계통의 질환'에 속하는 질병과는 구분된다. 이 글의 분류에 따르면 그것들은 신체의 병에 속한다.

5) '철학적 병'이라는 개념은 엘리엇(Elliot, 1998)이 처음 사용했으며, 국내에서는 김영진(2004)이 처음으로 사용했다. 김영진은 질병을 육체적 병, 정신의학적 병, 철학적 병으로 구분했는데 그의 제안은 이 글에서 제시된 분류의 출발점이 되었다.

6) 이영의, "A more philosophical model of counseling", Universitas, 37(1), 2010a, pp, 35-48, pp. 43-44.

7) 우리는 이런 경우의 질병을 '사회적 병'이라고 부를 수 있다.

8) L. Marinoff, Plato Not Prozac: Applying Philosophy to Everyday Problems, NY: Quill. 1999, pp. 32-34.

9) 이시형,『세로토닌하라』, 서울: 중앙북스, 2010, 210쪽.

10) 심리치료의 일부 학파들은 매우 철학적이어서 철학적 병이 그것들의 대상일 수가 있다. 예를 들어, 인지치료, 인지행동치료, 로고테라피 등이 그 좋은 예이다.

11) 철학치료의 정체성에 대한 국내 논의는 김석수,「심리치료와 철학상담의 발전적 관계에 대한 모색」,『사회와 철학』 17, 2009, 김옥진,「철학상담의 정체성과 그 한계 : 심리상담의 관점에서」,『한국기독교상담학회지』, 2009. 박병기,「철학실천의 위험성」,『철학사상』 37, 2010, 이운형,「상담철학이란 무엇인가-상담철학에 대한 과학철학적 접근」,『시민 인문학』 19, 2010. 이진남, "철학상담의 한국적 적용을 위한 기초이론연구 -용어 정리와 체계 설정을 위한 제언-".『범한철학』 52, 2011 참조.

12) 이 점은 von Wright, Explanation and Understanding. Ithaca, NY: Cornell University Press, 1971, 논리기반치료(LBT)를 개발한 E. Cohen, The New Rational Therapy, NY: Rowman & Littlefield, 2009에 의해 특히 강조되었다.

13) E. Thompson and F. Varela, "Radical Embodiment: Neural Dynamics and Consciousness", Trends in Cognitive Sciences 5, 2001, p. 421.

14) 또 다른 사례는 자발적인 지각반전(perceptual reversal)에 대한 것이다.

15) V. Frankl, Man's Search for Ultimate Meaning, New York: Perseus Books, 1959, pp. 32-33.

16) 한병철, 『피로사회』, 문학과지성사, 서울, 32쪽.

17) C. von Wright, Ibid., p. 96.

18) 폰 리히트가 제시한 실천추리의 구조는 아리스토텔레스의 실천추리의 구조와는 다르다. 아리스토텔레스는 행위자의 의도를 가능한 한 배제하려고 노력했기 때문이다. 이와 반면에 코헨(E. Cohen)은 폰 리히트와 달리 아리스토텔레스의 실천추리를 수용하여 논리중심치료(logic-based therapy)의 골격을 제시했다.

19) 이영의, "A teleological model for philosophical practice", Journal of Humanities Therapy 3, 2012 참조.

내러티브의 소통 이론과 치유적 활용

이 민 용

I. 인간적 소통과 내러티브, 그리고 치유

인간은 육체뿐만 아니라 정서를 지닌 심리적 존재이기도 하다. 그래서 소통은 인간의 생존에 필수적 조건이다. 우리가 느끼는 슬픔과 분노, 심리적 고통이 인간적 소통의 단절이나 왜곡에서 비롯된 경우가 얼마나 많은가. 또한 인간은 사회적 존재이다. 다른 사람들과 부단히 관계를 맺고 소통하며 살 수밖에 없다. 이러한 인간의 소통에서 내러티브가 수행하는 역할은 지대하다. 인간은 다른 동물과 달리 언어를 통해서 소통하는 '호모 로쿠엔스 (homo loquens 말하는 인간)'이고 이런 언어를 이야기로 엮어서 소통하는 존재인 '호모 나랜스 (homo narrans 이야기하는 인간)'이기도 하다. 이야기, 즉 내러티브는[1)] 인물과 사건, 시간과 공간 등을 구성요소로 하는 내용을 일정한 시각과 관점, 심리적 거리감 등으로써 특정 시간과 공간의 형식으로 표현하는 것을 말한다. 예로부터 우리는 이런 이야기를 통해서 세상 사람들과 소통하며 살아왔다. 우리는 이야기를 서로 주고받으며 소통하며, 이야기로써 세상을 꿈꾸고 소망하기도 한다. 삶에서 이야기를 만들어 서로 나누고 그 이야기를 통해 또 실제 삶을 재구성하게 된다(Peter Brooks, 1992: 8).

한편 내러티브에는 치유의 힘이 있다. 우리는 이야기를 통해서 마음의 문제들을 해결하고 마음의 고통을 완화시키기도 한다. 이야기는 우리의 삶을 의미 있고 매력적인 것으로 만들며, 삶의 여러 문제들을 해결하고 극복할 수 있도록 도와준다(대니얼 테일러, 2011: 85). "이야기가 사람들에게 영향을 미치는 이유 중의 하나는 견디기 힘든 좌절이나 고통을 '의미 있고 가치 있는 것'으로 재구성해주기 때문이다."(아네트 시몬스, 2001: 68). 이러한 치유적 성격을 갖는 내러티브는 정신분석학이나 상담치료의 기본을 이루고 있다. 정신분석은 분석가가 내담자에게 자유연상 등의 방법으로 이야기를 하게 하여 이를 듣고 분석한 후 자신의 치료적 이야기를 들려주는 것이다. 다시 말해 정신분석은 내러티브의 소통이고 이를 통한 치료다(조너던 컬러, 1997: 141). 상담치료 역시 상담가와 내담자가 서로 같은 자리에 앉아 치료를 목표로 서로 치유적 이야기를 나누는 것이라고 할 수 있다. 그런가 하면 내러티브는 이렇게 정신분석이나 상담치료의 기본을 이룰 뿐만 아니라 내러티브를 주고받은 행위 그 자체로서 치료나 치유에 체계적으로 활용되기도 한다.[2)] 그래서 내러티브를 효과적인 소통의 수단으로 삼아 치료적으로 활용할 수 있는 방법을 모색하면 더욱 좋을 것이다.

그런데 이런 이야기에 관한 체계적인 학문이 서사학(narratology)이다. 지금까지 내러티브 소통에 관한 연구들은 어느 정도 있지만[3)] 이와 관련해서 서사학과 내러티브 치유의 관점에서 이루어진

연구는 국내에서 아직 거의 없다고 할 수 있다. 서사학의 소통 이론을 이야기의 치유적 활용에, 이야기를 통한 치유적 소통에 활용할 수 있다면 좋을 것이다. 이 글에서는 이러한 관점에서 서사학적 소통, 특히 S. 채트먼의 서사 소통 모델과 R. 야콥슨의 소통 모델을 중심으로 내러티브 소통의 치유적 활용에 관해 연구하기로 한다.

II. 채트먼의 서사학과 내러티브 소통 모델

서사학의 소통은 등장인물 · 사건 · 시간 · 공간 등을 구성요소로 한 짜임새 있는 이야기를 통한 소통이다. 서사 소통 모델로 유명한 것이 시모어 채트먼 Seymour Chatman의 모델이다. 채트먼은 구조주의자들의 견해를 빌려 내러티브를 구조적으로 본다. 그에게 서사물은 하나의 구조이다. 그는 내러티브를 표현과 내용으로 나누고 이것들을 각각 질료(substance)와 방식(form)으로 다시 나눈다. 그래서 내러티브는 표현 질료와 표현 방식, 내용 질료와 내용 방식으로 나뉜다. 여기서 내러티브 질료가 내러티브를 이루는 기본이 되는 내용적 소재 혹은 재료라고 한다면, 내러티브 방식은 내러티브의 내용과 표현을 이루는 구조나 원리를 의미한다고 할 수 있다. 채트먼의 주장을 구체적으로 얘기하면 다음과 같이 정리될 수 있다. 1) 내러티브 표현 질료는 스토리를 전달할 수 있다는 면에서의 매질이나 매체를 말한다. 몇몇 매질/매체는 기호 체계를 지닌다. 2) 내러티브 표현 방식은 어느 매질/매체로 된 내러티브이든 공유하는 요소들로 구성된 서사 담화/담론(discourse)[4], 즉 서사 전달 구조이다. 3) 내러티브 내용 질료는 작가가 속한 사회의 약호들을 통해 걸러진 것으로서, 내러티브 매질/매체 속에서 모방될 수 있는 대상과 행위들이 실제 세계나 상상의 세계 속에서 재현되는 것들이다. 4) 내러티브 내용 방식은 내러티브 스토리의 구성요소, 즉 사건 요소와 존재 요소, 그리고 이것들 사이의 관계를 말한다. 이것들을 표로 정리하면 다음과 같다(Seymour Chatman, 1978: 22).

〈표 1〉

내러티브	표현 (Expression)	내용 (Content)
질료 (Substance)	스토리를 전달할 수 있다는 면에서의 매질/매체들(media) (몇몇 매질/매체는 기호 체계를 지닌다.)	작가가 속한 사회의 약호들을 통해 걸러진 것으로서, 내러티브 매질/매체 속에서 모방될 수 있는 대상과 행위들이 실제 세계나 상상의 세계 속에서 재현되는 것들
방식 (Form)	어느 매질/매체로 된 내러티브이든 공유하는 요소들로 구성된 서사 담화/담론(discourse) (서사 전달 구조)	내러티브 스토리의 구성요소, 즉 사건 요소와 존재 요소, 그리고 이것들 사이의 관계

채트먼은 이러한 내러티브 구조를 더욱 세분하여 설명한다. 내러티브는 내용과 표현으로 나누어 생각해볼 수 있는데, 내용은 스토리(story), 표현은 서사담화(narrative discourse)라고 할 수 있다. 스토리는 다시 방식과 질료로 나누어 생각할 수 있으며 스토리의 방식에는 사건 요소와 존재 요소가 있다. 그리고 그 사건 요소로는 행위와 발생한 일(happenings)이 있으며, 존재 요소로는 등장인물(주인공, 조력자, 적대자 등)과 배경(시간과 공간)이 있다. 한

편 스토리의 질료를 이루는 것으로는 작가의 문화적 약호(code)체계에 의해 포착된 사람과 사물이 있다. 이것들은 문화적 유산이나 당대에 이루어진 문화적 소재나 재료 등이라고 할 수 있을 것이다.

한편 내러티브의 표현을 담당하는 내러티브 담화에는 표현 방식과 표현 질료가 있는데, 내러티브 표현 방식은 내러티브의 소통 구조이며, 내러티브 표현 질료는 언어, 영상, 발레, 판토마임 등과 같이 내러티브를 표현하는 질료들을 의미한다. 이것을 표로 정리하면 다음과 같다(Seymour Chatman, 1978: 26).

〈표 2〉

<table>
<tr><td rowspan="11">내러티브</td><td rowspan="5">스토리
(내용)</td><td rowspan="2">사건 Events</td><td>행위 Actions</td><td rowspan="4">내용의
방식
(Form)</td></tr>
<tr><td>발생한 일 Happenings</td></tr>
<tr><td rowspan="2">존재물
Existents</td><td>등장인물 Characters</td></tr>
<tr><td>배경 Setting</td></tr>
<tr><td colspan="2">작가의 문화적 약호들에 의해 포착된 사람과 사물</td><td>내용의
질료</td></tr>
<tr><td rowspan="6">담화/담론
(표현)</td><td colspan="2">내러티브 소통 구조</td><td>표현의
방식
(Form)</td></tr>
<tr><td rowspan="5">표현해내는 것(Manifesta-tion)</td><td>언어</td><td rowspan="5">표현의
질료</td></tr>
<tr><td>영상</td></tr>
<tr><td>발레</td></tr>
<tr><td>판토마임</td></tr>
<tr><td>기타</td></tr>
</table>

그래서 채트먼에 따르면 〈표 2〉에서처럼 넓게 말해서 스토리는 내러티브의 내용이고, 서사담화는 내러티브의 표현이다(Seymour Chatman, 1978: 26). 그러나 〈표 1〉에서처럼 좁게 말하면 스토리는

내러티브 내용 방식(form of narrative contents)이고 서사 담화/담론은 내러티브 표현 방식(form of narrative expression)이다(Seymour Chatman, 1978: 267). 여기서 스토리는 이야기 내용의 전부가 아니고 이야기의 핵심 줄거리이다. 내러티브 전체에서 내용의 질료를 제외한 것이다. 세부적인 소재나 부차적인 묘사, 중요하지 않은 주변적 사건 등은 제외되는 것이다. 서사 담화/담론도 좁은 의미로는 내러티브의 표현 전부를 의미하는 것이 아니다. 표현의 미디어(매질/매체)를 제외한 것이다. 결국 다시 말해서 스토리는 내러티브 내용의 본질적인 부분이고 서사담화는 내러티브의 표현을 이루는 구조나 원리라고 할 수 있다.

그런데 이런 스토리에는 특성이 있다. 추상성, 매체 독립성, 매체 보편성이 바로 그것이다. 채트먼이 끌레드 보레몽의 말을 인용해서 언급한 다음의 글에서 확인할 수 있다.

> 내러티브에는 전체의 전달 메시지로부터 분리될 수 있는 자율적인 의미층, 즉 스토리가 존재한다. 이것은 어떠한 서사적 전달 내용이든 그것을 사용하는 표현 수단과는 무관하게 동일한 방식 속에서 동일한 수준을 나타낸다. 그것은 그것을 운반하는 기법들과 독립적으로 존재하며, 그 본질적인 성질을 유지한 채 하나의 매체로부터 다른 매체로 옮아갈 수 있다. 이야기의 주제는 발레를 위한 줄거리로 쓰일 수 있으며, 소설의 그것은 무대나 영화로 옮겨질 수 있다. 또한 우리는 영화를 보지 않은 사람에게 그 영화에 대해 말해 줄 수도 있다. 우리가 읽는 것은 글자이며, 우리가 보는 것은 영상이며, 우리가 해독하는 것은 몸짓이다. 그러나 우리가 그러한 것들을 통해 따라가는 것은 스토리이다(Seymour Chatman, 1978: 20).

내러티브의 스토리는 작품에서 추상적으로 추출된 것이다. 작품에서 구체적으로 드러난 사건들의 배열인 플롯(plot)과도 다르다. 우리는 예컨대 호메로스의 서사시 『오뒷세이아』에서 우리가 읽게 되는 작품 속 사건의 순서--이것이 플롯이다--와는 다르게 이 작품의 줄거리를 발생 시간의 순서에 따른 순차적인 사건의 전개로 된 스토리를 추상적으로 추출할 수 있다. 이 작품에서 줄거리는 **오뒷세이가 트로이 전쟁에 출정하기 위해 20년 전에 이타케 섬을 출발해서 10년 동안 트로이 전쟁에 참전해서 승리한 후 귀향길에 포세이돈의 아들 외눈박이 거인 폴리페모스의 눈을 멀게 하여 포세이돈의 노여움으로 10년 동안의 방랑과 모험을 시작하여 키르케, 저승의 테이레시아스, 사이렌, 칼립소, 나우시카 공주, 부인 페넬로페를 차례로 만나는 것으로 추출될 수 있지만, 실제 작품으로 접하는 플롯에서는 오뒷세우스가 칼립소를 떠나는 장면부터 시작되고 그 전의 스토리는 오뒷세우스가 나우시카 공주를 만나 파이아케스인들의 나라에서 알키노오스 왕에게 들려주는 자신의 모험담으로 전달된다.** 내러티브의 스토리는 이렇게 작품에서 분리된 추상성을 가지고 있기 때문에, 작품을 표현하는 매체로부터 독립성을 유지할 수 있고, 그래서 또한 여러 매체에 보편적으로 들어갈 수도 있게 된다. 예컨대 춘향전 스토리는 각 매체에 독립해서 추상적으로 존재할 수 있고, 이것이 또 춘향전 판소리 · 소설 · 영화 · 뮤지컬 · 만화 · 애니메이션 등에 각각 존재할 수도 있다. 물론 매체에 따라 춘향전 스토리가 조금씩 달라질 수 있고, 그 표현과 느낌이 많이 다른 것도 사실이다. 그러나 춘향전 소설이나 만화가 홍길동 소설이나 흥부전 만화 등과 구별될 수 있는 것은 춘향전 스토리가 홍길동전 스토리나 흥부전 스토리와 다르기 때문이다. 스토리의 핵심 요소인 등장인물, 핵심 사건, 배경(시간, 공간) 등에서 다르기 때문이다. 이렇게 매체를 초월해서 추상적으로, 보편적으로 존재하는 스토리가 있을 수 있고, 그 스토리가 각 매체에 따라 표현될 수 있는 것이 내러티브의 특성이라고 볼 수 있다.

"스토리의 이러한 전이 가능성 this transposability of the story" 에서(Seymour Chatman, 1978: 20) 우리는 내러티브 소통의 근거를 찾아볼 수 있다. 스토리는 이런 추상성과 매체 독립성, 매체 보편성 때문에 문학뿐만 아니라 역사적 이야기, 철학적 우화, 개개인의 삶의 이야기에도 관통해서 존재할 수 있다. 그래서 이런 이야기들을 치유적으로 활용함으로써 이런 매체의 특성을 치유적으로 활용하여 스토리텔링 치료를 할 수도 있을 것이다.

한편 이런 스토리가 내러티브 소통의 내용을 이루는 핵심이라면 내러티브 담화는 내러티브 소통의 형식이나 과정을 이루는 것이라고 할 수 있다. 채트먼은 내러티브 담화의 소통으로 다음과 같은 모델을 제시한다(Seymour Chatman, 1978: 151).

〈표 3〉

실제 작가 ···→‖ 내포작가 → (화자) → (수화자) → 내포독자‖···→ 실제 독자
Real author→Implied author→(Narrator)→(Narratee)→Implied reader→Real reader

채트먼의 이 내러티브 소통 모델은 소통의 표현이나 소통 과정의 형식만을 표현한 것이다. 여기에 소통의 내용을 고려해서 모델

을 보완하면 다음과 같을 것이다.

〈표 4〉

실제 작가…→ ‖ 내포작가→(화자)→메시지→(수화자)→내포독자 ‖ …→실제 독자

내러티브가 전달되는 경우, 그것은 독자나 청중에게 직접 전달될 수도 있고 전달자를 통해 소통될 수도 있다. 위의 소통 모델에서 화자(서술자)와 수화자가 괄호로 묶여서 표현된 것은 이 때문이다. “직접 전달은 예컨대 청중들이 엿듣는 것과 같다. 반면에 중재된 서술은 어떻게든 화자로부터 청중에게 의사소통이 되는 것을 말한다. 이것은 본질적으로 플라톤의 미메시스(mimesis)와 디에게시스(diegesis)의 구분, 현대적 용어로는 보여주기(showing)과 말하기(telling)에 해당된다. 말하기가 있는 한, 그곳에는 반드시 말하는 사람, 즉 이야기를 전달하는 목소리가 있기 마련이다.”(Seymour Chatman, 1978: 146).

한편 내포작가(implied author)는 실제 작가(real author)와는 엄연히 다른 존재이다. 내포 작가는 실제 세계에서 생활하고 행동하는 실제 작가와 구별되는, 작품 속에 내포된, 작가의 제2의 자아(second self)라고 할 수 있다. 실제 작가는 한 사람이지만 그가 만든 서사물의 수에 따라 내포 작가는 여럿이다. 한편 내포작가는 작품 속에서 이야기를 공식적으로 전달하는 화자(narrator)와도 다르다. “그는 화자가 아니라 서사물의 다른 모든 것과 더불어 화자를 창조하고, 특별한 방식으로 이야기를 이끌어 가며, 이러이러한 단어나 이미지들을 통해 이러이러한 일들이 등장인물들에게 일어나

게 하는 원리이다. 화자와는 달리 내포작가는 독자에게 아무 이야기도 해줄 수 없다. 그는, 아니 '그것'은 목소리가 없으며, 직접적인 소통 수단을 가지고 있지 않다. 그것은 전체적인 구상과 모든 목소리, 그리고 우리가 알 수 있도록 하기 위해 선택한 모든 수단에 의해 말없이 우리를 이끈다."(Seymour Chatman, 1978: 148). 화자가 전달하는 내러티브의 내용들이 신뢰를 받지 못하는 경우도 있다. 화자가 전달하는 내용이 다른 정보들에 비추어 보았을 때 미덥지 못하고 거짓으로 드러날 때 그렇다. 이런 경우 화자를 신뢰하기 힘든 화자로 만드는 주체는 다름 아닌 내포작가이다. 내포 작가가 서사물을 그렇게 만들었기 때문이다. 예컨대, **널리 알려진 대로, 주요섭의 소설 「사랑손님과 어머니」는 소설의 화자 '나(박옥희)'의 진술로 진행되지만, 이것은 여섯 살 아이의 관점에서 진술된 것이기 때문에 엄마와 사랑손님의 사랑 이야기를 100% 그대로 진술한다고 여겨질 수 없다. 독자들은 이것을 감안하고 소설을 읽는다고 할 수 있다. 작품의 내포작가는 독자들이 이러한 편차를 의식하고 작품의 묘미를 느끼도록 일부러 작품을 구성하고 이끌고 있다고 볼 수 있다.**

한편 내포 작가는 여러 명의 작가가 집단 창작을 하는 경우나 두 명의 작가가 하나의 서사물을 만드는 경우에도 하나로 존재할 수 있다. 일본 소설 『냉정과 열정 사이』의 경우도 비슷하다. 이 서사물은 두 명의 작가(츠지 히토나리, 에쿠니 가오리)가 같은 남녀 주인공(쥰세이, 아오이)의 같은 사랑 이야기를 작품으로 만든 것이다. 아오이 이야기의 작가 에쿠니 가오리가 먼저 원고를 완성하고 나면 쥰세이 이야기의 작가 츠지 히토나리가 이를 참고해서 작품을 완성하는 방식으로 집필되었다. 이렇게 두 작가가 한 내포작가를 내세워서 한쌍의 남녀 주인공의 사랑 이야기를 전달하는 서사물로 표현하게 한 것이 『냉정과 열정 사이 Blue』와 『냉정과 열정 사이 Rosso』이다.[5)]

내포 작가가 실제 독자에 의해 이렇게 상정된 것이라면, 내포 작가의 맞은편에는 내포 독자가 상정된다. 예컨대 페미니즘 비평가들은 서구의 소설들이 지금까지 관례적으로 남성 독자를 상정하고 작품이 전개되었다고 비판한다. 이런 경우 서구 소설에서 내포 독자는 서구의 남성 독자인 셈이다. 이렇게 보면 한국 소설에서는 물론 한국 사람이 내포독자로 상정될 것이고, 아동 소설에서는 아동들이 내포독자가 될 것이다. 내러티브 소통에서 나타나는 이러한 내포작가와 내포독자 개념을 내러티브 치료에서 상담에 임하는 내담자와 상담을 하고 있는 상담자의 개념으로 전환시켜 생각해 볼 수 있다.

III. 로만 야콥슨의 소통 모델

앞 장에서 살펴본 채트먼의 내러티브 소통 모델은 단선적인 모델이다. 소통의 배경이나 맥락, 소통의 매체 등이 고려되지 않은 것이다. 그래서 다음과 같은 로만 야콥슨의 소통 모델로써 보완할 필요가 있다. 로만 야콥슨(Roman Jacobson, 1896-1982)은 러시아 형식주의 문학이론과 현대 구조주의 언어학에서 눈부신 업적을 남긴 학자이다. 그러나 그는 종합적인 개론서나 단행본을 남기지 않았다. 그의 저술들은 논문으로, 그것도 여러 논문집에 산재되어 발표되어서 그의 학문적인 전모를 파악하기가 쉽지 않았다. 다행히 그의 논문 가운데에서 비교적 새롭고 대표적인 것들이 모여 책으로 출간되었는데, 이것이 『일반언어학 이론』(1963)이다. 이 책에서[6] 야콥슨은 커뮤니케이션 행위를 구성하는 요소를 여섯 가지로 나누었다. 다음의 인용에서 확인할 수 있다.

> 발신자(destinateur, addresser)는 수신자(destinataire, addressee)에게 메시지를 보낸다. 하나의 메시지가 발동하려면 언급되는 상황(contexte, context)이 필요하다(이는 〈지시물 référent〉이라는 좀 애매한 술어로 불리기도 한다). 이것은 수신자가 포착할 수 있는 것이라야 하고 언어라는 형식을 취하든지 아니면 언어화할 수 있는 것이라야 한다. 다음에 필요한 코드는 안전하게, 아니면 적어도 부분적으로 발신자와 수신자[다른 말로, 메시지에 대해 코드화하는 이(encodeur, encoder)와 코드를 해독하는 이(décodeur, decoder)]에게 공통적인 것이라야 한다. 끝으로 필요한 것은 발신자-수신자 간의 물리적 회로 및 심리적 연결이 되는 접촉(contact)으로서 양자가 커

뮤니케이션을 시작하여 이를 계속할 수 있게 하는 요소이다. 커뮤니케이션에 필수불가결한 이들 모든 요소들을 그림으로 나타내면 다음과 같다(로만 야콥슨, 1989: 215f).

〈도표 5〉

상황

발신자 ------------ 메시지 ------------ 수신자

접촉

코드

여기서 우리는 발신자가 수신자에게 메시지를 전달하고, 수신자가 그 메시지를 받아서 이해하고 파악하려면 발신자와 수신자가 공동으로 관여하고 있는 상황과 코드, 즉 약호 체계가 중요하고 궁극적으로 발신자와 수신자의 접촉 상태가 있어야 된다는 것을 확인할 수 있다. 이것은 내담자와 치료자가 내러티브를 주고받으며 치료하는 경우에서도 고려해야 할 점들을 많이 제시하고 있다고 할 수 있다.

그런데 야콥슨은 위의 6가지 의사소통 요소가 서로 다른 언어 기능을 성립시킨다고 설명한다. 언어 전달 요소 중 발신자를 초점으로 삼으면 감정표시적(표현적) 기능(emotive/expressive function; fonction expressive), 수신자에 초점을 두면 능동적(명령적) 기능(conative function; fonction conative), 관련 상황에 초점을 두면 지시적 기능(referential function; fonction référentielle), 메시지에 초점을 맞추면 시적 기능(poetic function; fonction poétique), 접

축에 초점을 두면 친교적 기능(phatic function; fonction phatique), 신호 체계 그 자체를 초점화하면 메타언어적 기능(metalinguistic function; fonction métalinguistique)이다. 야콥슨은 의사소통에 관여하는 언어의 6가지 기본 기능을 다음과 같이 정리한다(로만 야콥슨, 1989: 222).

〈도표 6〉

	지시적 기능	
감정 표시적 기능	시적 기능	능동적 기능
	친교적 기능	
	메타 언어적 기능	

한편 야콥슨은 "언어 행위에 사용하는 두 가지 배열 방식으로 〈선택 selection〉과 〈결합 combination〉"의 원리를 강조하며 "이때 〈선택〉의 기준은 〈등가성〉, 〈유사성/상이성〉, 〈동의성/반의성〉이며 〈결합〉의 기준은 〈인접성〉이다. 시적 기능은 등가성의 원리를 선택의 축에서 결합의 축으로 투사한다 The poetic function projects the principle of equivalence from the axis of selection into the axis of combination"라고(로만 야콥슨, 1989: 222) 말한다.

우리가 내러티브 소통을 치유적으로 활용하려고 하려면, 채트먼의 소통 모델이 고려하고 있지 않은 상황이나 약호 체계, 매체, 접촉 등을 야콥슨의 소통 모델로 보완하여 함께 고려해야 하며, 각각의 측면에서 언어 혹은 내러티브가 가지고 있는 6가지 기능도 치유적으로 잘 활용할 수 있어야 할 것이다.

그리고 이때 야콥슨의 주요 소통의 원리인 선택과 결합의 원리도 잘 활용할 수 있어야 할 것이다. 선택의 원리로는 은유의 중요성이 강조되고 그래서 내러티브와 문학의 효용성이 강조된다고 할 수 있다. 결합의 원리에서는 프로이트의 에마(Emma) 치료 사례에서 보듯이 스토리의 빈틈을 연결하는 것도 중요하고 서사담화의 구성 요소들을 내담자와 치료자 사이에서 관심과 시각·관점의 높이와 수준을 잘 맞추는 것이 중요하다.[7)]

IV. 내러티브 소통의 치유적 활용

소설이나 동화, 설화에서 내러티브가 소통되는 방식은 일반적으로 작가나 서술자에서 독자에게 한 방향으로 이야기가 전달되는 것이다. 문학치료에서는 이러한 것을 수용방식이라고 한다. 그러나 더 큰 맥락의 문학치료를 비롯하여 내러티브를 치유적으로 활용하는 많은 경우에 내러티브 소통 방식은 두 사람이 협력하여 공동의 치유적 이야기를 만들어가는 과정이다(양유성, 2004: 131). 이곳은 "사실 두 목소리가, 환자의 목소리와 분석가의 목소리가, 전이의 '과도기적 영역'에서 분석의 대화에 연결된 채 만나는 지점이다."(피터 브룩스, 2011: 410). 사실 프로이트가 정신분석을 하면서 자유연상법에 의존하여 정신분석을 하기로 한 것도 의사와 환자의 관계를 근본적으로 재고해야 할 필요성을 느꼈기 때문이다. 그것은, 지시하는 의사와 따르는 환자의 관계로부터, 듣는 사람(의사)과 말하는 사람(환자)으로의 관계 변경이었다. 그는 최면이나 암시, 회상을 강제하는 방법을 버리고, 환자가 연상하는 대로 자유롭게 이야기하는 말에 지긋이 귀를 기울이게 되었는데, 이것이 자유연상법의 시작이었던 것이다(야마다 유카, 2003: 34).

이러한 이유로 치료적 내러티브 소통 과정에서는 특히 이야기가 만들어지는 현장성이 강조된다. 이때 스토리뿐만 아니라 개인과 사회의 담화 시스템이 역동적으로 작동할 필요도 있다. 개인의 서사담화 체계, 즉 개인의 시점과 관점, 심리적 거리, 어투와 같은 심리적 표현의 정조(情調), 담화의 시간과 공간 활용 능력 등이 이야기가 만들어지는 과정에서 역동적으로 작용할 필요가 있다. 그리고 여기에 개인들의 담화가 사회적으로 확산되어 축적되어 구조화되어 있는 사회적 담론이 구체적인 내담자의 담화 체계에 침투해서 작용하도록 할 필요도 있다.

채트먼에 따르면 내러티브 내용 방식은 스토리라고 할 수 있다. 스토리는 내러티브의 내용이다. 그러나 이것은 내용 전부는 아니고 그 내용의 핵심 줄거리이다. 방식은 구조나 원리이다. 그래서 스토리의 내용 방식으로는 채트먼이 밝힌 사건과 인물, 배경이 있을 수 있다. 그 중에서 배경은 더 구체적으로 나누면 시간과 공간으로 나눌 수 있으며 사건과 사건 사이에는 이것을 추동하고 연결하는 모티프가 있다. 인물의 목표나 목적이 되고 사건의 핵심이 되는 사물도 스토리의 주요 방식이라고 할 수 있다.

그러면 이것들을 치유적으로 활용하는 방법은 무엇일까? 내러티브를 활용한 치료(이야기 치료, 서사적 문학치료, 스토리텔링 치료)에서는 우리 내면의 마음을 내러티브 텍스트와 같은 것으로 본다. 텍스트에는 여러 인물, 여러 사건, 여러 시간과 서로 다른 공간이 있으며 이것들이 함께 엮인 스토리가 여럿 포함되어 있다. 그래서 우리의 심리 텍스트에서 우선 스토리의 면에서 보면 치료는 내담자의 내면에 있는 다양한 많은 스토리 중에서 지배적인 스토리에서 문제가 되는 부분을 발견하여 치료하는 것이 중요하다. 지배적 스토리의 문제 부분을 집중적으로 치료하거나 대체하고, 이것이 여의치 않을 경우 건강한 다른 스토리를 내담자의 내면에서 발굴하여 대체할 수도 있다. 그리고 인문학 고전이나 민담, 설화, 소설, 영화 등에 있는 치유적 스토리로써 내담자 내면의 스토리들을 자극하고 대체 · 충전 · 융합할 수도 있다. 이런 방식으로 심리적 문제를 일으킨 내면의 지배적 스토리를 치료하여, 마음을 건강하게 다스리는 대안적 지배적 스토리(alternative dominant story)로 만들어야 한다.

내러티브 표현 방식은 서사 담화(discourse) 중에서 소통의 구조나 원리이다. 이것은 내러티브의 표현 중에서 질료 부분인 매체를 고려하지 않은 나머지 부분 중에서 구조나 원리에 해당하는 부분이다. 구체적으로 채트먼이 언급한 것들은 내포작가, 내포독자, 화자, 수화자, 시점, 서술 시간, 서술 공간 등이다. 채트먼이 언급하지 않은 것들도 있다. 전달 관점, 심리적 전달 거리감, 전달 초점 등이다. 내러티브를 치유적으로 활용하기 위해서는 내러티브의 스토리와 서사 담화의 구조나 구성 요소, 원리에 해당하는 것들을 치유적으로 이용하는 것이 중요하다. 필자는 앞선 연구에서 이미 내러티브의 스토리 요소 중에서 인물, 사건, 모티프 등과 서사담화 요소 중에서 전달 인칭과 시점·관점, 심리적 거리감 등을 치유적으로 활용하는 방법에 관해 연구한 바 있다.[8] 여기서는 앞선 연구에서 논의되지 않은 내러티브 소통의 관점에서 내포작가와 내포독자 개념을 중심으로 논의를 전개하기로 한다. 내러티브를 활용한 치유에서는 내러티브를 표현하고 소통하는 방식을 잘 다루는 능력, 즉 서사 능력을 키우는 것이 궁극적으로 중요하기 때문에 내러티브를 치유적으로 접하는 경우에는 내포작가와 내포독자의 역할에 주목해야 한다.

심리적 문제를 포함하고 있는 내담자의 체험적 내러티브를 내담자와 상담자가 치유적으로 주고 받은 상황에서는 내포작가와 내포독자를 상담현장에서 치료에 임하는 내담자와 내포 상담자로 바꾸어 생각해볼 수 있다. 상담실 바깥에서 생활하는 직업인이자 생활인인 상담자와 환자는, 상담자로서 상담실에 들어와 있는 상담가나 치료를 받을 의지와 자세를 갖고 상담실에 들어와 있는 내담자와 일단 구별되어야 할 것이다. 이러한 구별에서 치료적 자세와 치료의 의지와 목표가 생길 것이다. 내포 상담가와 내포 내담자를 실제 상담가와 실제 내담자와 연결시키는 작업은 다음 단계의 문제가 되어야 할 것이다.

내러티브 소통 모델로 보면 소통의 내용은 스토리이고 소통의 표현 형식은 서사 담화라고 할 수 있다. 채트먼의 소통 모델에서 내러티브 소통은 내러티브 내용의 질료 --〉 내러티브 내용의 방식 --〉 내러티브 표현의 방식 --〉 내러티브 표현의 질료를 통해 이루어진다고 볼 수 있다. 다시 말해 작가의 문화적 약호에 의해 포착된 사람과 사물들인 내러티브 내용 질료들을 인물 · 사건 · 시간 · 공간 등의 내러티브 내용 방식으로 구성하여 전달자의 인칭과 시점, 시간 및 공간 구성과 같은 내러티브 표현 방식으로써 언어나 영상, 발레 등의 표현 질료를 통해 내러티브를 소통시키는 것이다. 이때 치유적으로 잘 된 소통은 이 요소들을 치유적으로 잘 활용하는 것이다. 앞에서 언급한 채트먼의 내러티브 소통 모델(실제 작가…→ ‖ 내포작가→(화자)→메시지→(수화자)→내포독자 ‖…→실제 작가)을 이러한 관점에서 상담치료 현장의 내러티브 소통으로 바꾸어 설명하면 실제 내담자 → 내포 내담자 → 상담 내용 → 내포 상담자 → 실제 상담자로 이루어지는 과정과, 이것의 역순(실제 상담자 → 내포 상담자 → 상담 치료 내용 → 내포 내담자 → 실제 내담자)으로 이루어지는 과정이 주기적으로 반복되는 것이라고 할 수 있다. 그리고 여기에 야콥슨의 소통 모델에서 참고할 수 있는 상황 · 접촉 · 코드 개념 등을 포함하고 소통의 두 원리를 적용해 보는 것도 필요하다. 채트먼에게서의 내러티브 질료와 방식은 야콥슨에게서 상황과 접촉 개념을 포함한 선택과 결합의 원리로 각각 작용하고 있다고 볼 수 있기 때문이다.

V. 맺음말

지금까지 채트먼의 서사이론에서 소통 중심 이론들을 정리하고 이것의 치료적 활용가능성을 살펴보았다. 채트먼의 서사 이론이 내러티브를 내용과 표현, 질료와 방식으로 구조적으로 통찰하고 다시 이것들을 구성 요소로 세분해서 바라볼 수 있도록 한 점, 그리고 스토리의 매체 독립성과 매체 보편성을 강조한 점은 내러티브를 과학적으로, 체계적으로 이해하고 치유적으로 활용할 수 있는 수단과 방법을 제공하였다고 볼 수 있다. 그러나 그의 내러티브 소통 모델은 소통의 환경이나 맥락, 기호 체계나 매체, 접촉 등을 함께 고려하지 않은 단선적이고 일방향적인 모델이어서 야콥슨의 소통 모델을 통해 보완할 필요가 있었다.

내러티브 소통은 그 내용에 짜임새와 맥락이 있고 의미와 가치를 포함하며 재미를 주고 상상의 가능성을 열어주며, 무엇보다 치유의 기능을 지니고 있다는 장점이 있다. 이러한 내러티브 소통을 서사학의 소통 이론에 힘입어서 적용하면 인문치료, 문학치료, 스토리텔링치료, 정신분석학이나 상담치료, 사이코드라마, 게슈탈트 치료 등에서도 효과적으로 활용할 수 있을 것이다. 이것들의 구체적인 활용 방법에 대한 연구가 앞으로 더 필요한 이유가 여기에 있다.

참고문헌

남 운: 「'담론 Diskurs' 개념과 이론의 스펙트럼」, 「독어교육」 제49집, 2010. 12.

박찬부: 「정신분석학과 서사(narrative)의 문제」, 『비평과 이론』 (Vol. 1.), 한국비평학회, 1996.

박찬부: 「프로이트와 서사적 진리의 문제」, 『외국문학』(Vol. 46), 1996, 174-200쪽.

번즈(George W. Burns) / 김춘경 (옮김): 『마음을 치유하는 101가지 이야기. 은유를 사용한 심리치료』, 학지사, 2009.

브렛, 도리스 / 김인옥 (옮김): 『은유적 이야기치료』, 여문각, 2009.

시몬스, 아네트 지음 / 김수현 옮김: 『스토리텔링. 대화와 협상의 마이다스』, 서울: (주) 한언, 2001.

야마다 유카 편저 / 김성수 역: 『정신분석학을 읽는다』, 서울: 도서출판 북스힐, 2003.

야콥슨, 로만 / 김재일 (옮김): 『일반언어학 이론』, 민음사, 1989.

야콥슨, 로만 / 신문수 (편역): 『문학 속의 언어학』, 문학과지성사, 1989.

양유성: 『이야기 치료』, 학지사, 2004.

에쿠니 가오리 지음 / 김난주 옮김: 『냉정과 열정 사이 Rosso』, 소담출판사, 2000.

오닐, 패트릭 / 이호 (옮김): 『담화의 허구』, 예림기획, 2004.

이민용: 「서사 담화와 스토리텔링 치료 - 강박증치료 스토리텔링을 중심으로」, 『뷔히너와 현대문학』, 2011. 5., pp. 281-302.

이민용: 「내러티브를 통해 본 정신분석학과 내러티브 치료」, 『문학치료연구』, 2012. 10.

브룩스, 피터 / 박혜란 (옮김): 『플롯 찾아 읽기, 내러티브의 설계와 의도』, 도서출판 강, 2011.

최용호: 『서사로 읽는 서사학』, 한국외국어대학교출판부, 2009.

츠지 히토나리 지음 / 양억관 옮김: 『냉정과 열정 사이 Blue』, 소담출판사, 2000.

포스터, 에드워드 모건 / 이성호 (옮김): 『소설의 이해』, 문예출판사, 1993.

Barthes, Roland: "An Introduction to Structual Analysis of Narrative", in New Literary History, VI(Winter), 1975.

Brooks, Peter, Psychoanalysis and Storytelling, Oxford: Blackwell, 1994.

Brooks, Peter, Reading for the Plot. Design and Intention in Narrative, Cambridge : Harvard University Press, 1992.

Chatman, Seymour: Story and Discourse, Narrative Structure in Fiction and Film. Ithaca: Cornell University Press, 1978. [채트먼, 시모어 / 한용환 (옮김): 『이야기와 담론』, 푸른사상, 2003.]

Culler, Jonathan: Literary Theory, Oxford University Press, 1997. [조너던 컬러 / 이은경 · 김옥희 옮김, 『문학이론』, 동문선 1997].

Freud, Sigmund: "Project for a Scientific Psychology", in Pre-Psycho-Analytic Publications and Unpublished Drafts. The Standard Edition of The Complete Psychological Works of Sigmund Freud, Translated from the German under the General Editionship of James Strachey, In Collaboration with Anna Freud, Volume I(1895), London : The Hogarth Press and The Institute of Psycho-Analysis 1966.

Herman, David: "Stories as a tool for thinking", in Narrative theory and the Cognitive Sciences, ed. by David Herman, Stanford California: CSLI Publications, 2003.

Spence, Donald P., Narrative Truth and Historical Truth, New York: W. W. Norton, 1982.

Tayler, Daniel Tell me a Story, The Life-Shaping Power of Our Stories, U.S.A.: Bog Walk Press, 2001.[대니얼 테일러 / 윤인주 옮김, 『왜 스토리가 중요한가』, 부천: 정연, 2011.

White, Michael. Maps of Narrative Practice, New York, London: W. W. Norton Publication 2007.

※ 이 글은 필자의 논문「서사학의 소통 이론과 내러티브의 치유적 활용 – S. 채트먼과 R. 야콥슨의 서사학을 중심으로」[『괴테연구』 제26집(2013. 2): 207-225]를 수정 · 보완한 것이다.

---

1) 이 글에서 사용하는 내러티브 개념을 이야기 · 서사 · 스토리텔링 개념과 비교하여 간단히 정리하면 다음과 같다. 이야기는 인물과 사건, 시간, 공간, 시점, 관점 등을 요소로 하는 짜임새 있는 언술이라고 정의할 수 있다. 이야기는 우리나라 말에서 서사와 서로 비슷하게 사용되고 있는 편이나, 서사가 문학적 · 문어적 연원의 성격이 좀 더 강하다면, 이야기는 구어적 · 일상적 맥락에서 많이 쓰인다고 할 수 있다. 이야기는 다시 대화적 이야기, 체험적 실제 이야기, 허구적 이야기 등으로 나눌 수 있다. 내러티브(narrative)는 이야기와 서사로 상호 번역되어 쓰이고 있으나 '이야기'와 '서사'가 풍기는 언어적 · 문학적 느낌을 넘어서 예술 · 문화 · 일상에서의 사용도 강조되는 쪽으로 쓰이고 있다. 큰 틀에서는 세 용어 모두 비슷하다고 할 수 있지만, 위와 같이 세부적인 의미의 편차가 있다는 점이 고려되어야 할 것이다. 한편, 스토리텔링은 내러티브보다 나중에 정보화와 문화산업 시대가 도래하는 가운데 등장한 용어로서, 위의 세 용어의 개념을 포괄하면서도 문화콘텐츠로서의 쓰임새나 매체 활용, 경영이나 마케팅 등에서의 활용까지 강조하는 개념이라고 할 수 있다. (졸고,「내러티브를 통해본 정신분석학과 내러티브 치료」,『문학치료연구』 제25집, 한국문학치료학회, 2012. 10. 105쪽 참고).

2) 내러티브 그 자체를 치료나 치유에 체계적으로 활용하는 방법으로는 내러티브 테라피(Narrative Therapy), 서사를 중심으로 한 문학치료, 이야기 치료, 스토리텔링 치료 (storytelling therapy) 등이 있다. 이것들은 서로 비슷할 수도 있지만 구분하여 사용될 수도 있다. 서사를 중심으로 한 문학치료는 우리나라에서 건국대학교에서 고전서사를 중심으로 문학치료의 한 방법으로 많이 연구되고 있으며, '내러티브 테라피'는 호주의 마이클 화이트 Michel White와 데이비드 엡스톤 David Epston 등에 의해 1980년대부터 본격적으로 주창되어 우리나라에 '이야기 치료'라는 이름으로 소개되었다. 그러나 필자는 '내러티브 테라피'와 '이야기 치료'의 개념이 완전 동일하지 않고 차별적인 것으로 분화될 수 있다고 생각한다. 반면에 '스토리텔링 치료'는 필자가 처음 본격적으로 제기한 것으로서 서

사학과 매체의 인문치료적 활용에 초점이 맞춰져 있다. (졸고, 「스토리텔링 인문치료와 정신분석학」, 『인문과학연구』, 강원대학교 인문과학연구소, 2013. 3월, 634쪽 참고).

3) 최인자, 「'서사적 대화'를 활용한 문학토의 수업 연구」, 『국어교육학연구』(제29집), 2007. 8. 정성미, 「소통점검을 통한 내적 소통 양상 - 소통저널쓰기를 중심으로」, 『언어학연구』(Vol. No 22), 2012. / 정성미, 「여성결혼이민자들의 자녀교육 참여를 위한 의사소통적 접근」, 『다문화콘텐츠연구』(Vol. 8), 2010. / 김익진, 「소통의 모델에 기초한 인문치료의 이론 모형」, 『인문과학연구』(Vol. 25), 2010.

4) 'discourse'는 원래 '이리저리 달리다'라는 라틴어 어원에서 비롯된 용어로서 우리나라에는 미셸 푸코(Michel Foucault)의 사상 중에서 'discours' 개념이 소개되면서 유명해진 말이다. 이것을 그동안 '언술, 언설, 술화, 담론, 담화' 등으로 번역하여 사용하였으나, 최근에 언어학에서는 '담화'로, 사회학에서는 '담론'으로, 문학에서는 '담화'나 '담론'으로 주로 사용하고 있다. 남운: 「'담론 Diskurs' 개념과 이론의 스펙트럼」, 『독어교육』 제49집, 2010. 12, 참고.

5) 『냉정과 열정 사이 Blue』 츠지 히토나리 지음 / 양억관 옮김, 소담출판사, 2000. 『냉정과 열정 사이 Rosso』 에쿠니 가오리 지음 / 김난주 옮김, 소담출판사, 2000.

6) 로만 야콥슨 / 김재일 (옮김): 『일반언어학 이론』, 민음사, 1989. 이것의 원전은 원래 영어로 쓰인 논문 11편을 선정하여 프랑스어로 펴낸 다음의 책이다. Essais de Linguistique Générale 1. Les fondations du langage, Traduit et préfacé par Nicolas Ruwet (Les éditions de Minuit, 1963).

7) 이에 관해서 필자는 앞선 연구에서 보다 상세하게 논의한 바 있다. 필자의 선행연구 참고: 「서사 담화와 스토리텔링 치료 - 강박증치료 스토리텔링을 중심으로」, 『뷔히너와 현대문학』, 2011. 5.; 「내러티브를 통해 본 정신분석학과 내러티브 치료」, 『문학치료연구』, 2012. 10.

8) 「서사 담화와 스토리텔링 치료 - 강박증치료 스토리텔링을 중심으로」, 『뷔히너와 현대문학』, 2011. 5. / 「서사 스토리의 핵심요소와 스토리텔링 치료」, 『독일언어문학』, 2011. 06. / 「스토리텔링 치료의 치료 요인과 그 적용」, 『헤세연구』(제25집), 2011. 6. / 「서사와 서사학의 치유적 활용」, 『독일언어문학』(제47집), 2010. 3.

프로이트의 사유에 나타난 카타르시스에 대하여

정 락 길

1. 들어가며

이 글은 치유론의 입장에서 예술 치료의 중요한 쟁점에 있는 카타르시스 개념을 살펴보고자 하는 의도에서 기획되었다. 예술 작품의 치유적 기능을 이야기할 때 빈번히 등장하는 개념이 '카타르시스'이다. 아마도 일반적으로 통용되는 카타르시스의 치유적 효과를 거칠게 언급한다면 다음과 같은 것이리라. 문학작품이나 공연예술(연극, 영화)에서 독자 혹은 관객들은 등장인물들에게 자신을 투사하여 주인공과 동일시하고 그래서 현실에서는 불가능한 소망을 충족시키게 되는데 이러한 작품적 구조에서 그들은 원 없이 울고 신나게 웃게 되는 경험을 통해 고단한 삶의 스트레스로부터 벗어나 가상적으로 자신들의 불안을 해소하고 새로운 삶의 동기를 부여 받게 된다는 것이다.

그런데 여기에서 의문이 든다. 축구 경기의 훌리건의 예가 보여주듯이 광적으로 몰입된 관객들은 경기의 카타르시스적 흥분이 현실로 이어져 폭력적 행위로 이어지기도 한다. 또한 게임에 빠진 중독자들은 게임이 건네준 카타르시스적 흥분에 탐닉해 오프라인적 세계와 단절 된 채 살아가기도 한다.(정락길) 블로흐(Jean-Philippe Bloch)의 사회학적 연구에 따르면 폭력적 TV 시리즈들이 대중들의 억압된 정서들의 해소의 기능이 존재함에도 불구하고 불행이도 폭력적인 행위로 이어지기도 한다는 사실을 보고하고 있기도 하다.(Bloch, 2011) 영상이미지를 중심으로 이루어지는 현대의 매체 환경은 점점 더 과잉 감각적 양상으로 향하고 있다. 소위 70년대 영화 장치이론의 논의가 보여주듯이 영화는 서사, 이미지, 음향 등이 결합되어 관객의 강렬한 몰입적 효과를 부여하여 왔다. 영화이론가 메츠(Christian Metz)에 따르면 영화 관객은 이미지와 서사구조(등장인물)의 이중적인 과정을 통해 강력한 무의식적인 동일시의 과정을 육체로부터 체험하면서 자신이 환상의 나라의 주인으로서 감정 이입되고 있음을 주목하면서 이것을 자기애적 동일시로 규정한 바 있다.(Metz, 1984) 멜로드라마적인 과잉의 눈물 정서, 피가 넘쳐나는 폭력의 카타르시스, 신경의 끊임없는 자극을 가하는 이미지의 스피디한 폭격에서 이루어지는 카타르시스는 인지와 성찰로 이어지기 보다는 생리학적 몰입적 차원에서의 카타르시스이다.

카타르시스의 모든 논의가 지적하듯이 카타르시스는 고대의 제식 행위 속에서 그 기원을 지니고 있음을 부정할 수는 없다. 고된 노동 중간에 부르는 노래는 그 리듬을 통해 근육의 긴장을 완화시키며 겉으로 무목적적인 듯 보이는 이러한 행위를 통해 육체와 정신은 긴장으로부터 벗어나 새롭게 생의 약동을 준비한다. 현대의 극한 문명 속에 많은 이들은 지속적인 생존의 긴장 속에 살아가고 자연스런 인간의 반응(눈물, 웃음, 분노의 표현 등)을 문명의 갑옷으로 가로막고 있음 또한 사실이다. 하지만 현대의 매체 환경에 대한 앞서의 주장에서와 같이 모든 카타르시스가 무차별적으로 용인되어야 할 성격의 문제는 아니라고 생각된다. 특히 예술 작품과 치료에서 카타르시스의 문제는 좀 더 깊이 있는 성찰이 요구된다고 생각되기 때문이다. 이 글은 그래서 예술 작품이나 치료적 행위에서 카타르시스를 둘러싼 정서적 반응의 다양성이 존재함을 밝히고 모든 정서적 반응을 무조건적으로 긍정할 수는 없다는 생각으로부터 출발한다. 이러한 논의에서 프로이트의 성찰의 중요성이 등장한다. 프로이트는 브로이어와의 작업을 통해 카타르시스 방법을 사용하다 유보적 태도를 취하게 되고 카타르시스 자체만으로 치료가 완성되지 않음을 주장하게 된다. 또한 프로이트는 예술 작품에서 나타나는 카타르시의 효과의 복합성을 주목한바 있는데 이러한 논의 역시 카타르시스 개념을 살펴보는데 우리의 중요한 성찰점이기도 하다.

2. 아리스토텔레스의 카타르시스론에 대한 다양한 논의들

카타르시스론은 익히 알려져 있듯이 아리스토텔레스의 논의로부터 출발한다. 아리스토텔레스에 대한 기존의 연구된 논의를 이 글에서 간단히 살펴보고자 하는 이유는 무엇보다 프로이트가 카타르시스론을 아리스토텔레스로부터 빌려오고 있다는 점과 카타르시스론이 놓여있는 예술론적 쟁점과 치료론적 쟁점이 이러한 아리스토텔레스의 논의와 그 이후의 해석적 변화의 양상과 밀접히 연관되어 있기 때문이다. 아리스토텔레스의 '카타르시스' 개념은 그가 『시학』에서 언급한 다음과 같은 구절로부터 시작된다.

> "비극은 진지하고 일정한 크기를 가진 그 자체 완결된 행동을 모방하며, 쾌적한 장식을 가진 언어로 꾸며지되 이 여러 가지 종류의 장식은 작품의 상이한 여러 부분에 따로 삽입된다. 그리고 비극은 보고되는 것이 아니라 행동으로 표현되며, 그것은 엘레오스(eleos)와 포보스(phobos)를 자극함으로써 바로 이러한 감정들의 카타르시스를 야기한다."(이주동의 논문에서 재인용, p. 170)

플라톤은 『공화국』에서 예술가(시인)는 이데아로부터 멀어진 '모방의 모방'을 행하는 자로 규정하면서 그의 이상 국가에서 예술가 추방론을 전개한다. 아리스토텔레스의 비극론은 미학사에서 이러한 플라톤의 예술 비판론에 맞서 예술은 개연적인 과정을 통해 역사보다 더 보편적인 진리를 전달할 수 있음을 주장하면서 예술의 독자성을 주장한 바 있다. 카타르시스 개념은 고대로부터 현대에 이르기까지 그 해석을 둘러싸고 시대의 변화와 함께 수많은 논란의 대상이 되어 왔다. 논란의 중심은 희랍어 엘레오스와 포보스에 대한 해석과 위에서 밑줄 친 '이러한 감정들의 ...'라는 구절로서 문법상의 2격의 표현을 어떻게 해석하느냐의 문제에 달려 있었다. (이주동, pp. 170-191) 이주동에 따르면 19세기 중반까지 카타르시스에 대한 해석은 크게 윤리적/도덕적 해석과 의학적 해석으로 나뉘어져 왔다.

간단히 여기서 레싱을 중심으로 한 윤리적/도덕적 해석을 살펴보자. 레싱에게서 '이러한 감정들의 ...'의 구절이 목적의 2격과 주격의 2격으로 해석되고 있는데, 목적의 2격의 해석에 의한다면 이 구절은 '그러한 감정을 카타르시스 하는 것'으로 해석된다. 그리고 주격의 2격으로 해석한다면 감정들 자체가 카타르시스의 대상이 아니라 카타르시스를 불러일으키는 주체가 카타르시스와 연관된다는 것이다.[1] 레싱이 선택한 이러한 문헌학적 해석이 지향하는 방식은 포보스와 엘레오스에 대한 윤리적/도덕적 해석이다. 레싱은 『함부르크 비극론』에서 포보스를 공포(Furcht)로 엘레오스를 연민(Mitlied)로 해석하고 있는데, 이는 공포를 연민의 필요한 성분으로, 즉 공포를 우리 자신과 연관된 연민으로 설명하고 공포와 연민이 불가분의 종속관계에 있음을 강조하고 있다. 예를 들면 고통을 당하는 타인으로서의 주인공에게 향하는 슬픔의 감정이 연민이라 한다면 인간적인 비극의 주인공이 철저하게 비극적 숙명으로 빠져드는 것을 경험하는 관객은 두려운 공포 속에 빠진다는 것이다. 따라서 레싱에게서 비극의 도덕적 목적은 그러한 격정들의 정화이다. 여기서 카타르시스적 정화(purification)는 격정이 덕행으로 전환되는 데에서 발생한다. 이주동은 레싱의 이러한 견해가 덕을 일종의 중용으로 보고, 또 이 중용이 이성적 원리에 따른다고 보는 것에 바탕을 두고 있는 아리스토텔레스의 『니코마코스 윤리학』에 따르는 것이라고 지적하고 있다. 그래서 레싱의 해석은 스토아적/기독교적 윤리관에 바탕을 둔 것으로, 이러한 해석에 따른다면 카타르시스는 극장의 관객으로 하여금 윤리적 정신적 교양을 쌓게 하는 윤리적 계몽의 성격을 두고 있다고 할 수 있다.

또 다른 해석으로 의학적 해석이 존재한다. 베르나이스(Jakob Bernays)를 중심으로 하는 의학적 해석이 주목하는 것은 '그러한 감정들의 카타르시스'라는 구절에서 문법적 2격을 분리의 2격으로 해석한다는 점이다. 그래서 감정을 덕과 같은 중용의 상태로 순화시키는 것으로 보는 레싱의 견해와는 달리 그런 감정들에서 해방되어 마음의 안정을 찾는 동시에 다른 차원의 쾌락을 얻는 것으로 보는 것이다.[2] 베르나이스는 비극의 효과를 특히, 동종치료법적(homeopathique) 의약술로 해석하고 있다. 즉, 실연의 상처를 받은 사람이 슬픈 노래를 부르거나 슬픈 드라마를 보면서 상처로부터 치유되어 지는 것과 같이 일종의 감정의 이열치열의 요법처럼 격정들을 상승시키고 그렇게 함으로써 격정들로부터 해방된다는 것이다. 이러한 해석은 배설(purgation)을 통한 해방의 감정을 강조하고 있다. 그래서 여기서 극장은 레싱과 같이 윤리적 교화의 장소가 아니다. 또한 단순히 극장을 쾌락의 유흥장소로 바라보는 관점을 너머서서 병리학적 관점에서 카타르시스를 해석하고 있다.

이러한 의학적 해석이 주로 참고하고 있는 문헌은 아리스토텔레스의 『정치학』으로, 특히 8권에 나오는 음악적 카타르시스를 비극의 카타르시스에 적용시켜 해석하고 있다. 이 책에서 아리스토텔레스는 열광적이고 희열적인 음악이 야기하는 카타르시스의 효과를 언급하고 있는데 여기에서 카타르시스는 음악의 성격에 따라 오락적인 성격, 교육적인 성격, 여가의 성격으로 나누어지고 있기도 하다.[3)]

위에서 살펴보았듯이 아리스토텔레스의 카타르시스 개념은 두 가지 해석 방식에 따라 그 효과 면에서 다른 의미로 이해되어 왔다. 무엇보다 그 이유는 아리스토텔레스의 『시학』에서는 카타르시스가 단어 하나로서만 언급되었기 때문이고 또한 그것에 대한 설명은 물론 간단한 언급조차 찾아 볼 수 없기 때문이다. 또한 이러한 해석적 난점은 해석자들의 성향에 따라 다르게 제시되었기 때문에 더욱 배가되었던 것이다. 실제로 카타르시스를 어떻게 해석할 것인가의 문제를 두고 19세기 이후에는 좀 더 다양한 해석의 방식들이 제시되고 있다. 골든(Golden)과 슈미트(Schmitt)는 카타르시스를 지성적 정화로 해석하는데 그들에 따르면 문화적 교육적 학습을 통해 지성과 감성이 분리불가능하게 어울러지는 수용능력을 통해 주체는 카타르시스적 쾌감을 획득하게 된다는 것이다. 폴 리쾨르(Paul Ricoeur)는 카타르시스를 미메시스의 3계기 전형상화(préfiguration), 형상화(figuration) 그리고 재형상화(refiguration)의 과정에서 이루어지는 독자와 텍스트의 만남에서, 특히 재형상화 과정에서의 '깨달음'과 '창조'의 카타르시스적 즐거움을 주목하고 있다. 리쾨르에 따르면 독자는 이야기의 뜻을 풀어 자기 삶을 만들어가는 과정, 즉 텍스트와 독자의 창조적 독해라는 이야기의 정체성의 정립과정에서 카타르시스를 발견과 결합된 쾌감으로 제시하고 있다. 이러한 리쾨르의 카타르시스 해석은 골든과 슈미트와 같이 지성적 정화의 해석으로 분류할 수 있을 것이다.(이선형, pp. 56-57)

또 다른 19세기 이후의 중요한 해석으로서 니체의 비극철학에 입각해 카타르시스를 미학적 관점으로 해석하는 입장이 존재한다. 디오니스적 열광으로서 카타르시스를 해석하는 니체의 입장은『비극의 탄생』의 22장의 해석에 근거하고 있는데 니체의 카타르시스 개념이 철저히 미학적 관점에 의지하고 있는지는 의문이다.[4] 우리는 이러한 니체의 카타르시스에 관한 미학적 입장을 프로이트와 함께 살펴보도록 할 것이다. 또 다른 해석으로 20세기의 교육적 비판적 입장이 존재한다. 이러한 입장은 브레히트의 서사극과 보알의 포럼 연극(Forum Theater)에서 주로 나타나고 있는데 여기서 아리스토텔레스 이후의 서양 전통연극의 카타르시스 개념은 단순한 감정이입으로서 비판되면서 진정한 카타르시스는 관객이 감정적 극화에 몰입되는 것이 아니라 그 상황으로부터 거리를 두고 감정의 이중적 변증화를 경험하는 이화작용으로 이해되어진다는 점에서 교육적이고 비판적이라 할 수 있을 것이다.(이선형, p. 67)

3. 프로이트에게서의 카타르시스

아리스토텔레스가 비극론에서 카타르시스를 언급한 이후 카타르시스는 19세기까지 크게 도덕적 해석, 의학적 해석으로 그리고 19세기 이후 현대에 이르기까지 지성적(교육적/비판적) 해석과 미학적 해석이 추가되어 복잡한 양상으로 전개되어 왔고, 지금도 많은 논쟁 중에 있는 개념이다. 그 이유는 단지 아리스토텔레스의 텍스트 자체의 해석의 어려움과 모호함 때문만은 아니다. 카타르시스 개념을 둘러싼 학자들마다의 문헌학적 어려움을 너머서 특히 다매체 시대로 특징지을 수 있는 현대의 상황과 그에 따른 카타르시스 경험 자체의 다양성이 존재하기 때문이다. 많은 영화, 드라마, 문학, 게임, 스포츠 등의 문화예술 분야, 치료 분야(사이코드라마, 음악 치료, 문학 치료 등등)에서 카타르시스는 매번 구체적인 경험을 통해 다양한 사람들에 의해서 경험되는 현상이고 그것을 도덕적, 의학적, 지성적, 미학적인 범주로 엄밀하게 구분하는 것은 오히려 카타르시스의 경험자체를 개념적 범주에 가두는 행위가 될 수 있다고 생각된다. 무엇보다 현대의 상황에서 고려해야 할 카타르시스의 문제는 그 쾌감이 도덕적, 의학적, 지성적, 미학적 범주가 서로 미묘한 경계 사이에서 분리 불가능하게 작용하고 있다는 사실로서 이해하는 것이 더욱 타당하고 실제적인 접근방식일 것이다. 이러한 입장을 유념하면서 이제부터 우리는 프로이트가 카타르시스의 개념을 어떻게 치유론과 연관되어 이해하였는가 하는 점을 살펴보는 것으로 우리의 논의를 한정하고자 한다.

프로이트에게서 카타르시스 개념은 크게 두 가지 방향에서 전개되어 진다. 하나는 치료 요법으로서의 초기의 카타르시스적 방법의 사용과 이 방법의 포기, 그리고 이후의 정신분석학의 고유한 치료 방법으로 등장하는 자유연상 기법의 채택과 밀접히 연관되어 나타나는 프로이트의 치료적 변화의 방향과 연관되어 있다. 이러한 과정에서 프로이트는 카타르시스적 방법에 대해 명확하게 이야기하고 있지는 않지만(모호한 점이 존재한다.) 카타르시스적 방법만으로는 치료의 완성으로 나아갈 수 없음을 주장하고 있다. 이러한 변화를 살펴보면서 프로이트의 선택과 변화의 함의는 무엇인가를 논의하는 과정은 치료론으로서의 카타르시스의 중요한 쟁점들을 드러낼 수 있을 것이라 생각된다. 또 다른 하나는 예술 작품의 논의에서 카타르시스 개념이 등장한다는 점이다. 이러한 예술, 미학적 의미의 카타르시스론은 카타르시스가 단순히 감정의 정화라는 차원에 머무는 것이 아니라 예술 작품을 통해 통찰적 과정까지 나아가는 프로이드적 사유의 단면을 확인하는 과정이 될 수 있을 것이다.

3-1. 최면 기법(카타르시스적 기법)에서 자유 연상으로 – 훈습

프로이트의 『히스테리 연구』는 히스테리를 심리치료적 방식으로 기술한 임상집이며 통상 정신분석의 시작점으로 간주되는 저작이다. 요제프 브로이어(Joseph Breuer)와 함께 집필한 이 글에서 프로이트는 안나, 에미 부인, 루시, 카타리나. 엘리자베스 등 5명의 여성들의 치료 과정을 서술하고 있다. 심리적 갈등이나 불안이 육체적 통증으로 표현되는 히스테리는 우리에게는 화병이라는 병명으로 알려져 있는 증상이기도 하다. 1880년 초반 파리의 샤르코(Jean-Martin Charcot) 밑에서 3년간 히스테리를 연구하고 신경학 전문의로서 1886년 비엔나에서 개업한 프로이트는 히스테리 증상에 대해 동시대의 신경학자나 의사들과 달리 히스테리를 뇌나 신경, 혹은 유전적 문제로 접근하지 않고 심리내적 문제로서 접근하면서 정신분석의 터전을 마련한다.

프로이트가 최면 요법을 본격적으로 시작하게 된 것은 브로이어에 의해서이다. 사실 프로이트는 파리에서의 수학(修學) 당시에 샤르코에게서 최면 요법을 배웠지만 당시의 비엔나는 이 치료 요법을 불온한 방법이라고 기피하고 있었기에 프로이트는 주저하고 있었다.(Mannoni, pp. 35-43) 하지만 브로이어가 최면 요법을 통해 이루어진 안나와의 흥미로운 임상 경험의 결과를 프로이드에게 이야기 하면서 프로이드는 최면 요법에 다시 관심을 가지게 된다. 이 최면 기법을 브로이어는 카타르시스 기법이라 불렀다. 프로이트는 「히스테리의 심리치료」라는 장에서 최면 치료의 카타르시스적 특성을 다음과 같이 기술하고 있다.

"우리가 개별적인 히스테리 증상을 일으킨 사건에 대한 기억을 뚜렷하게 상기시켜 그에 얽혀 있는 감정들을 다시 불러일으킨다면, 그리고 환자가 가능한 한 상세하게 사건을 묘사하고 감정을 말로 표현한다면 그 증상은 즉각적으로 그리고 영원히 사라진다. (...) 우리의 치료법은 처음에 그 사건이 일어났을 때 소산(消散, abreaction)

되지 않은 관념의 작용력을 제거해 준다. 질식되어 있던 감정이 언어를 통해 표출 되도록 함으로써 그리고 그 관념을 정상 의식 상태(가벼운 최면)로 끌어들여 연상에 의해 수정할 수 있게 함으로써 아니면 치료자의 암시를 통해 관념을 제거함으로써 그것이 가능한 것이다." (프로이트, 『히스테리 연구』p. 333)

브로이어와 함께 작업한 정신 분석의 초기 시절에 카타르시스에 해당하는 개념이 바로 소산이라 할 수 있다. 초기 연구에서 프로이트와 브로이어는 히스테리 환자가 최면상태를 통해 과거의 외상적 경험이나 억압되었던 감정(affects)을 의식화하거나 표현함으로써 불안으로부터 벗어날 수 있다고 보았는데, 이런 관점에서 소산은 이전에는 억압되었던 자료를 의식적으로 지각하는 과정에서 억압된 감정을 표출한 후 정서적인 평정상태를 획득하는 과정이라 할 수 있다. 즉 소산은 어떤 사건에 대해 의지적이나 무의지적으로 반응하는 현상으로 외상의 사건이 있던 사람이 그 기억을 떠올릴 때 나타나는 반응이라 할 수 있다. 예를 들면 눈물이나, 분노, 복수심 등 다양한 정서적 반응이라고 할 수 있으며, 넓게 말한다면 인간 누구에게나 가능한 반응이라 할 수 있다.

프로이트 자신이 카타르시스 기법을 처음 적용한 사례가 『히스테리 연구』의 에미 부인의 경우이다. 프로이트는 에미 부인으로 하여금 감정을 토로하게 하고 외상을 준 체험을 기억하게 하려고 노력했다. 그러자 그녀에게서 깨어있는 상태에서는 드러나지 않던 외상적 사건과 그 사건으로부터 환자의 무의식 속에 깊이 박혀진 정서들이 최면의 상태에서 드러나게 된다. 이러한 카타르시스적 기법의 성과는 5명의 여인들에게서 외상적 사건의 드러남과 억압된 감정의 발산 이라는 양상으로 나타난다. 가족의 죽음(안나O, 에미 부인, 엘리자베스), 실연의 상처(엘리자베스, 루시), 심지어는 근친상간의 갈등과 죄의식(카타리나)을 최면의 상태에서 그녀들은 토로하게 된다. 이들 사례에서 중심적인 프로이트와 브로이어의 가설이 바로 외상설이다. 외상설에 따르면 환자의 기억에 잊혀져 버린 사건이 존재한다. 의식의 상태에서 환자들은 이러한 사건들과 연관되어질 때 육체적인 경련과 저항을 시도한다. 기억의 억압이라는 프로이트의 중요한 주제가 이때부터 나타나기 시작한 것이다.[5)]

그런데 프로이트는『꿈의 분석』으로 구체화되는 그의 정신분석 이론이 나오기까지 10여년 동안 여러 기법들을 혼융하다 서서히 자신의 자유연상 기법을 확립하게 된다.『히스테리』연구는 이러한 기법을 둘러싼 혼란이 모순적으로 표현되고 있는 글이기도 하다. 이러한 기법의 혼란이 잘 드러나는 것이 엘리자베스의 사례이다. 엘리자베스에게 프로이트는 최면에 의한 치료를 포기하고 지압의 방법을 동원한 암시요법을 시행한다. 그런데 그녀는 프로이드가 무엇이든 기억해 내라는 강요적인 암시요법에 저항하게 된다.

이러한 치료기법의 혼란과 변화가 드러내는 사실은 무엇일까? 이러한 혼란은 무엇보다 그의 정신분석이라는 치료 관점의 변화와 밀접히 연관되어 있다. 라플랑슈(Jean Laplanche)와 퐁탈리스(Pontalis)는 이러한 변화의 원인을 엘리자베스의 사례가 잘 보여주듯이, 환자들의 저항, 전이 현상의 이론적 발견과 프로이트가 훈습(durcharbeiting(독), working-through(영), perlaboration(불))이라는 과정을 통해야만 진정한 치료의 가능성을 열수 있다는 점을 서서히 깨달아 나가고 있음을 주목하고 있다.(Laplanche et Pontalis, pp. 305-306) 훈습의 과정이 무엇보다 중요한 치료의 난점이자 과제로 제시하는 것이 환자의 저항과의 만남이다. 치료에서 저항은 억압과 관련되어 있고 여기에 투자되는 에너지는 동일하다.(저항하는 힘과 억압하는 힘은 동일하다는 의미이다.) 신경증과 같이 마음의 치료에서는 병의 원인이 마음속에서 해소되지 않는 어떤 갈등과 밀접히 연관되어 있다. 마음의 갈등 때문에 일어나는 저항은 자신과의 마주섬을 회피하게 한다. 이러한 저항의 동기를 프로이트는 수치심이나 자책감, 상처받을 까봐 두려운 마음 등에서 찾을 수 있음을 이야기 한다. "그래서 저항은 부딪치기 어렵고 받아들이기 어려운 상상이나 경험, 또는 경험에 대한 자신의 의식적, 무의식적 해석에 대한 방어로서 지레짐작으로 무조건 그것에 대해 알고 싶지 않다는 태도이다. 이것은 정신분석의 주된 노력인 '진리에로의 투쟁' 또한 '기억에로의 투쟁'과 정면으로 맞서 있다. 그래서 분석과정에서는 저항 현상을 다루지 않으면 내담자를 깊이 만나는 것은 어렵게 된다고" 윤순임은 주목하고 있다.(윤순임, p. 36)

여기서 다시 초기 카타르시스 기법으로 돌아가 보자. 최면을 활용한 카타르시스 기법은 크게 최면 상태에서 증상을 일으킨 사건들의 상세화된 기술, 정서를 동반하는 육체적 반응, 정서(affect)들의 언어적 기술이라는 세 가지 과정으로 전개된다. 『히스테리 연구』에서 프로이트는 카타르시스 기법이 히스테리 환자에게 유용한 점이 있다고 모호한 방식으로 인정하고 있지만 다음과 같은 점에서 카타르시스 기법의 어려움을 기술하고 있다. 첫째, 프로이트는 최면을 이용한 카타르시스 기법이 우선 환자에 따라 다르게 작용한다는 점 때문에 어려움을 호소한다. 그리고 두 번째로 정서들의 소산(abreaction) 자체만으로는 치료가 잘 진행되지 않기 때문에 이 요법에 대해 점차 회의하게 된다. 초기에는 정서의 분출 자체가 치료 효과가 있는 듯이 나타났지만 회기가 진행될수록 카타르시스 자체만으로는 치료가 완결되지 않는다는 점이다.

'도라 사례'에서부터 프로이트는 신경증의 심리적 원인은 복합적임을 이야기한다. 신체적 증상도 마음에서 원인을 찾을 수 있고 특히 그 원인이 무의식과 관계되기에 의식 수준에서는 밝히기가 어렵다는 것이다. 최면을 활용한 카타르시스 기법은 증상을 단순한 정서의 토로와 해소로 보았다는 점에서 그리고 그 정서가 외상과 연결된 사건에 관계된다고 생각하고 있다는 단순한 시간적 인과성의 사유에 기반하고 있다. 프로이드는 점차 심리적 원인의 복합성을 단순한 정서의 배출과는 다른 정서의 억압과 표출, 그리고 저항의 과정 속에서 나타나는 정서의 움직임 자체가 중층적임을 주목한다. 또한 이 정서의 표현과 억압을 증상이라는 개념으로 제시한다. 여기서 증상은 해석의 작업이 요구되는 기호이자 무의식의 의식에 대한 신호이자 상징이라고 파악한다. 게다가 이러한 움직임은 언어적인 분석 작업과 동반되어야 함을 강조한다. 그래서 최면술과 암시요법이 환자의 저항을 알아차리지 못하게 한다는 점, 그리고 그 현상을 성찰할 기회를 놓치게 하며 가장 중요하게는 환자 자신의 카타르시스적 분출만이 존재하고 그 저항을 극복할 수 있는 환자의 힘을 활용할 수 없게 만든다는 점 때문에 서서히 자유연상 기법으로 전환하게 된다.

마음 치료에서는 크게 치료의 과정 속에 공감과 통찰의 두 가지 과정이 존재한다. 공감의 과정이 내담자의 슬픔이나 고통, 위축된 자존감을 바라보고 쓰다듬어 주면서 카타르시스적 분출을 장려하는 과정이라면 통찰의 과정은 자신의 갈등과 문제를 정면으로 맞서는 성숙한 과정이다. 인생을 살아가면서 상처받아 손상된 자기를 가지고 온 내담자는 자기의 욕망의 법칙의 중층적인 이야기를 만들어 낸다. 여기서 카타르시스는 안전한 치료공간을 통해 쾌락의 원칙에 따라 자유롭게 표출되는 기능을 담당한다. 하지만 이러한 자기애적 카타르시스의 강화는 좀 더 심층의 갈등을 외면할 가능성이 많아서 일회적일 수 있음을 프로이드는 강조한다. 그래서 그는 「유한한 그리고 무한한 분석」에서 마음 치료의 과정이 그 과정이 끝나고 나면 욕망이 사라지든가 갈등 없이 살 수 있는 것이 아니라 삶이 계속되는 한 자기와의 탐색은 끝없이 진행되는 것이라고 이야기하고 있다. 훈습의 과정은 자유연상을 통해 그때그때 심중에 떠오르는 다양한 심경을 이야기하고 그 이야기를 상담자는 해석하고 이러한 반복 작업 속에서 서서히 성숙되어가는 서로의 공동 작업이다. 훈습의 과정이 강조하는 것은 충족할 수 없고 채울 수 없는 욕망을 채워 주는 것이 치료의 과정이 아니라 유아적 소망을 점차적으로 포기하고 공감적인 치료자 곁에서 현실에 맞는 발달과 성숙을 실현하는 것이 치료의 과정이라는 점이다.(윤순임, p. 38)

그렇다고 해서 프로이트가 카타르시스 자체를 필요 없는 것으로 간주한 것은 아니다. 프로이트는 정서들의 재발견이 없다면 치료적 과정은 성공할 수 없다는 점 역시 강조하고 있기 때문이다. 아이들은 조그만 일에도 울고 웃으며 자기의 정서를 표출한다. 그런데 인간은 성장하면서 눈물은 없어지고 쉽게 웃지 않으며 더욱이 현대인의 삶에는 깊은 존재적 공허함이 팽배해 있다. 아이로부터 어른으로의 성장과정 동안 삶에서 정서는 억압되어 깊이 감추어져 있다. 하지만 안전한 공간에서의 정서들의 분출 속에는 또한 자기애적 경향이 있음을 부인할 수 없다. 프로이트의 치료 요법의 변화가 보여주는 시사점은 카타르시스적 과정이 지닌 공감적 속성과 자기 탐색과 성찰이라는 통찰적 과정의 결합이 화학적으로 용해될 때 치료의 성과가 나타나는 것이고 이 과정이 치료자와 내담자 사이의 쉽지 않은 저항과 방어를 가로질러 이루어지는 과정이라는 마음치료의 근본적 고민을 드러내고 있다고 할 수 있을 것이다.

3-2. 프로이트의 예술에 대한 사유에서 나타난 카타르시스

아리스토텔레스의 비극론과 카타르시스론은 많은 미학자와 예술가들이 문화와 예술의 기원에 의문을 지닐 때 지속적으로 회귀하는 텍스트로서 존재해 왔다. 프로이트 역시 예술작품에 대해 그의 견해를 드러낼 때 아리스토텔레스의 비극론과 카타시스론을 자신의 성찰의 출발점으로 삼고 있다. 프로이트가 주장하는 정신분석학적 미학의 영역은 예술 작품에 의해 일으켜진 정서의 탐구이다. 왜냐하면 예술은 근원적 욕망의 완성이 현실에서 금지되었기에 변형되어 나타나는 정서적 분야이기 때문이다. 아리스토텔레스의 카타르시스론은 그래서 욕망의 드러냄과 해소로 나타나는 정서적 움직임의 역동성을 탐구하는 그의 예술적 사유에서 중요한 대상이 된다. 번역된 『예술, 문학, 정신분석』에는 총 14편의 프로이트의 예술에 대한 언급들이 수록되어 있다. 그 중 「작가와 몽상」이라는 글과 「무대 위에 나타나는 정신이상에 걸린 등장인물들」이 카타르시스의 논의와 밀접히 연관된 글이라 할 수 있을 것이다.

1908년에 출간된 「작가와 몽상」이라는 짧은 글에서 프로이트는 예술가의 작업은 본래 모든 인간에게 존재하던 아이의 놀이와 같은 성격을 지니고 있는 것으로 제시한다. 프로이트는 성인임에도 불구하고 이러한 놀이를 계속할 수 있는 것이 예술가의 특권이자 자질이라 이야기하고 있다. 놀이, 꿈, 몽상, 그리고 예술은 프로이드에게 있어서 공통적으로 무의식적 정신의 움직임을 보여주는 것으로 의식의 통제나 제한 없이 무의식적 정신이 의식에 이르는 활동성을 반영하고 있는 분야이다. 특히 프로이트는 이 글에서 아리스토텔레스와 유사하게 그것 자체로는 고통스러운 감정들이지만 그 감정들은 독자나 관객에게 있어서는 일종의 안전한 위치에서 감상되는 독특한 쾌락의 원리가 자리 잡고 있음을 주목한다. 그런데 이러한 프로이트의 예술에 대한 성찰의 중요한 가설로 제시되는 것이 포르-다(Fort-Da) 게임이다. 프로이트는 자신의 18개월 된 손자가 어머니의 부재를 견디는 방법으로 고안해낸 포르-다 놀이를 통해 반복강박의 실례를 제공한다. 이 놀이는 아이가 어머니의 부재, 어머니 품의 상실을, 즉 문명이 요구하는 '본능의 포기'를 보상해주는 독창적인 수단이다. 이처럼 프로이트가 그저 스쳐 지나치기 쉬운 아이의 게임에서 가설화 한 것은 어머니의 부재라는 현실을 견디어내는 그들만의 삶의 방식으로서의 실패 놀이이었다. 프로이트는 이 고통스러운 경험의 반복이 어떻게 하나의 놀이로서 쾌락원칙과 현실원칙의 미묘한 결합을 성취하고 있는가를 묻는다. 그것은 어머니의 떠나감은 즐겁게 돌아올 것에 대한 필수적 예비조치로서 상연되어야 하고 따라서 그 놀이의 진정한 목적은 바로 어머니의 즐거운 귀환에 있음을 말해 주는 것이다. 어머니의 즐거운 귀환이 상징하는 것은 인간이 무의식적으로 항상 꿈꾸고 있는 전능환상으로 프로이트는 개념화하고 있는데 이것은 모든 예술이 최종적으로 지향하는 이상향이다.[6] 프로이드에게 있어서 모든 문화와 예술은 이러한 전능환상이 최종적으로 웅크려 있는 분야로서 나타나고 있으며 이러한 쾌락 원칙의 양상을 통해 프로이드는 아리스토텔레스의 비극론에 답하고 있다고 할 수 있다.

1904-1906년 사이에 쓰인 것으로 추정되는 「무대위에 나타나는 정신 이상에 걸린 등장인물들」은 발표의 주제와 연관된 카타르시스론을 정면으로 다루고 있는 글이다. 이 논문은 막스 그라프 박사가 1942년 『계간 정신분석』에 실린 논문을 통해 1904년 프로이트가 이 논문을 썼으며 자신에게 선사했다고 밝히고 있다. 하지만 이 논문은 프로이트에 의해서 출판된 적이 없는 글이기도 하다. 서두에서 프로이트는 아리스토텔레스의 카타르시스론을 언급하면서 "극은 우리의 정서적인 삶의 영역에서 쾌락이나 즐거움의 원천을 드러내는데 그 목적이 있다, 이런 맥락에서 볼 때 일차적으로 가장

중요한 요소는 분명 '울분을 풀어냄으로써' 자신의 감정을 지워버리는 과정일 것이다. 그럼으로써 얻어지는 즐거움은 완전한 감정의 해소에서 비롯되는 안도감이나 위안이라고 말할 수 있다. 그리고 또 한 가지 분명한 것은 그 즐거움이 다른 한편으로는 감정해소 과정에 수반되어 일어나는 성적 흥분과 일치한다는 사실이다."(프로이트, 『예술 · 문학 · 정신분석』p. 131)라고 이야기 하면서 카타르시스의 효과를 욕망 이론적 방식으로 설명하고 있다. 그런데 이 글에는 프로이트의 메타심리학의 출발을 알리는 「쾌락원칙을 너머서」(1920)의 성찰이 예비되고 있고 깊이 있는 해석을 요하는 미완성의 사유가 드러나고 있다. 그는 관객이 즐거움을 얻는다면 그것은 환상에 기초해 있고 무엇보다 비극(프로이드는 Drama로 이야기하고 있다.)은 감정의 가능성을 더욱 깊이 탐구한다는 점에서 그리고 갈등을 겪는 주인공을 묘사한 후 패배로 괴로워하는 주인공을 피학적인 만족 속에서 그리고 있다는 점에서 다른 문학 형식과는 다름을 이야기한다. 단 한번 언급되는 그것도 가로치고 언급되는 피학성의 주제는 프로이트의 후기 사유에 중요한 주제이다. 특히 '죽음 욕동'과 '생의 욕동'의 대립, 게다가 피학성과 관계된 '죽음 욕동'의 논의는 정신분석 이론가들 사이에도 서로 다른 해석과 논란이 지속되는 논의이기도 하다. 또한 이 글에서 프로이드는 그가 오이디푸스 콤플렉스의 근대적 변형으로 이야기하는 셰익스피어의 『햄릿』의 내면적 갈등을 신경증적 상황으로 파악하면서 현대인 전체를 신경증의 인간으로 파악하고 있기도 하다.(프로이트, 『꿈의 해석』pp. 321-324)

프로이트의 「무대 위에 나타나는 정신 이상에 걸린 등장인물들」은 전체적으로는 아리스토텔레스의 카타르시스론을 치료 요법에서 논의한 바 있는 정서의 해소라는 관점에서 충실히 해석하고 있다. 하지만 수수께끼 같은 피학적 만족이라는 어구를 삽입하고 있다는 점은 의문이다. 이 피학적 만족은 「쾌락원칙을 너머서」에서 프로이트가 전개한 단순한 쾌락원칙과는 다른 이상한 카타르시스를 향하고 있기 때문이다. 필립 라쿠-라바르트(Philippe Lacoue-Labarthe)는 여기서 니체와 프로이트를 비교하면서 카타르시스에 대한 전통적 해석과 어긋나는 질문을 니체와 프로이드가 던지고 있음을 주목한다. 라쿠-라바르트는 『비극의 탄생』에서 니체가 던진 질문의 함의는 "어떻게 다른 스펙타클이 야기시키는 것과 달리 위대한 스펙타클이라 할 수 있는 고통과 전멸, 죽음의 스펙타클이 즐거움(jouissance)을 산출해낼 수 있는가?"라는 질문에 있다고 주목한다. 그리고 프로이트가 피학증적 카타르시스의 양상을 제기한 것은 니체적인 의미와 일맥상통하고 있다는 점이다.(Lacoue-Labarthe, p. 195) 자기애적 카타르시스의 개념과 대비되는 니체의 카타르시스에 대한 사유는 니체와 바그너의 관계에서 그 의미를 찾을 수 있을 것이다. 니체는 바그너 음악이 가지는 강력한 최면 효과를 비판했다. 몰입이나 황홀경에 빠지게 하는 바그너의 무한 선율은 최면술사가 효과를 내기 위해 사용하는 수단과 기묘하게 닮아있다고 주목한 바 있다. 니체에 따르면 결국 아폴론적인 것이 결여된 상태의 디오니소스적 도취에서는 이중성에 대한 인식, 모순에 대한 인식, 자기로부터의 거리를 감지하는 능력이 부재한다고 비판한다.

이것은 디오니소스적 음악의 본질이 아님을 니체는 후기 사상에서 주장한 바 있다.(홍사현)

정신분석가로서의 프로이트는 전체적으로 이러한 피학증을 병리학적 관점에서 서술하고 있다. 그런데 이것은 다른 저작에서 문화와 예술의 성격에 대한 프로이트의 정의와 어긋나는 모순된 성격을 지니고 있다. 프로이트에게서 예술은 우선 대리만족이다. 프로이트는 인간은 예술을 즐김으로서 삶의 고통에서 벗어나 일시적 마취상태에 들어가게 하는 분야이다. 즉 부드러운 마취이자 해롭지 않은 환상인 것이다. 이것이 시종일관 예술이 건네주는 위로적인 카타르시스에 대한 프로이트의 기본적 전언이다. 그런데 프로이트는 예술에게서 단지 상처 난 인간에게 환상적, 자기애적 카타르시스 만을 부여하는 그러한 기능만이 전부가 아님을 주목하고 있다. 프로이트는 비극에서 전능환상에 의지하는 위로로서의 예술, 자기애적 카타르시스의 쾌락의 경제학과는 다른 경제학이 작동하고 있음을 주목하고 있다. 퐁탈리스(Jean-Bertrand Pontalis)는 프로이드가 예술 작품으로부터 사유가 마비되는 갑작스런 상태에 놓이고 있음을 주목하는데 이 상태는 본질적으로 자아의 완고함이 박탈되는 것이며 안전함과 위로로 변화되는 전능 환상의 욕망자체가 쇠퇴하는 어떤 상태임을 주목하고 있다. 즉 주체가 경험하는 카타르시스는 자아의 만족이 야기하는 쾌감과는 다르게 자아가 스스로가 붕괴되는 듯한 경험을 통해 어떤 막다름으로부터 새로운 미래를 예기하는 어떤 상태로 들어간다는 것이다. 이것을 퐁탈리스는 무력화, 탈취됨이라는 의미의 '데세지스망désaisissement'이라는 표현을 사용한다.(Pontalis, p. 279) 또한 다른 맥락에서 라쿠-라바르트가 주목하는 것은 비극에서의 눈물이 새로운 인간의 탄생을 이끄는 통과의례의 역할을 하듯이 니체와 프로이트가 제시하는 카타르시스의 의미는 자기애의 완고한 자아가 지닌 집착과 욕망으로부터 벗어나 기존의 세계를 소멸하고 새로운 세계를 도모하는 것이라는 사실이다. 여기서 프로이트가 주목하는 것은 자기애적 카타르시스와 달리 상실과 상처로부터 다시 새로운 세계를 도모하는 통찰적인 카타르시스의 가능성을 제시하고 있는 것이라 할 수 있다.

4. 나오며 - 현재의 치유론 그리고 카타르시스

예술 작품을 감상하는 독자 혹은 관객들이 작품이 형상화 해놓은 구조와 만나 각자 특유한 치유의 효과를 경험했다는 이야기는 일반적으로 언급되는 이야기이다. '문학과 치유', '음악과 치유', '미술과 치유', '영화와 치유'등의 제목이 붙은 저작들이 서점가를 장식하고 있는 현상이 보여주듯이 모든 예술 장르들은 저마다 이러한 현상에 뒤질 새라 자신들이 지닌 고유한 마음 치유의 힘에 대해 이야기 하고 있다. 예술 작품이 지닌 이러한 치유적 힘에 대한 담론들은 크게 두 가지 방향으로 전개되고 있다. 첫째는 예술의 창작과정 자체가 작가의 내적인 삶의 고통의 견딤과 극복의 과정으로 해석되며 작품은 이러한 치유 과정의 응축된 결과물로 이해되는 창작자 중심의 치유론이다.[7] 두 번째의 방향은 글쓰기 치료, 독서 치료, 미술 치료, 음악 치료, 연극 치료, 영화 치료 등 예술 매체 자체가 지닌 치유적 속성에 주목하면서 매체적 행위(감상과 표현)를 통해 이루어지는 치유적 효과를 주목하는 수행자 중심의 치유론이다. 이러한 주장들에서 제기하는 예술 자체의 치유력에 대해 충분히 공감하고 설득되면서도 끊임없이 매체를 통해 증폭되고 확장되는 치유의 담론 앞에서 공허함을 느끼는 것은 비단 필자만이 아닐 것이라 생각된다. 인문학적 사유 자체가 '주관 대 객관'이라는 이분법적 사유로 나누어질 수 없음에 동감한다 치더라도 과잉되어 유포되는 '치유'라는 단어 자체가 깊이 있는 동감의 울림으로 다가서기 보다는 대지의 공기 위를 무차별적으로 떠도는 전자파와 같이 느껴지는 이유는 차분한 반성적 과정이 생략된 채 경험적이고 주관적으로 머물고 있는 현재의 치유 담론의 양상이 주요한 이유이기도 할 것이다.

'치유라는 말의 유행'에는 분명 간과해서는 안 될 우리사회의 병리학적 증세가 존재하고 있다. IMF이후 가속화된 신자본주의의 경쟁구도 속에서 철저하게 사회로부터 격리된 개인, 그 속에서 사람들은 내면화된 불안과 공포 속에서 위협받고 있다. 그것은 철저히 버려질 수 있다는 깊숙이 내면화된 고독의 불안과 공포이며 무한경쟁이 야기하는 만성 피로와 겹쳐져 대안없는 막연한 도피와 개별화된 위안의 약제를 지금의 치유담론이 조장하고 있음은 부인할 수 없는 사실이다. 여기에 뿔뿔이 흩어진 개인들의 도피와 위안의 요구에 부화뇌동하는 매체들의 경영학이 존재하고 있다.[8] 이러한 거시론적 입장의 비판적 사유의 중요성은 현재의 치유론이 지닌

일시 처방중심의 논의로부터 인문적 사유와 함께하는 치유론이 항상 유념하고 가슴깊이 새겨야 될 논의이다. 하지만 치유론은 사회 대 개인, 혹은 거시 대 미시로 구분할 수 없는 복합적인 층위에 존재한다. 단순하게 말한다면 고통 받고 있는 인간의 존재론적 상황이 존재하고 있다는 것이다.

마음 치유의 입장에서 본다면 상처란 그 원인균을 제거하고 극복할 수 있는 하나의 병원균과 같은 것이 아니라 근원적으로 인간이 견뎌내고 마주하고 다스려야 할 생 자체와 함께 하는 동반자이다. 공감, 위로, 통찰로 이어지는 마음 치유의 과정은 그 과정 하나하나가 중요한 과정이고 최종적인 통찰로부터 '상처로부터 해방된 어떤 인간'이 완성됨을 선언하는 것도 아니다. 이러한 마음치유의 고유성을 고민하면서 이 글은 지금까지 아리스토텔레스의 카타르시스론의 의미를 둘러싼 논의로부터 프로이트를 중심으로 치유론적 맥락에서 어떻게 카타르시스를 접근해야 하는가에 대한 논의를 전개했다. 우선 카타르시스가 경험되는 다양한 예술작품들은 일상적 언어 바깥에서 일상적 언어의 감추어진 이면을 드러내어 충격을 주는 분야이다.

별거 아닌 연속극을 보고 눈물을 펑펑 울리는 사람들, 노래방에서 흔들고 노래하며 스트레스를 해소하는 사람들과 같이 많은 대중문화들이 건네주는 위로의 힘은 위대하기 까지 하다. 하지만 병자의 아픔을 호소하는 소리가 치료가 될 수는 없다. 그것은 증상의 시그널이기 때문이다. 신음은 물로 병자의 아픔을 해소하는 효과를 지니고 있다. 더욱이 병인 자체가 복합적인 마음의 병은 증상의 방식도 다양하고 치료의 방법도 의학적인 방식과는 다르다. 카타르시스가 필요하다는 것은 상처를 받고 자기를 보아 달라는 사람들의 자연스런 반응이다. 정서의 소산으로 특징지어 질 수 있는 자기애적 카타르시스는 인간의 본능적인 요구이자 특히 치료 과정에서 그 필요성은 백번 강조해도 모자랄 것이다. 하지만 프로이트의 성찰이 제기하는 것은 이러한 자기애적 카타르시스만이 아니라 치료의 과정은 집착하고 굳어버린 자아의 해체와 삶의 새로운 통찰 가능성으로서의 카타르시스를 제기하고 있다는 점이다. 나의 자기애와 세상의 현실사이의 모순과 긴장을 통찰하는 것, 그 속에서 마주하게 되는 새로운 세계의 발견으로 나아가는 통찰의 카타르시스는 그래서 치유론이 고민하고 지향해야 할 중요한 개념이 아닐까 생각한다.

참고문헌

김종기, 「카타르시스에서 디오니소스적 긍정으로」, 『민족미학』11권 1호, 민족미학회, 2012.6.

윤순임, 「정신분석 치료」, in 『현대 상담 심리치료의 이론과 실제』, 중앙적성 출판사, 1995.

이보경, 「魯迅의 글쓰기와 치유 : '환등기 사건'을 중심으로」, 『중국현대문학』, 제51호, 한국중국현대문학학회, 2009.12.

이선형, 「연극치료에서 '카타르시스' 개념 연구」, 『한어문교육』, 제27집, 한국어문교육학회, 2012.

이주동, 「아리스토텔레스의 카타르시스 개념에 대한 수용과 비판」, 『독일언어문학』, 제34집, 2006년 12호.

정락길, 「인문 치료적 관점에서 본 컴퓨터 게임의 몰입성과 중독성의 문제」, 『인문과학연구』, 제21호, 강원대학교 인문과학연구소, 2009.6.

, 「프로이트, 예술 그리고 치료」, in 『예술과 인문치료』, 강원대학교 출판부, 2013,

정성미, 「애도와 치유언어의 언어적 특징」, 『언어학연구』, 제19호, 한국중원언어학회, 2011.4.

홍사현, 「니체의 음악적 사유와 현대성」, 『니체연구』, 제 10권, 한국니체학회, 2006.

지그문트 프로이트, 『히스테리 연구』, 김미리혜 역, 열린책들, 1997, p. 333.

, 『예술, 문학, 정신분석』, 정장진 역, 열린책들, 1996.

, 『종교의 기원』, 이윤기 역, 열린책들, 1997

, 『꿈의 해석』, 김인순 역, 열린책들, 1997, pp. 321-324.

프리드리히 니체, 『비극의 탄생』, 니체전집 2, 이진우 역, 책세상,

Christian Metz, Le signifiant imaginaire, Christian Bourgois Editeur, Paris, 1984.

Jean-Bertrand Pontalis, Perdre de vue, Paris, Gallimard, 1988.

Jean Laplanche et Jean-Bernard Pontalis, Vocabulaire de La Psychanalyse, PUF, Paris,1967.

Jean-Philippe Bloch, 〈Catharsis et Séries télévisées〉, Cahiers du CNRS, n 527, 2011.

Octave Mannoni, Freud, coll. Écrivains de toujours/Seuil, 1968.

Philippe Lacou-Labarthe, Le sujet de la philosophie, Aubier-Flammarion, 1979.

※ 이 글은 필자의 논문 「프로이트의 사유에 나타난 카타르시스에 대하여」 [『어문논집』 제69호(2013.12.) : 181-205]를 수정한 것이다.

---

1) 김종기, 『카타르시스에서 디오니소스적 긍정으로』, 『민족미학』 11권 1호, 2012.6. 김종기는 이 논문에서 이러한 레싱의 해석을 두 가지 방향성을 지닌 것으로 지적하고 있다. 목적의 2격의 해석이 바그너(Christian Wagner)에 따르는 것이라면 이주동의 해석은 레싱의 해석을 목적의 2격과 주격의 2격으로 동시에 해석하고 있다고 지적하고 있다.

2) 이주동, 위의 논문, p. 182. 이주동은 이러한 분리2격의 해석을 의학적, 제의적 해석의 주요한 근거라고 주목하면서 이러한 해석이 현대에 일반화되고 있는 경향이라고 지적하고 있다.

3) 이주동, 위의 논문. p. 178. 이주동의 논문은 샤데발트(Wolfgang Schadewaldt)의 엘레오스와 포보스에 대한 레싱해석에 대한 비판적 해석을 주요한 논거로 제시하고 있다. 샤데발트는 엘로오스를 비탄, 혹은 감동으로 포보스를 경악 혹은 전율로서 파악하고 있다.

4) 프리드리히 니체, 『비극의 탄생』, 니체전집 2, 이진우 역, 책세상, pp. 163-165. 위에서 언급한 김종기의 논문은 이러한 니체의 카타르시스 개념의 심미적 관점을 제시하고 있는데 무력화란 개념을 가지고 카타르시스의 개념을 해석하고 있다. 이선형은 「극치료에서 '카타르시스' 개념 연구」에서 황홀한 망아상태에서의 카타르시스를 니체적인 디오니소스의 힘으로 해석하고 있는데 김종기와 이선형의 논문에서 이러한 니체적인 미적 체험으로서의 카타르시스가 순전히 미학적인 개념인지는 의문이라 할 수 있을 것이다.

5) 프로이트는 기억과 무의식적 저항, 방어의 복합적인 메커니즘에 대해 조금은 혼란스런 방식으로 자신의 가설을 전개하고 있다. 하지만 일반적으로 그의 가설은 외상설로부터 유혹설로 그리고 최종적으로 환상설로 정리되어진다. Jean Laplanche et Jean-Bernard Pontalis, Vocabulaire de La Psychanalyse, PUF, Paris, 1967, pp. 152-157.

6) 정락길, 「프로이트, 예술 그리고 치료」, in 『예술과 인문치료』, 강원대학교 출판부, 2013, p. 73. 프로이트는 아이들과 원시인들은 현실의 불만족한 상황이 발생했을 때 자신의 감각기관에 원심적 자극을 가해 만족의 상태를 만듦으로서J 불만족이 야기한 상태를 환각적으로 충족시킨다고 기술한다. 이러한 소망충족의 방식을 그는 전능환상이라고 표현하고 있다. 프로이트, 「토템과 타부」, p. 142.

7) 다음의 논문은 창작자 중심의 치유론에 입각해 예술의 치유적 성격을 규명한 논문들이다. 이보경, 「魯迅의 글쓰기와 치유 : '환등기 사건'을 중심으로」, 『중국현대문학』, 제 51호, 한국중국현대문학학회, 2009.12, (pp. 1-24.) 정성미, 「애도와 치유언어의 언어적 특징 : 박완서 수필 「한 말씀만 하소서」를 중심으로」, 『언어학연구』, 제 19호, 한국중원언어학회, 2011.4, (pp. 253-279.)

8) 다음의 글들은 유행처럼 번지는 치유론에 대해 이러한 치유론들에 부재하는 사회구조적인 차원의 시선을 비판적으로 검토하고 있는 논문들이다. 정명중, 「인문과 치유, 그 접합을 위한 제언」, 『인간연구』, 제 18호, 가톨릭대학교 인간학 연구소, 2010/봄, (pp. 99-137). 오길영, 「치유담론의 빛과 그늘」, 『오늘의 문예비평』, 제 86호, 산지니, 2012/가을.

Ⅱ
인문치료의 방법과 활용

출소자의 행복한 재사회화를 위한
'상호통섭적' 인문치료

한국전쟁 전후 민간인 학살에 대한 분노와 치유

'고통'과 치유의 글쓰기

시치료로 본 예이츠의 초기시: 현실의 수용과 자아 성장

인문치료 음성자료의 어휘분석과
회복탄력성 지수와의 연관성

텔레비전에서 만난 사이코드라마

출소자의 행복한 재사회화를 위한 '상호통섭적' 인문치료

김 선 희 · 최 병 욱

1. 출소자의 재사회화와 인문학의 관계

최근 들어 범죄율은 청소년에서 노년에 이르기까지 전 연령층을 망라하여 광범위하게 증가되고 있는 실정이다. 범죄율의 증가와 더불어 출소자들의 복역만기 후 사회적응의 어려움 또한 사회의 주요 문제로 부각되고 있다. 이는 출소자들의 재사회화의 실패가 범죄율의 증가와 악순환의 고리를 이루고 있는 데 기인한다. 이와 같은 문제는 한편으로는 우리 사회의 한 구성원으로서 출소자 개인의 재사회화에 있어서 심각한 고충에 대한 관심의 환기를 촉구하며, 다른 한편으로는 사회의 안전망 구축을 위하여 사후처방 이외에 보다 근본적인 문제 해결의 필요성을 제기한다. 따라서 이 글에서는 범죄율의 감소와 더불어 출소자들의 재사회화에 인문학적 접근이 교육적으로나 치료적으로 기여할 수 있는 지점을 모색해보고자 한다.

출소자들의 사회복귀를 돕는 법무부 산하 주요기관은 한국법무보호복지공단(이하 공단)이다. 주요 활동은 사회복귀 촉진 업무,

범죄예방 업무, 갱생보호제도 연구이다. 구금시설 출소자들의 사회복귀를 촉진하기 위해 설립한 법무부 산하의 특수법인체인 공단은 교도소 등에서의 구금생활로 인하여 사회 적응력이 부족한 출소자들이 보다 쉽게 사회에 정착할 수 있도록 '교도소와 사회를 이어주는 다리' 역할을 하고, 이를 통해 효율적인 범죄예방활동을 전개한다는 취지로 설립되었다.

범죄예방은 출소자들의 재사회화와 직접적인 연관성을 지니고 있다. 왜냐하면 출소자의 50% 이상이 다시 수용되고 있는 현실에서 보자면, 범죄율의 증가가 재범률과 직접 연관되어 있기 때문이다. 일반적으로 상승하고 있는 재범률에 반하여, 2004년부터 2008년까지 5년 동안 공단생활관 출소자의 숙식제공 기간 중의 평균 재범률은 0.5%였다고 하고, 2006년부터 2009년 6월 말까지 3년 6개월간 주거지원 대상자의 재범률은 각 2.4% (537명 중 13명 재범)로 나타났다. 이와 같은 사례는 범죄예방에 있어서 초범률 못지않게 재범률에 대한 관심의 중요성을 드러낸다.

과연 재범률을 낮출 수 있는 근본적인 요인들은 무엇일까? 그것은 무엇보다도 기본적인 의식주 해결일 것이다. 출소 후 당장 돌아갈 가정이 없는, 먹을 것도 잠잘 곳도 없는 불우한 출소자들은 다시 범죄의 유혹에 빠져들기 쉽다. 최소한의 생계 문제라도 해결되었을 때라야 개인들은 비로소 재사회화의 기회를 제대로 활용할 수 있게 된다. 이와 같은 배경 하에 현재 한국법무보호복지공단과 7개 민간법인에서는 출소자에 대한 숙식제공, 취업알선, 직업훈련, 긴급원호, 재사회화교육, 의료시혜 등 다양한 지원 사업을 실천하고 있다.

사회구성원들이 안전하게 살 수 있는 사회안전망 정비와 더불어 출소자들이 다시 사회구성원으로서 편입할 수 있는 대책의 모색은 더불어 살아가는 행복한 사회를 만들어가는 데에 있어서 매우 필수적인 과제이다. 그러므로 이에 상응하는 다차원적인 시도들이 지속적으로 이루어져야할 것이다.

이 글은 출소자들의 성공적인 새 삶의 토대 형성을 위해 가장 필요한 재사회화를 인문학적 접근을 통하여 시도하고자 한다. 이를 위하여 우선 출소자 재사회화 사업의 현황과 재사회화의 요인들을 살펴본다. 다음으로 인문학 기반의 재소자와 출소자 프로그램 현황을 살펴본다. 이를 통하여 인문치료 프로그램의 과제와 대안을 도출해본다. 이와 같은 기반을 갖고 인문학 기반의 재사회화 프로그램의 이론적 토대를 구축하기 위하여 한편으로는 프로그램에서 출소자의 위상을 교육의 대상에서 주체로 확장함으로써 교육의 주체로서 '셀프'를, 다른 한편으로는 프로그램에서 주체 영역을 일방적 주체나 단일 주체와 변별화되는 상호통섭성을 근거로 하여 상호 주체로의 확장의 가능성을 살펴볼 것이다. 그리하여 출소자의 재사회화에 인문학이 기여할 수 있는 지점을 '상호통섭적 인문치료학'으로 특성화해 보고자 한다.

2. 출소자 재사회화 사업의 현황

출소자의 재사회화를 살펴보기에 앞서 우선 중심이 되는 개념들을 먼저 살펴보자. 본 연구의 직접적인 대상은 출소자들 중에서 한국법무보호복지공단 숙식제공 대상자들에 한하기는 하지만 토대 개념인 '출소자' 개념부터 살펴보자면, 이에 대한 국어의 사전적 정의는 존재하지 않는다. 한자 표기는 出所者이다. 영어 표기인 released convict 또는 prisoner나 불어의 personne libérée de prison 그리고 독일어 Strafenentlassene와 같은 표기에서는 공히 감옥이나 벌을 의미하는 단어가 포함되어 있지만 出所者에서는 단지 일정한 장소만을 의미하는 所가 있다. 의미상으로는 감옥에서 나온 자이지만 표기에서는 특이하게도 다만 특정 장소에서 나온 사람을 나타낸다.

이제 출소자를 대상으로 시행되고자 하는 구체적인 과제인 재사회화라는 개념을 사회화라는 개념과 함께 살펴보자. 고대 그리스 철학자 아리스토텔레스는 "사람은 사회적 동물이다. 사회생활을 하지 않을 수 있는 자는 인간 이외의 존재, 즉 동물이 아닐 수 없을 것이다"라고 규정함으로써 인간 존재의 특징으로서 사회성을 강조하였다. 사회화(socialization) 개념을 보자면, 인간이 출생해서 청년기에 이르기까지 자아를 형성하는 것을 원초적 사회화라고 하고, 성인이 되어 새로운 사회에 적응해가는 과정을 재사회화라고 한다. 한국산업사회학회(2004, 사회학, 한울아카데미)에서 정의하는 재사회화란 급격한 사회변화 속에서 기존의 정서, 지식, 가치들로는 새로운 사회 환경에 적응하기 어려워 새로운 사회양식, 지식,

기술, 규범 등을 습득해야 하는데 이렇게 새로운 것을 습득해 가는 과정을 재사회화(resocialization)라고 한다.

이처럼 사회화나 재사회화는 일반적인 통념과는 달리 일시적이거나 일회적인 현상이 아니라 평생에 걸쳐 진행되는 대단히 복잡하고 미묘한 문제적 개념이다. 사회화는 기본적으로 개인 자신이나 사회가 인간을 자연인에서 사회인으로, 즉 사회적 존재 또는 사회에 적합한 존재로 교육해서 '만드는' 과정이다. 좋은 사회일 때라야 좋은 사회화가 되고 좋은 인간이 되는 법이다. 이것이 바로 '사회화'가 아니라 사회의 인간화가 선행되어야 하는 이유이기도 하다.

사회적 존재로서 인간의 삶에 있어서 사회화는 선택사항이 아니라 필수사항이다. 나아가 정주적 삶에 있어서 선택사항이었거나 우연적이었을 재사회화는 끝없이 변화하는 유목적 삶을 살아가고 있는 현대인들에게 있어서 필수사항이 되버렸다. 뿐만 아니라 그 강도에 있어서 강력하면서도 지속적인 재사회화 과정을 요구한다. 또한 재사회화의 대상은 이주민들이나 출소자들뿐만 아니라 현대사회에서 일상생활의 일부분이 되어버렸다. 따라서 재사회화의 이슈는 현재로서는 특정의 대상에 제한적으로 적용되고 있지만 점차적으로 현대인들 일반에게 심각한 이슈로 제기될 것이다.

이와 같은 재사회화와 관련하여 출소자 대상의 재사회화의 현장에서 중심적인 역할을 담당하고 있는 한국법무보호복지공단은 재사회화의 물질적, 경제적 토대를 이루고 있는 숙식제공, 직업훈련, 취업알선, 창업지원, 긴급원호, 주거지원, 기타 자립지원 외에 정서적, 정신적 재사회화를 돕기 위하여 재사회화교육, 멘토링 및 사후

관리 등의 보호사업을 수행하고 있다. 공단의 숙식자들에게 재사회화를 위한 기초적인 기회를 제공하고 있는 구체적인 조력은 아래와 같다.(박병식: 2011)

첫째는 숙식제공으로서 무의탁 출소자에게 전국 지부, 센터, 지소에서 운영하는 생활관에서 원활한 사회복귀를 위해 최대 2년 동안 숙식을 제공하며, 취업활동을 통한 저축 등을 장려하고 사회 진출에 필요한 재사회화교육을 실시하여, 조기 자립할 수 있도록 도와주는 프로그램이다. 둘째는 직업훈련으로서 기술이 없어 취업에 애로사항이 있거나 새로운 기술을 배우고자 하는 출소자에게 전문학원 등에 위탁교육을 실시하여 자격증을 취득시켜 직업을 갖고 안정된 생활을 할 수 있도록 지원하는 프로그램이다. 셋째는 취업알선으로서 취업처를 구하지 못한 출소자에게 취업관련기관이나 기업을 경영하는 범죄예방위원, 직능별 후원회원, 기타 독지가와 연계하여 취업을 지원하는 프로그램이다. 넷째는 창업지원으로서 직업훈련 교육 후 자격증을 취득하였거나 특정 직종 취업으로 숙련기술을 습득한 자 중 창업을 희망하는 출소자에게 소자본 창업에 필요한 창업 임대보증금을 휴면예금관리재단(미소금융중앙재단)과의 업무협약을 통해 지원하는 프로그램이다. 다섯째는 긴급원호로서 출소 후 질병, 부상, 생계 등으로 어려움을 겪고 있는 대상자에게 원활한 사회생활을 할 수 있도록 치료비, 취업교통비 양곡, 월세임차료 등 원호를 지원하는 프로그램이다. 여섯째는 주거지원으로서 출소로 해체된 가정기능 복원을 위해 부양가족이 있는 출소자에게 국토해양부 · 한국토지주택공사와 업무협약을 체결하여 임대주택을 저렴하게 지원하는 프로그램이다. 이외에 의탁알선, 호적취적 및 주민등록 재등록, 의료시혜, 생계보조금 지급과 같은 기타자립지원이 있고 합동결혼식 거행 등 대상자가 자립에 필요한 사항 지원이 이루어지고 있다.

이외에 추가되는 재사회화교육과 멘토링 및 사후관리를 보면 다음과 같다. 우선 재사회화교육으로서 구금 생활로 인하여 변화된 사회에 적응이 어려운 대상자들에게 체험 학습, 인지역량 강화, 대인관계 능력 증진, 집단 상담치료 등 재교육을 실시한다. 그리고 멘토링 및 사후관리 프로그램으로서 숙식제공, 직업훈련, 주거지원 대상자에 대하여 보호 · 진로 · 교육 · 상담 · 생활지도 등의 멘토링 및 사후관리를 실시하며 이 기간 동안 면접 · 통신 · 방문 기타 적절한 방법으로 대상자의 선행을 지도 · 장려하고 가정 · 주거 · 교우 등 환경을 조정 · 개선하도록 지도하고 있다.

3. 출소자 재사회화의 요인들

출소자뿐만 아니라 현대사회 전반에 있어서 사회화나 재사회화는 안정되고 행복한 사회를 구축하는 선결조건이다. 결국 이에 대한 성취 정도에 비례하여 사회의 안녕도 보장되는 것이다. 따라서 지속적으로 문제시되고 있는 출소자의 재사회화의 문제는 우리 사회에서 진지하고 심도 있게 검토해야 할 주요한 과제 중의 하나이다. 이를 위하여 선행되어야 하는 연구는 출소자 재사회화의 요인들을 다각도로 분석해내는 작업이다. 이에 대한 최근의 연구 결과에 따르면 출소자 재사회화는 다음의 여덟 가지 요인으로 압축된다.(이자희: 2010)

첫째, 일반적 특성에 따른 재사회화 정도의 차이를 분석한 결과 연령, 혼인여부, 최종학력에서 유의미한 차이를 보이는 것으로 나타났다. 또한 연령이 높을수록, 기혼자일수록, 최종학력이 높을수록 재사회화 정도가 높게 나타났다. 둘째, 범죄적 특성이 재사회화 정도의 차이에 미치는 영향을 분석한 결과 처분 회수, 수감기간에서 자립의지에 유의미한 차이를 보이는 것으로 나타났으며, 법의식에는 모든 변수들이 유의미하지 않은 것으로 나타났다. 또한 처분 횟수는 적을수록, 수감기간은 적을수록 자립의지가 높게 나타났다. 셋째, 개인 심리적 요인이 재사회화 정도에 미치는 영향을 분석한 결과 유의미한 차이를 보이지 않는 것으로 나타났다. 넷째, 가족관계 요인이 재사회화 정도에 미치는 영향을 분석한 결과 유의미한 차이를 보이는 것으로 나타났다. 다섯째, 수감동료와 부정적 관계 요인이 재사회화 정도에 미치는 영향을 분석한 결과 유의미한 차이를 보이는 것으로 나타났다. 여섯째, 지역사회로부터 낙인 요인이 재사회화 정도에 미치는 영향을 분석한 결과 유의미한 차이를 보이는 것으로 나타났다. 일곱째, 사회적 지지 요인이 재사회화 정도에 미치는 영향을 분석한 결과 유의미한 차이를 보이는 것으로 나타났다. 여덟째, 공단서비스 만족 요인이 재사회화 정도에 미치는 영향을 분석한 결과는 유의미한 차이를 보이는 것으로 나타났다.

〈표 1〉 출소 후 견디기 힘들었던 시간(단위: 명, %)

변수	범주	출소 후 한 달 미만	1-3개월 미만	3-6개월 미만	6-9개월 미만	9-12개월 미만	1-2년 미만	2년 이상	무응답
전체		(80)24.2	(93)28.2	(43)13.0	(11)3.3	(5)1.5	(12)3.6	(9)2.7	(7)2.1
성별	남성	(66)26.0	(77)30.3	(35)13.8	(9)3.5	(4)1.6	(9)3.5	(8)3.1	(7)2.8
	여성	(11)4.3	(15)5.9	(7)2.8	(2)0.8	(1)0.4	(3)1.2	(0)0.0	(0)0.0

이와 더불어 [표1]을 참조하여 출소자들에게 재사회화의 개입이 가장 필요한 시기를 추가적으로 살펴볼 필요가 있다. 출소 후에 견디기 힘들었던 시기를 묻는 질문에서 한 달 미만이라는 응답이 80명(24.2%), 1-3개월 미만이라는 응답이 93명(28.2%), 36개월 미만이 43명(13%)으로 나타났다. 이 결과는 총 6개월 미만이라는 응답이 65%이상을 차지하는 것으로 출소 후에 6개월 동안이 적응하는데 가장 어려운 시기였음을 명시하고 있다. 그러므로 출소 후에 적어도 6개월까지는 정신적, 심리적 치료 등을 비롯한 물질적인 도움이 수반되는 것이 출소자들의 사회적응도를 높일 수 있는 좋은 방법이라고 할 수 있다.(이윤호 · 김대권: 2007)

그러나 현실적으로 재사회화에 유의미한 영향을 미치는 이와 같은 요인들을 직접 충족시키기에 어려운 출소자의 경우에는 이에 상응하는 요인들을 간접적으로라도 보완할 수 있는 방법의 모색이 또한 필요하다. 이에 있어 물질적이고 외적인 재사회화의 요인들을 충족시키기 위한 근본 축이라고 할 수 있는 정신적이고 내적인 요인들을 재사회화의 영역으로 설정하여 접근해 보는 것도 의미 있는 일이 될 것이다.

이와 같은 배경에서 재사회화의 내적인 요인의 중심을 형성하는 것은 출소자들의 마음이다. 따라서 마음의 일을 그 근본에서 다루어보는 과정이 필요하다. 인문학은 이와 같은 현실에 직접 처해있는 출소자들의 마음을 알아채고 챙길 수 있는 가장 근본적인 길이 될 것이다. 인류 역사상 끝없이 인간에게 동서고금의 삶과 지혜를 전수해주었던 인문학이 지니고 있는 정신적 자산은 출소자들의 재사회화를 위한 근본적 토양이 될 것이다.

인문학은 재사회화의 성공 여부를 결정하는 재사회화의 요인들에 대한 출소자들의 접근성을 유연하게 해줄 수 있는 잠재적 자원이다. 이와 같은 인식은 현재 여러 교도소에서 추진 중에 있는 인문학 프로그램들을 통해 알 수 있다. 삶의 에누리 없는 기록인 인문학은 삶의 희로애락을 온 몸으로 노래하고 그 흔적을 기록한다. 환희뿐만 아니라 비애를, 희망뿐만 아니라 절망을, 승리뿐만 아니라 패배를, 삶뿐만 아니라 죽음을 노래하기에 인문학은 출소자들의 재사회화의 근간이 될 수 있는 그대로의 삶 자체에 대한 포용력과 두렵게 다가올 미래에 대한 고통스럽더라도 담대한 직면을 함께 이끌어감으로써 재사회화의 동기를 강화하는 것뿐만 아니라 재사회화 과정에서 부딪치게 될 인간과 인간의 갈등을 풀어나가는 소통력을 강화하는 일을 도울 것이다.

4. 인문학 기반의 재소자와 출소자 프로그램 현황

인문학이 재소자들이나 출소자들의 재사회화에 필요한 분야임이 환기된 것은 미국의 언론인이자 사회비평가로 '희망의 인문학'을 창시한 얼 쇼리스(Earl Shorris)에 의해서이다. 그가 노숙자, 전과자, 마약 복용자, 최하층 빈민 등 사회적 소외계층의 자활을 위해 만든 '클레멘트 코스(Clement Course)'를 수용자들에게 적용한 것이 실질적인 재사회화의 효과를 거둠으로써 한국에서도 본격적으로 시도되었다. 클레멘트 코스는 최하층 빈민들에게 정규 대학 수준의 인문학을 가르치는 코스이다. 이 코스는 배고픈 사람에게 진정으로 필요한 것이 당장 눈앞의 한 마리 물고기가 아니라 물고기를 잡는 기술인 것처럼 빈민들을 '훈련'시키는 대신 그들에게 스스로 자신의 삶을 성찰할 수 있는 기회를 제공하는 것이다. 얼 쇼리스는 그가 비니스 워커라는 여재소자에게 던진 "사람들이 왜 가난한 것 같나요?"라는 물음에 대한 그녀의 대답으로부터 클레멘트 코스의 영감을 얻었다고 한다. 이 물음에 대한 대답의 도움으로 그는 인문학 교육에서 소외된 이들, 특히 도시의 최하층민들에게 인문학을 제공함으로써 이들이 사회의 구성원으로서 건강하게 자리잡는 것을 도왔다.

국내에서 처음으로 교도소 재소자들을 위한 철학과 문학 강좌가 개설된 것은 법무부와 인권실천시민연대에 의해서이다. 2007년 3월 13일부터 경기 의정부교도소에서 '수용자를 위한 인문학 과정'이 시행되었다.(이명원: 2007) 인문학 과정은 기존의 직업 훈련이나 주거 · 일자리 알선에 국한됐던 재사회화를 위한 프로그램의 한계를 극복하여 수용자들이 인간과 사회에 대한 사유와 성찰을 통해 자신감을 회복함으로써 사회 구성원으로 복귀하는 데 도움을 준다는 취지에서 마련됐다. 의정부교도소에 수감 중인 어학교육생을 대상으로 하는 '수용자를 위한 인문학 과정'은 한 학기 당 문학과 철학 두 과목으로 구성되며 학기별 3개월씩 2학기제로 진행되었다.

이처럼 최근 들어 교도소 재소자들을 대상으로 인문학 강좌를 개설해 삶의 가치를 일깨우고 교정시설 수용자들이 사회구성원으로 발돋움할 수 있는 계기를 제공하기 위한 인문학의 사회적 실천운동이 비교적 활발하게 시도되었다. 인문학이 상아탑에서 벗어나 사회적 실천에 앞장서고 있는 것은 고무적인 현상이다. 의정부교도소에 이어 2009년 3월, 경희대학교가 서울지방교정청과 시민인문학강좌 개설 협약식을 갖고 12개월 정규 인문학과정을 개설하기도 하였다. 인문학 강좌 개설의 목적은 재소자들이 인문학적 성찰을 통해 상대적 박탈감 해소와 주체적 사유능력 고양, 시민사회의 윤리의식 함양 및 사회구성원으로서의 관계 회복을 증진하는데 도움을 주는 것이었다.

이와 같은 재사회화를 위하여 시도된 인문학적 접근이 재소자들을 넘어서 출소자에게까지 본격적으로 확대된 것은 2008년 7월에 강원대학교 인문한국(HK)인문치료사업단과 한국법무보호복지공단이 출소자들의 성공적인 사회복귀를 돕기 위하여 MOU를 체결하면서부터이다. 이에 2008년 12월 9일부터 2009년 3월 3일까지 1차 프로그램이 시도되었고, 2009년 6월 23일부터 9월 8일까지 제2

차 프로그램이 진행되었다. 그리고 2011년 7월 19일부터 8월 19일까지는 제3차 재사회화 프로그램이 시행되었다. 이로서 실천인문학이 교정인문학을 넘어서 치유 인문학의 형태로 출소자들을 대상으로 하는 교육적 · 치료적 접근이 시도되었다.

제1차 프로그램은 〈행복한 삶을 위한 행복한 인문 통합 실천 프로젝트: 우리의 행복을 위한 나의 12번의 열정〉이라는 타이틀로 인문학의 각 분야를 행복한 삶, 특히 출소자들의 행복한 삶이라는 비교적 넓은 범위에 초점을 맞추어 진행되었다. 이를 위해 다음의 세 가지 대전제를 상정하였다: 첫째, 사람은 근본적으로 인문학적 존재이다. 마음의 건강과 행복은 인문학적 지성과 감수성을 통하여 그 토대가 마련된다. 둘째, 사람은 누구나 철학자이고 시인이고 소설가이고 역사가이고 화가이고 음악가이다. 셋째, 철학, 문학, 역사 또는 예술과 관련된 이론을 배운다는 것은 그 바탕에 있어 이것들을 일상 속에서 스스로 실천함으로써 가장 구체적으로 실현될 수 있다.

프락시스 방법으로는 9명의 전공 교수들의 특강과 프락시스를 통하여 참여자들은 12회기 동안 직접 철학자가 되어보고, 역사가가 되어보고, 시인이 되어 보고, 화가가 되어 보고 가수가 되어봄으로써 인문학적 감수성을 실천하여 행복한 삶의 토대를 다져 보는 것이었다. 이에 대한 목적은 첫째, 인문통합적인 실천을 통한 인문학적 감수성 향상, 둘째는 세상을 풍요롭게 느끼고, 생각하고, 살게 할 수 있는 토대 마련 그리고 마지막으로 인문학적 감수성을 통한 행복한 삶의 실현에 두었다.

'행복한 삶'이라고 하는 상위 개념 영역을 제1차 프로그램에서 다룸으로써 재사회화의 커다란 밑그림을 그리는 데 초점을 맞추었다면, 제2차 프로그램은 〈행복한 만남을 위한 즐거운 인문학교실〉을 타이틀로 "가슴을 열면 세상이 열린다. 가슴을 닫으면 세상도 닫힌다."라는 슬로건을 내세웠다. 좀 더 상호통섭적인 과정을 통한 효과를 끌어내기 위하여 주관기관을 확장하였다. 뿐만 아니라 프로그램 진행도 공동으로 진행함으로써 출소자를 중심축으로 상관되어 있는 각 분야의 구성원들이 프로그램이라는 공간 속에서 함께 만남으로써 보다 구체적인 의미의 만남을 추진하고자 시도하였다.

그리하여 법무부범죄예방위원 춘천지역협의회 갱생보호분과위원회와 강원대학교 인문과학연구소 인문치료사업단이 공동 주관한 제2차 프로그램은 1차 프로그램 때와 마찬가지로 주1회씩 20시부터 21시까지 진행되었다. 2차 프로그램 목적은 출소자들이 사회적 편견들에 의해 재사회화의 과정에서 부딪치게 되는 어려움 중에 하나인 만남의 어려움을 극복하는 것을 돕기 위하여 진행되었다. 프로그램 내용은 인문학이 지니고 있는 인간과 인간의 관계에 대한 경험들을 바탕으로 "사람과 사람의 만남", "가슴과 가슴의 대화"라는 슬로건을 걸고 진행되었다. 이와 같은 슬로건은 프로그램 내용의 중심축인 동시에 참여한 모든 사람들이 '사람과 사람으로', 그리고 '마음과 마음을 열고' 갖는 만남을 현실적으로 시도한 것이었다.

5. 재사회화 인문치료 프로그램의 과제와 대안

인문학적 정신은 타자와 무관한 자기 수양이 아니라, 타자와 관련된 윤리적 실천이 중요하다. 상론한 것처럼 최근 인문학적 이론에만 안주하지 않고 인문학적 실천을 통해 인문정신의 사회적 확산을 시도하는 여러 사례들이 제시되고 있다. 특히 이웃의 아픔과 소외에 대한 치유나 해결을 위한 노력과 더불어 이를 구체화시키기 위한 다양한 치료적 방법들이 시도되고 있다. 많은 인문학자들은 노숙인, 장애인, 자활노동자, 재소자 및 출소자, 새터민, 이주노동자와 결혼이주여성 등 소외계층을 위해 대학 밖에서 인문학적 방법을 이용하여 그들의 마음을 치료하며, 그들에게 삶의 비전을 제시하고 있다.

이러한 '대학 밖 실천'으로서의 인문학은 실천인문학 · 시민인문학 · 평화인문학 · 자활인문학 등 다양한 이름으로 진행되고 있다. 그 중 평화인문학은 교도소 '수용자를 위한 인문학 과정'에 참여했던 이명원 문학평론가가 '평화주의 범죄학'에 착안하여 재소자들을 대상으로 인문학의 지향을 간략하게 제시한 것에서 비롯되었다. 그는 교육을 통한 인간의 개선 가능성에 대한 믿음, 범죄의 개인화에 대한 거부와 범죄의 사회적 구성에 대한 인식, 훈육 중심의 재소자 관리가 아닌 상호협력과 우애의 가치를 통한 사회복귀를 평화인문학의 중요한 지향으로 제안했다. 평화인문학이라는 새로운 모색은 기존의 교정 현실에 대한 반성과, 나아가 인문학이 그런 교정 현실에 기여할 수 있는 여러 가능성에 대한 기대를 동시에 담고 있다.(최철규: 2009)

이명원은 12주 동안의 의정부교도소에서의 재소자 인문학 강의 경험을 통하여 다음과 같은 심도있는 과제들을 제안하고 있다. 우선 인문학 강의에 가장 필수적인 도서관 시설의 확보 문제이다. 두 번째로는 강의 대상 수용자와 담당강사가 전인적인 대화를 나누기 위한 제도적 장치의 필요성이다. 셋째는 이상적이긴 하지만 인문학 강의를 전담하는 기구와 장소와 인력을 배치하는 문제에 대한 적극적인 고려이다. 넷째는 교도관들에 대한 좀 더 체계적인 인문학 강의도 신설할 필요가 있다는 점이다. 다섯째는 인문학 담당 관련 예산지원체계의 확립이다. 여섯째는 수용자들 본인의 적극적인 참여를 가능케 하는 강의구조를 만드는 것이다. 일곱째는 수강생 개개인의 학력차를 어떻게 조화시킬 수 있는가의 문제이다. 여덟째는 교정인문학에서 단기적인 성과를 기대하는 성과주의적 접근 방식을 애초에 버려야 한다는 것이다.(이명원: 2007)

이와 같은 제안이 교정인문학의 활성화를 위한 과제를 외적인 조건들에 초점을 두어 제시하였다면, 이 글은 한국법무보호복지공단 강원지부의 출소자(숙식보호대상자)들을 대상으로 시행한 2008년과 2009년 그리고 2011년에 수행된 인문학의 교육적 · 치료적 활동들을 중심으로 프로그램 내적인 차원에 국한하여 과제들을 짚어보고자 한다. 또한 이에 상응하는 대안을 모색해 보는 것 또한 교정인문학의 발전이나 출소자 대상의 인문치료를 좀 더 체계화하고 현실화하는 데 실질적인 단초가 될 것으로 기대해 본다. 문제점으로 자체 평가된 항목을 과제와 대안의 관점에서 정리해보면 다음 10가지로 압축될 수 있다.

우선 문제시된 점은 프로그램의 대상 범위에 있어서 약간은 의무적인 참석이나 프로그램에 대한 참여자들의 사전 정보의 미비를 들 수 있다. 생활관의 숙식 보호대상자들이 당면한 여러 가지 정황으로 인하여 자발적인 참여가 쉽지 않다는 점이다. 공동 생활하는 구성원들의 다양한 동선의 특성상 임의적인 시간 조절은 불가능하기에 이에 대한 대안으로서 프로그램 자체의 진정성과 역동성을 강화하는 것과 더불어 사전에 프로그램에 대한 충분한 정보를 참여자들에게 제공함으로써 동기유발과 자발적인 참여를 유도해보는 것이다.

두 번째 문제점으로 제기된 것은 집단 상담의 핵심 문제가 다소 일반적이거나 일방적인 경향이 있었다는 점이다. 주로 공단 관계자와의 접촉이 간담회 중심으로 이루어져 있기 때문에 사전에 참여 예상 대상자들과의 충분한 접촉을 통하여 집단 상담에서 다룰 핵심문제를 상호 확인하고 이끌어내는 작업이 충분히 이루어지지 못했다. 이에 대한 대안으로서 논의된 것은 사전에 집단 혹은 개인 면담을 통하여 최소한의 사전 접촉이라도 시도하는 것이다. 만일 이것이 여의치 않을 경우에는 첫 회기를 집단 구성원들의 핵심 문제 영역에 대한 자기성찰이나 탐색을 할 수 있는 시간을 마련한다는 점이다.

세 번째로 제기된 문제점은 프로그램 진행에서 노동시간으로 인한 구성원들의 과도한 유동성 때문에 집단의 역동성과 핵심 문제에 대한 집중도가 저하된다는 점이다. 이에 대한 대안을 찾기 위하여 우선 각 회기의 프로그램을 전체 회기와의 연속성이나 통일성을 유지하도록 하는 동시에 각 회기 프로그램 자체의 완결성을 보완해보는 것이었다. 또는 각 회기를 시작할 때 새로운 참여자의 자기소개와 더불어 간략한 프로그램 소개를 병행하는 것이다. 이를 통하여 새로운 참여자들이 프로그램에 좀 더 집중할 수 있고 기존의 참여자들과 좀 더 효과적인 라포 형성을 시도할 수 있을 것으로 기대된다.

네 번째 문제제기는 프로그램 구성의 적절성에 대한 엄격한 검토 여부의 문제이다. 특히 프로그램 시간과 내용이 적절히 배분되지 않은 부분들이 있다. 이에 대한 대안은 프로그램 진행에서 경우에 따라서는 사전에 프로그램의 시뮬레이션을 미리 돌려봄으로써 좀 더 완전한 채비를 하고 나아가 가능 변수들을 찾아서 이에 대한 사전조치들을 취함으로써 참가자들과 최대한 호흡을 맞추도록 노력한다는 점이다.

다섯 번째는 집단 상담이나 개인 상담에서 늘 직면할 수 있는 문제로서 비자발적인 집단 구성원이 참석하는 경우이다. 이에 대해 적극적인 대안을 세우는 것은 쉽지 않다. 우선은 비지시적 차원에서 조심스럽게 대할 수 있을 것이다. 그러나 비록 비자발적인 참여자라고 할지라도 개방적인 태도로 대해야 할 것이다. 왜냐하면 비자발적 참여자라고 끝까지 비자발적일 것이라고 단정할 수 없기 때문이다. 일단 프로그램에 참석한 이상, 과정 중에 자발적인 참여자로 바뀔 수도 있을 것이다. 이와 아울러 좀 더 적극적인 대안을 모색해본다면 회기 전이나 후에 개인 면담의 기회를 만들어서 프로그램이나 집단 참여자들과의 관계 형성 그리고 당면 문제와 관련된 자기 성찰의 기회를 제공하는 것도 의미 있을 것으로 보인다.

여섯 번째 문제는 프로그램의 내용이나 핵심문제가 너무 일반적인 경향이 있기에 목적이 애매하다는 점이다. 사실 이 부분에 대한 대안은 프로그램 운영의 목적이나 의의와 직접적으로 관계되어 있기에 간과할 수 없다. 일반론에 그치는 프로그램이나 개별 회기들은 그것의 가치를 구체적으로 확인받을 수 없기 때문에 다시 그것을 적용하고자 할 때 정확한 기제를 파악하여 전문화시켜 사용하는데 어려움이 따른다. 그러나 이 과정은 어찌 보면 인문학이 교육이든 상담이든 치료든 새로운 융합분야를 재생산할 수 있는 의미 있는 지점이기도 하다. 이에 대한 대안으로서 모색된 바는 프로그램의 도입부에서 마무리 단계에 이르기까지 핵심 문제와의 관련성에 대하여 적확한 의미를 찾아내고 적용하고 이론화하는 것이다.

일곱 번째 문제는 생활관에 거주하는 출소자들에 대한 신상정보가 보호되어 있기 때문에 출발점으로 삼을 수 있는 정보가 불충분하다는 점이다. 이로 인해 프로그램이 집단 참가자들의 특수한 상황을 적절하게 반영하는 데 일조하기 쉽지 않다는 점이다. 이에 대한 대안은 기본 정보를 관계 기관으로부터 제공받지 못했을 경우에는 도입 회기나 초반부에 상응하는 활동을 중심으로 운영한다. 물론 이때 주의해야 할 점은 불필요하거나 과도한 정보제공이 이루어지지 않도록 적절한 조치를 취하는 것이다.

여덟 번째 문제는 장비, 공간, 기초적인 세팅의 문제이다. 공간이나 장비 준비와 세팅은 프로그램 진행에 있어서 가장 선결되어야 할 요소들 중에 하나이다. 이에 대한 대안으로서는 최대한 둥근 테이블 형태에 맞추도록 해야 하는 점과 참여자들이 많을 경우에는 양 끝 쪽에 위치한 참가자들에게는 무선 마이크를 준비하여 제공함으로써 참여자들이 서로 이해하고 공감하고 소통할 수 있는 기초적인 조건을 제공한다. 이 외에도 테이블 활동을 할 경우에 필요한 재료들이나 물품들의 선택과 준비에 만전을 기할 필요가 있다.

아홉 번째 문제는 프로그램 진행자가 참여자들이 이해하기 어려운 표현의 사용으로 초래된 위화감과 소통부족이다. 생활관에 거주하는 출소자들은 연령이나 교육 수준의 차이에 관계없이 함께 기거하기 때문에 프로그램의 참여자들 또한 그 대상 영역이 실로 다양하다. 이에 대한 대안으로서는 집단 구성원의 교육 수준과 관심에 상응하는 표현과 매체 사용의 구체적 검토를 필요로 한다. 어떤 참가자들은 한글을 제대로 쓰지 못하기도 하며 어떤 참가자들은 글을 쓸 수는 있을지라도 글을 쓰는 일이라면 질색하는 경우들도 있다. 또한 비슷한 매체를 사용하는 프로그램들을 반복한 경우들도 있다. 따라서 글을 꼭 써야 하는 경우는 글쓰기에 참여하기 곤란한 이들에 상응하는 준비를 해야 한다. 프로그램에 참여했다가 얼떨결에 문맹이라는 것이 드러나 본의 아니게 강한 수치감을 줄 수도 있기 때문이다. 또한 최근 심리상담이나 미술치료에서 때에 따라 다양한 재료와 매체들이 사용되는데 이 매체를 미리 경험한 참가자의 경우는 프로그램에 대한 관심도가 크게 떨어지므로 이에 상응하는 사실을 확인해봐야 한다.

마지막 문제는 집단 활동에선 상담자와 구성원의 라포 못지않게 구성원들 간의 라포 형성이 중요한 변수로 작용했는데 이 부분이 충분히 반영되지 못했다는 점이다. 이에 대한 대안으로서 제시할 수 있는 것은 라포 형성을 이원적으로 프로그램에 반영하는 것이다. 그러나 프로그램의 특성에 따라 후자가 더 본질적인 경우들이 많이 있다. 출소자 대상의 프로그램도 후자에 해당된다. 출소자를 가장 잘 이해할 수 있는 사람들은 동료출소자들이다. 뿐만 아니라 집단 활동이 공동생활에 긍정적인 영향을 직접적으로 줄 수 있다. 그렇다고 출소자들이 출소자들만을 중심으로 소통의 연대를 이루어야 한다는 의미는 아니다. 따라서 프로그램 진행에 있어서 라포 형성의 축은 한편으로는 상담자와 내담자 간의 라포를, 다른 한편으로는 내담자와 내담자 간의 라포로 이원화하는 것이 필요하다. 그리고 전체 회기에 맞게 개별 회기 속에 적절하게 배분하는 것이 중요하다.

이와 같은 사후 평가를 중심으로 이에 상응하는 이론적 토대 마련의 필요성이 제기되었다. 이 부분들은 특히 재사회화 프로그램의 핵심 축인 출소자에 대한 이론적인 정립이 선결되어야 함을 환기하였다. 이에 따라 교육에 있어서 주체와 객체 그리고 이들 간의 관계에 대한 심도 깊은 연구의 필요성이 제기되었다.

6. 인문학 기반의 재사회화 프로그램의 이론적 토대 구축을 위한 시도

1) 교육의 대상에서 주체로의 확장: 교육의 주체로서 '셀프'

상론한 재사회화 과정의 대상은 외적 대상으로서 사회에 대한 재이해나 수용과 더불어 이와 같은 상황에 상응하는 내적 대상으로서 자기 자신의 알아채기와 챙기기이다. 재사회화의 내적·외적 적응요인을 강화하기 위해서는 양자에 있어서 공히 내적인 주체성과 외적인 조력이 함께 수반되어야 할 것이다. 그럼에도 불구하고 내적인 적응요인이나 외적인 적응요인의 구축에 있어서 근간이 되는 것은 내적인 적응요인이다. 재사회화에 대한 자기의식이 충분히 전제되지 않는다면 후자의 효과도 그만큼 약할 수밖에 없다. 따라서 재사회화의 토대는 전자의 구축을 돕는 것을 우선으로 하여 후자로 확장하는 것이 재사회화의 근본적 취지나 목적에 더욱 가깝게 된다.

따라서 재사회화의 일차적 대상은 외적이고 물질적인 어떤 것들이 아니라 바로 자기 자신(Self)이며, 그 방법 또한 외적인 도움에 의해서라기보다는 스스로(Self) 하는 것이다. 그렇다면 이와 같은 대상으로서의 자기 자신을 재사회화하는 주체는 누구일까? 사회인가? 아니면 교육기관인가? 재사회화의 주체 또한 자기 자신이어야 한다. 그리고 자기 자신일 수밖에 없다. 재사회화에 있어서 자기 자신이 수동적일 경우 재사회화는 그만큼 성공적이기 힘들 것이다. 따라서 재사회화에 있어서 당사자 자신의 적극적인 참여가 무엇보다도 본질적인 역할을 수행한다. 이와 같은 의미에 있어서 재사회화의 주체도 객체도 일차적으로는 당사자 자신이고 자신이어야 한다.

재사회화의 대전제는 주체와 객체로서 셀프이어야 한다. 그러나 위에서 열거한 재사회화 정도에 미치는 요인들 분석에 있어서 주지할 사실은 재사회화 요인들이 상대적으로 당사자 외적인 요인들에 과도하게 초점이 맞추어져 있다는 점이다. 물론 이와 같은 요인들의 중요성은 개인의 정체성이 관계적 요인들에 영향을 받고 있다는 점에 있어서 이론의 여지가 없다. 그러나 지나친 외적 관계 중심의 요인분석은 관계의 중심에 놓여있는 내적 요인들이 재사회화에 미치는 중요성을 간과하게 할 우려가 있다. 모든 관계는 외적 관계와 더불어 내적 관계요인들에 의해서 수행되고 있다. 이것이 당사자 개인의 문제일 경우에는 더욱 그러하다.

따라서 교육의 주체와 대상에 있어서 당사자 중심의 교육을 실행하는 것이 보다 근본적이다. 관계 정부부처나 기관 단체들 그리고 연구자들이 재사회화 요인을 연구하고 분석하고 대안을 모색하는 것 못지않게 당사자들이 스스로 재사회화의 필요성과 내용 그리고 그것의 가치에 대하여 물음을 던지고 답을 찾아가는 과정의 중요성이 환기되고 실천되어야 한다. 그러므로 교육 시행에 있어서 관련기관이나 교육 담당자들이 사전에 갖고 있는 교육의 내용들과 목적 설정도 중요하지만 이것 못지않게 당사자들이 현시점에서 재사회화의 문제에 대한 개인적인 물음을 던져보고 이에 대한 대답을 교육 프로그램 속에서 함께 찾아가는 보다 근원적인 형태의 교육이 실행되어야 한다. 이처럼 현 재사회화의 경향을 보았을 때, 교육의 내용이나 방법에 있어서 보다 더 당사자 중심의 기획의 중요성이 강조될 필요가 있다.

이와 같이 재사회화 교육에 있어서 '셀프'가 자기 알아채기와 자기 챙기기의 중심에 설 때 비로소 진정한 재사회화가 시작될 것이다. 자신을 구할 수 있는 가장 본질적인 존재는 자신이고 자신이어야 한다. 아무리 많은 외적인 요인들이 있다고 하더라도 외적인 요인들의 합이 내적인 요인의 중요성을 넘어설 수는 없는 일이다. 스스로의 내적인 동인이 아닌 외적인 동인에 의한 재사회화 과정이란 생식력이 결핍된 존재에게 생식을 기대하는 것과 마찬가지이다. 이는 왜 세상에서 가장 지혜로운 자로 신탁을 통해 알려진 저 고대 그리스의 철학자 소크라테스조차도 자신이 알고 있는 지혜의 내용이나 이에 이르는 방법을 그대로 전수하는 자가 아니라 철저히 지혜의 출산을 돕는 산파에 머물렀는지에 대한 답변이 우리에게 주는 메시지이기도 하다.

2) 프락시스 관계로서 상호통섭: 상호 주체로의 확장

급변하는 현대사회에 비례하여 개인들이 당면한 사회화나 재사회화의 부담 역시 커질 수밖에 없다. 어찌 보면 현대사회를 살아가는 우리는 불가피하게 반복적인 재사회화의 과정을 감당해야 하는 운명이다. 하물며 일정 기간 현실과 격리된 공간이나 이질적인 사회에 거주했을 경우에 당면하게 되는 재사회화의 부담은 실로 사회나 본인이 인식하는 것보다 훨씬 강도가 높을 것이다.

이와 같은 맥락에서 재사회화의 근본 축이라고 할 수 있는 사회적응의 문제는 출소자들 이전에 이미 현대인들 일반의 문제인 동시에 다문화 가정이나 북한이탈주민에 있어서 중요한 화두이다. 특히 사회적응의 주체 문제에서도 지금까지 전개된 당사자 중심축에서 주요 접촉면들 중심으로의 확장은 중요한 의미를 지닌다.(김선희:2010) 즉 보다 바람직한 사회적응의 도모를 위하여 당사자들 외에 당사자들의 접촉면에 있는 사회구성원들의 적극적인 적응 의지 또한 중요한 의미를 지닌다. 왜냐하면 당사자 이외에 이들과 접촉하는 공간 속의 구성원들 또한 사회적응에 서툰 저들에게 적응해야 하는 어려움을 갖고 있기 때문이다. 이 때문에 재사회화는 당사자들뿐만 아니라 접촉면의 사회구성원들의 이차적 재사회화 또한 요구된다.

그러나 출소자들의 경우에는 아쉽게도 이와 같은 사회적응에 있어서 중요한 요인인 주체의 확장이 별다른 의미를 지니지 못한다. 오히려 출소자들이 지니고 있는 사회 인식의 특수성으로 인하여 방해요인으로 작동하는 경우가 다반사이다. 왜냐하면 협조를 요청하기 위하여 전과자라는 사실 자체를 알리고 협조를 구하는 그 순간에 오히려 어렵게 마련된 사회화의 기초 관계의 결실이 파괴되어져 버릴 수도 있기 때문이다. 현실적으로 취업 알선의 경우에 있어서도 전과자라는 '딱지'에 의해서 일반 사회구성원들과 더불어 접촉면의 구성원들 또한 다른 재사회화 대상자들에 비해서 과도한 거부감과 기피 성향을 지니고 있다. 이 때문에 이 부분에 대한 적용은 아쉽게도 비현실적인 조치가 되어버린다. 따라서 한국법무보호복지공단 직원들이나 출소자 가족들을 제외한다면 대부분은 출소자들의 사회적응 현장에서 적극적인 상호 소통을 형성할 수 없는 한계를 지닌다.

이와 같은 한계점은 출소자들의 재사회화에 있어서 자신이 지니고 있는 결핍요인들에 대한 사회의 적극적 관심과 지원을 호소할 수 없음으로 인하여 홀로 재사회화의 견고한 벽을 넘어서야 하는 어려움을 야기한다. 따라서 출소자 대상의 재사회화 교육프로그램은 이와 같은 출소자들이 직면한 한계를 직시하고 교육 현장에서 대표적인 접촉면을 지닌 존재로서 더욱 책임감을 갖고 교육에 임해야 하는 과제를 지닌다.

이와 같은 현실에서 볼 수 있듯이 출소자의 재사회화는 총체적인 어려움을 지니고 있다. 크게는 개인적 요인, 사회적 요인 그리고 국가 정책적 · 제도적 요인 등으로 구분될 수 있을 것이다. 이는 나아가 가족관계 요인, 사회적 요인, 문화적 요인, 경제적 요인, 취업분야 요인 등과 같은 하위요인으로서 현대인들의 사회생활의 필수적인 요인들을 모두 포함하고 있다. 결국 이와 같은 문제를 해결하기 위해서는 당사자들뿐만 아니라 사회구성원들 간의 상호적인 노력이 수반되어야 한다. 그리고 주지하다시피 그 중심에서 누구보다도 당사자의 적극적인 의지가 필수적이다.

사회화가 그렇듯이 재사회화의 성공 정도 역시 낯설고 이질적인 사회 환경과의 상호관계의 정도에 비례한다. 따라서 교육에 있어서 최대한 상호 소통하는 가능요인들을 반영하려는 적극성이 요구된다. 특히 교육 주제 선정이나 방법 선정에 있어서 일방적인 관계가 아니라 최대한 출소자 당사자들과의 상호통섭적인 관계 속에서 진정한 소통을 형성하도록 시도해야 한다. 이와 같은 상황을 볼 때, 제2차 교육 프로그램의 슬로건이었던 "사람과 사람의 만남", "가슴과 가슴의 대화"가 지니는 교육적 의도가 드러난다.

그러나 이때 재사회화의 주체이자 대상인 자기 자신은 실체라기보다는 상호 관계 속에서 형성되는 관계적 존재라고 보아야 할 것이다. 주지하다시피 서구 지성사를 장악해왔던 실체 중심적인 입장이 포스트모더니즘의 출현으로 인하여 무너지기 시작하였다. 포스트모더니즘은 존재를 운동으로 보며, 이에 따라 정체성 형성을 동일성이 아닌 차이성으로, 그 형성을 실체 중심이 아니라 관계 중심으로 전환하였다. 따라서 재사회화의 대상이자 주체가 되어야 하는 출소자 자신의 정체성 또한 본질적이 아니라 우연적이며, 선천적이라기보다는 후천적인 것으로 파악되어야 한다. 이때 이 후천성을 결정짓는 것은 관계성이다. 그렇다면 과연 어떤 관계를 통하여 출소자들은 보다 더 재사회화에 바르고 안정적으로 접근할 수 있는가?

이제 이와 같은 운동이나 차이 개념을 아우르는 관계 개념을 과연 어떻게 파악할 것인지의 여부가 문제 영역으로 남는다. 이 관계 개념은 일방적 관계와 상호통섭적 관계로 구분하여 볼 수 있다.(김선희: 같은 논문) 특히 관계 개념을 소통 개념과 연결하여 볼 경우에 알 수 있겠지만, 관계 자체가 곧 소통을 의미하지는 않는다. 왜냐하면 일방적 관계나 강제적 관계도 일종의 관계이긴 할지라도 그것이 상대방의 의견이나 동의를 바탕으로 하지 않기 때문이다. 따라서 건강한 정체성을 담보할 수 있는 관계를 마련하고자 할 때, 일방적 관계는 재고의 여지가 많다. 일방적인 관계는 그것이 지닐 수 있는 강제성이나 일방성으로 인하여 진정한 의미에서의 소통을 담보할 수 없기 때문이다.

이와 같은 맥락에서 요구되는 상호통섭적 관계의 실질적인 시작은 교육 현장에서 시작되며, 엄밀한 의미에서는 이미 프로그램의 기획 단계에서 이루어져야 한다. 프로그램의 취지나 목적 그리고 절차들에 있어서 출소자 당사자들의 입장이 배제되고 단지 관계기관의 일방적인 요구나 프로그램 운영자에 의해서 일방적으로 이루어질 경우, 이는 결코 상호통섭적이라고 할 수 없다. 뿐만 아니라 프로그램의 진행에서 상담자와 내담자의 만남 또한 상호통섭적이어야 한다. 이는 철학상담이나 치료에 있어서 근간이 되는 소크라테스의 철학적 산파법이나 이를 현대화시킨 철학적 프락시스 기법에서 구체적으로 실천되고 있는 것이기도 하다.(金善嬉: 2010)

관계적 존재로서 인간은 관계에서 만들어진 자신의 관점과 이야기를 지니고 살아간다. 존재론적 차원에서 보자면 범죄에 연루되어 있든 아니든 인간의 모든 정체성은 나름대로의 이유를 지니고 있다. 그리고 이는 관계적 산물이라고 할 수 있다. 특정의 정체성을 지니고 산다는 것은 온 몸으로 관계적 삶의 이야기를 쓰는 일이다. 나에 의한 나의 이야기임에도 불구하고 자신의 이야기 속에는 타자들이 등장한다. 순수하게 자아만 등장하는 이야기란 불가능하다. 이와 마찬가지로 순수하게 타자만 등장하는 이야기도 불가능하다.

모든 이야기는 관계를 담고 있다. 때로 우리는 이와 같은 우리 자신의 관계적 이야기를 살펴보지도 않고 마냥 살아가는 경우도 있는가 하면 심지어는 자신이 관계적 이야기를 써간다는 사실을 자각하지 못하는 경우도 있다. 그러나 그것이 어찌 써졌건 때때로 우리는 관계적 이야기를 거부하기도 한다. 그리하여 타자중심의 원망을, 때로는 자기중심의 원망을 하기도 한다. 그러나 정도의 차이는 있어도 우리의 이야기는 자아와 타자의 관계적 관계로 형성된다.

이와 같은 관계성 속에서 어떤 불의의 상황이 벌어지면 자신이나 가까이 있는 사람들을 원망하기도 하고 나아가 우리가 속해 있는 사회를 원망하기도 한다. 이럴수록 서로를 연결하고 있는 관계의 끈은 점점 더 희미해지게 마련이다. 그렇게 되면 마음과 마음의 거리가 점점 소원해지고 사람과 사람의 관계 또한 소원해지게 된다. 이와 같은 관계의 단절은 소통의 단절과 직접적으로 연결되어 있다. 소통의 단절은 개인의 재사회화의 가능성을 근본적으로 차단하는 비극적인 상황을 의미한다. 바로 이와 같은 맥락에서 재사회화의 주체도 객체도 우선은 자신이어야 한다. 그리고 자신을 중심으로 하여 상호통섭적인 소통적 관계를 시도함으로써 재사회화의 과정이 보다 사람과 사람의 소통을 그리고 마음과 마음의 연대를 바탕으로 이루어질 것이다.

7. '상호통섭적 관계의 인문학' 으로

인간은 불완전한 존재이다. 따라서 인간의 실존은 불완전할 수 밖에 없다. 그러나 아이러니하게도 이 불완전함을 메워주는 존재 또한 불완전한 또 다른 실존으로서 인간이다. 우리 실존은 관계적이기에 우리는 불완전한 실존으로서 살아가면서 누군가에게 아픔을 주고 상처를 주고 심지어는 돌이킬 수 없는 잘못을 저지르기도 한다. 그러나 그와 같은 잘못된 행동들에 대한 책임을 단지 개인 자신에게만 돌릴 수는 없는 일이다. 모든 존재는 관계적 운명을 지니고 있기 때문에 사회 속의 연대적 책임의식 또한 보다 분명히 환기되어야 한다. 그 발생에 있어서 개인의 행동은 사회 공동체와 연결되어 있다. 따라서 현 사회의 풍토 속에 범죄의 원인에 대한 개인 중심의 책임추궁에 대해서는 근본적으로 새로운 조명이 필요할 것이다. 왜냐하면 원인을 정확히 파악하지 않고서는 결코 처방이나 치료를 성공적으로 이루어낼 수 없기 때문이다.(해럴드 페핀스키 · 폴 제실로: 2003)

실존의 관계성은 범죄의 결과와 관련되어서도 마찬가지로 적용된다. 피해자는 물론이고 가해자와 가해자의 가족들이나 동료들을 비롯하여 이웃들에게까지도 뿌리 깊은 반복적인 고통과 상처를 남긴다. 특히 '용서받지 못할' 범죄자는 사회생활의 기본적인 관계들의 와해로 인하여 그들의 실존적 상황은 급격하게 되돌릴 수 없는 파국으로 치닫게 되는 경우가 비일비재하다. 피해자의 상처가 범죄 자체의 직접적인 상처 외에도 이중삼중의 상처를 야기하는 것과 마찬가지로 가해자 또한 범죄에 대한 직접적인 처벌 이외에 받게 되는 간접적 처벌을 반복적으로 받게 된다. 이는 기본적으로는 사회관계나 가족관계의 와해로 인하여 실존의 불완전성은 더욱 악화되어 삶은 더욱 척박하고 위태롭게 돼버린다.

출소자 당사자들의 셀프를 교육의 주체와 대상으로 하는 동시에 상호통섭적 관계를 과정으로 실천하고자 시도하는 인문학 기반의 출소자 재사회화 프로그램은 어쩌면 그 근본적인 취지에 있어서는 얼 쇼리스의 클레멘트 코스와 공유하는 부분들이 많다. 1999년 가을에 엄격한 대학 수준의 인문학 강좌인 클레멘트 코스에 400명이 넘는 수강생이 몰렸을 때, 이들은 대부분 가난한 사람들이었다. 도대체 가난한 이들이 인문학강좌를 수강하고자 한 이유는 무엇이며, 클레멘트 코스가 가난한 이들에게 인문학 강좌를 청한 이유는 무엇이었을까? 오늘날 사회복지의 차원에서 이루어지는 다양한 시도들에 있어서 대상자들은 수동적인 혜택의 대상으로 자리매김 되는 경향이 강하다. 그러나 진정한 의미의 복지나 재사회화를 논함에 있어서 단기적이고 물질적인 경제적 지원이나 '훈련'뿐만 아니라 장기적이면서 보다 근원적인 차원의 지원 또한 행해져야 하는 것이다. 그것이 바로 인문학적 접근일 것이다.

얼 쇼리스가 클레멘트 코스를 개설한지도 벌써 17년이 되어간다. 인문학이 지니고 있는 현대인들의 삶에 대한 구체적인 기여지점을 밝히는 일은 인문학이 지니고 있는 가치를 구체화시키는 의미 있는 시도이지만 실로 어려운 과정이다. 이 글에서도 그 연결고리들을 찾기 위하여 현장에서 그리고 연구실에서 고군분투하여 보았지만 쉽지 않았다. 그러나 지속적인 관심과 연구 속에서 그 결실이 점차로 구체적인 모습을 우리에게 드러낼 것임을 기대한다. 이 글에서는 이와 같은 인문학이 현사회의 문제 영역과 관련된 연결고리들을 찾고 이에 대한 이론적인 연구의 심화에 초점을 맞추어 살펴보았다. 그리하여 그 중심에서 '상호통섭적 인문치료학'이라는 이름을 제시해 보았다.

참고문헌

강원대학교 인문과학연구소(편). 2011. 『인문치료의 이론과 원리』, 춘천: 도서출판 산책.

권태환 외. 2006. 『사회학의 이해』. 서울: 다산출판사.

김선희 외. 2010. 『인문치료와 철학』. 춘천: 강원대학교출판부.

김선희. 2010. 「북한이탈주민 사회적응의 철학 치료적 접근: 일방적 소통에서 상호통섭적 소통으로의 패러다임의 전환」. 『다문화콘텐츠연구』 3. 7-36.

金善嬉. 2010. 「コンフリクトを軽減するソGクラテス的対話と実践: 人文治療学 の挑戦 (Socratic Dialogue and Praxis reducing Conflicts: Challenge of Humanities Therapy)」. 『臨床哲学』(大阪大学大学院文学研究科 臨床 哲学研究室) 11. 28-43.

박병식. 2011. 「한국갱생보호사업의 현안과 해결방안」. 『교정담론』 5/1. 195-216.

얼 쇼리스. 고병헌 외(역). 2006. 『희망의 인문학』. 서울: 이매진.

이명원. 2007. 「평화인문학의 이론과 실제: 교정인문학의 지향과 전망」. 『교정담론』 1. 33-50.

이윤호 · 김대권. 2007. 「전과자들의 사회적 차별에 관한 경험연구」. 『사회과학연구』 13/2. 27-60

이자희. 2010. 「갱생보호대상자의 재사회화 정도에 영향을 미치는 요인」. 대구대학교 석사학위논문.

장완영. 2009. 「출소자의 지역사회적응 결정요인에 관한 연구」. 숭실대학교 석사학위논문.

조경미. 2010. 「소년원 퇴원생의 재사회화 과정」. 공주대학교 박사학위논문.

조흥식 · 민원홍 · 김현민. 2010. 「우리나라 범죄의 사회적 비용 추정에 관한 연구: 범죄의 심각성 점수를 고려한 결과를 중심으로」. 『한국사회정책』 17/2. 163-199.

최병욱. 2011. 「사회적 실천과 치유」. 『인문과학연구』 30. 407-432.
최철규. 2009. 「시민교육과 인문학: 재소자 삶의 변화를 이끄는 평화인문학」. 『인문정책 포럼』 1. 27-31.
해럴드 페핀스키 · 폴 제실로, 이태원(역). 2003. 『범죄에 관한 10가지 신화』. 서울: 한울아카데미.
Aristotle, Politics, C.D.C. 1998. Reeve(translated), Indianapolis: Hackett Publishing Company.

※ 이 글은 필자들의 논문 「출소자를 위한 상호통섭적 인문치료의 이론적 접근 : 출소자 재사회화 프로그램을 중심으로」(『인문과학연구』 32집, 강원대학교 인문과학연구소, 2012)를 수정 · 보완한 것이다.

한국전쟁 전후 민간인 학살에 대한 분노와 치유

엄 찬 호

1. 한국전쟁과 국가폭력

한국의 근대사는 내적 모순을 극복하지도 못한 상황에서 제국주의 세력의 침략에 직면하여 외적 모순까지 겹치는 갈등 구조의 연속이었다. 결국 일제강점하에 놓이게 되면서 계급갈등과 민족갈등, 이념갈등 까지 형성되어 매우 복잡한 상황에서 현대사를 맞게 되었다. 일제는 그들의 지배정책을 관철시키기 위하여 온갖 폭력을 가하여 우리민족을 탄압하였고, 이는 한국현대사 속에 점철된 국가폭력의 시작이었다.

해방된 공간속에서 좌우의 이념대립과 갈등으로 통일정부를 수립하지 못한 한국은 전쟁을 맞게 되었고, 전쟁은 우리민족에게 씻을 수 없는 깊은 상처를 남겼다. 특히 한국전쟁기간 군경과 적대세력, 미군에 의해 저질러진 대량의 민간인 학살은 통한의 아픔을 가져왔으며, 한국현대사에서 해결해야할 최대의 과제로 자리매김하게 된다.

한국전쟁 전후 자행되어진 민간인 학살은 단정수립과정에서 발발한 제주4.3항쟁과 여순사건 등에서 많은 민간인 희생자들을 내었고, 1950년 한국전쟁이 시작되어서는 더 많은 민간인들이 희생되었다. 첫째는 개전 직후인 7월 초순을 전후하여 전국적으로 벌어진 국민보도연맹원 · 형무소 수감자에 대한 예방학살로 이는 북한측에 도움이 될 것이라는 추정에 근거해 이승만 정부가 조직적으로 자행한 명백한 국가범죄였다. 둘째는 북한군 점령기부터 철수과정까지 인민군 · 빨치산 · 지방좌익세력 · 보련원 유가족 등에 의한 보복 및 예방학살이었다. 셋째는 인천상륙작전 이후 한국 군 · 경의 수복과정에서 교전행위 및 부역(혐의)자 처형과정에서 일어난 민간인 학살이었다. 넷째는 9.28수복 이후 1953년 정전협정의 체결시까지 이루어진 한국 군 · 경 합동 토벌과정에서 한국군 · 경, 우익청년단체에 의해 자행된 민간인 학살이다. 또한 1951년 1.4후퇴를 전후한 시기 서울 · 경기 지역에서 점령주체가 몇 차례 바뀌면서 대규모 민간인 학살이 진행되었다. 한편 1951년 중반 전선이 교착상태에 접어든 이후에는 빨치산 · 인민군 잔류병에 대한 토벌작전이 본격적으로 전개되어 거창양민학살사건 · 함평양민학살사건 등 대규모의 민간인 학살이 이시기에 집중되었다.(정병준, 2005)

이와 같이 한국전쟁 전후 군경이나 적대세력 또는 미군에 의해 희생당한 민간인 숫자는 100만 여명에 달하는 것으로 알려져 있다. 4.19직후에 활동한 전국유족회의 조사결과로는 피학살자 수가 114만명이라고 주장한 바도 있다. 이는 국제법과 인도주의의 측면에서도, 그리고 국민주권의 대한민국 헌법정신에 비추어서도 결코 용인될 수 없는 반인도적 전쟁범죄이자 국가폭력이었다. 곧 한국전쟁 전후의 학살은 해방 이후의 국민국가 수립과정에서 벌어진

정치폭력으로 전쟁 당사자들인 국가가 사실상 학살을 주도했다는 점에서 국가 공권력에 의한 학살로 국가폭력인 것이다.

이러한 학살현장에 있던 사람들은 마음에 깊은 상처 곧 역사적 트라우마를 겪게 되었다. 가족을 잃은 유족들은 물론이고 사람들의 끔직한 죽음을 보고 들은 이들, 광기에 휩쓸려 학살에 가담한 이들도 그 기억은 떠올리고 싶지 않은 기억으로 남아 여전히 상처로 남아있다. 전쟁이후 극단적인 반공이데올로기가 사회를 지배하며 남아있는 자들은 아픈 기억을 떨쳐버릴 기회조차도 놓쳐버리고 침묵을 강요당하며 가슴에 한을 품고 살아 왔던 것이다.

민간인 학살 문제에 대하여는 1990년대 이후 본격적인 연구가 진행되었고, 2005년 '진실화해를 위한 과거사정리위원회'(이하 진화위)도 성립되어 시행된 결과 학살주체와 학살규모 등 대체적인 진실규명은 어느 정도 이루어졌다고 할 수 있다. 그러나 여전히 학살사건과 관련된 국가와 사회 개인에 대한 화해와 치유는 이루어지지 못하고 있다.

2. 한국전쟁 전후 민간인 학살

한국의 현대사에서 민중들은 억압적인 국가권력에 대항하여 인간의 기본적 권리를 누리기를 원하는 힘겨운 싸움을 벌였다. 때문에 한국 현대사는 민주화 투쟁의 과정에서 국가의 폭력으로 희생당한 수많은 사람들의 고통을 기록하고 있다. 희생자와 그 유가족들은 개인적인 생활의 고통뿐만 아니라 사회적인 침묵, 방관, 왜곡의 고통을 겪어야만 했다. 해방 이후 한국에서 자행된 민간인학살의 주체는 국가권력이었다. 해방이후 독립국가수립을 꿈꾸던 민중들에게 분단은 또 다른 상처였으며, 이를 추진하는 국가세력들을 적대시 하였다. 이에 국가수립을 추진하는 세력들은 반공이데올로기를 명분으로 국가를 수립하고 자신들의 권력을 쟁취하고 유지시켜나갔다. 때문에 해방 이후 한국에서 자행된 대부분의 민간인학살은 국가기구가 직접 개입한 국가 테러리즘이었다.

국가에 의해 자행된 민간인학살은 국가권력이 폭력을 동원하여 대중들을 권력의 목표에 순응하도록 통제하는 과정이었다. 곧 국가권력의 이해와 어긋나는 대중은 국가의 이름으로 제거된다는 교훈을 주는 것이다. 이를 통해 대중들의 국가권력에 대한 두려움과 공포를 경험하게 하는 동시에 한편으로 대중이 국가권력에 순응하는 문화를 만들어냈다. 특히 한국전쟁 전후 상황에서 상대방의 군대나 민간인을 향하여 대량의 살상이 발생하였고, 또한 전쟁을 수행하는 과정에서 국가는 자기 영토 내의 국민을 상대로 폭력과 인권을 유린하는 다음과 같은 다양한 형태의 국가폭력을 자행하였다.(김동춘, 2001)

2.1 군경에 의한 민간인 학살

한국전쟁전 발생한 군경에 의한 민간인 학살 사건은 여순사건을 중심으로 빨치산 토벌과 관련된 사건이다. 곧 10월 21일부터 27일 여수가 탈환될 때까지 군경의 진압군이 '반군토벌사령부'를 설치하여 계엄령을 선포하고 진압작전을 전개하는 과정에서는 다수의 민간인이 집단학살되었다. 토벌 작전에 나선 군경은 빨치산과 직접 전투를 벌이기도 하고 빨치산의 보급 활동을 차단하고 민간인들과의 연계를 차단하기 위한 활동도 했다. 군경은 작전 지역인 산간마을을 소개하거나 빨치산을 색출한다는 명분으로, 또는 빨치산에게 식량을 제공하거나 협조했다는 이유 등으로 마을 주민들을 연행한 뒤 구금하여 조사하였고, 조사 후 빨치산에 협력한 혐의가 있다고 판단되면 주민들을 사살하였다. 그러므로 이 시기 빨치산 근거지 인근 주민들은 협조 요청에 불응한다는 이유 등으로 빨치산에게 피해를 당하거나 빨치산에게 협조했다는 이유로 군경에게 사살당하는 등 이중의 고통에 시달려야 했다. 군경은 실제 좌익 활동가뿐 아니라 생존을 위해 빨치산에게 식량과 생필품을 탈취당한 사람들도 좌익과 내통하였다는 혐의로 토벌 대상으로 삼았다.

그 후 반군 점령지역 수복 이후에는 반군 협력자 색출과정이나 잔류 빨치산을 토벌하는 과정에서 지리산 등지의 산간 지역 민간인이 집단학살되었다. 그리고 여순사건 이후에는 반군에서 이탈한 다수의 군인들이 은거 또는 귀향 도중 반군으로 오인되어 경찰·진압군에 의해 희생되기도 하였다.

한편 여순사건과 관련하여 국민보도연맹[1)]에 가입하였거나 정치사상범으로 대전형무소 등에 수감되어 있던 이들은 한국전쟁 발발 직후 군경에 의해 집단학살되어 1949년 11월 11일 전라남도 당국이 여순사건 발생지역 전체를 조사한 결과 인명 피해는 11,131명이었다.

인천상륙작전으로 서울 수복 이후에는 전황이 불리해진 인민군이 북으로 퇴각한 후 미처 퇴각하지 못한 1만여 명의 인민군이 호남과 영남의 산악지역에 근거지를 구축하고 유격전을 전개함에 따라 이들을 토벌하는 과정에서 다수의 민간인이 학살되었다. 곧 군경이 주둔하여 잔여 인민군 토벌작전을 수행하였던 담양, 장성, 함평, 화순, 영암, 남원, 고창, 임실 지역에서 민간인 학살사건이 발생하였다.

또 지리산 주변지역에서도 인민군 토벌작전이 전계되었는데 주요 작전지역은 산청, 함양, 거창 등이었다. 이 당시의 토벌작전을 '견벽청야(堅壁淸野)작전'[2]이라 하였는데, '견벽청야작전'은 산간지역의 주민을 치안이 확보된 소위 안전지대로 소개시킨 후 이 지역을 소각, 파괴하는 일종의 초토화작전이었다. 그러나 이러한 소개작전이 작전 편의에 따라 무차별적으로 이루어지면서 민간인 희생이 커질 수밖에 없었고, 군경은 종종 주민들을 군 주둔지 등으로 소개한 후 아무런 절차 없이 임의적으로 부역혐의자나 사상 특이자를 선별, 처형하기도 하였다. 이러한 과정에서 경남 거창·산청·함양 등지의 민간인 수백여 명이 학살되었던 것이다.

1950년 10월 수복 후부터 호남지역에서 군경의 잔류 인민군 토벌작전과정에서 희생된 민간인의 전체 규모는 확인할 수 없으나 진화위의 조사결과 신원이 밝혀진 희생자수는 2,437명이었다. 또 영남지역에서는 군경에 의한 대표적인 민간인 학살사건인 경남 거창·함양·산청 사건 등을 통해 볼 때 희생된 민간인 규모는 최소 1천여 명을 넘을 것으로 추정된다.

한편 부역혐의자에 대한 학살사건도 있었다. 수복하던 국군에 의한 부역혐의자 총살사건은 일반적으로 가평, 강화, 고양, 여주, 남양주, 포천 등 여러 지역에서 사례가 확인된다.[3] 부역혐의 희생자들은 대체로 인민위원회 간부 등 인민군 점령시기에 북한의 점령정책에 직접적으로 협조한 사람들과 그 가족들이었고, 우익 인사들과 사적 원한관계에 있던 사람들이었다. 진화위의 조사를 통해 밝혀진 현재까지의 부역혐의 학살사건의 피해자는 확인된 사람이 2,929명이며 희생자 규모는 대략 20,000여명으로 추정된다.

군경에 의한 민간인 학살사건의 가해이유를 몇 가지 범주로 분류하여 살펴보면 첫째는 반군이나 빨치산, 또는 잔류 인민군에 협조한 혐의로 희생당한 경우이다. 당시 일부 주민들은 해방직후 미군정기의 정치체제 문제나 귀속재산의 처리문제에서 북한에 우호적인 생각을 갖고 있는 경우도 있었고, 그렇지 않다하더라도 생존을 위해 협조하지 않을 수 없었는데 이로 인해 학살당한 경우로 한마을 전체가 무차별 학살당한 경우도 있었다. 둘째는 반군이나 빨치산, 인민군에 가담하거나 좌익활동에 적극적인 협조를 한 경우이다. 셋째는 마을 주민 사이의 무고 · 모략이나 보복성 고발 등으로 희생당한 경우이다. 넷째는 군경이 반군이나 빨치산 또는 인민군의 습격을 받을 경우 그 마을 전체 주민들을 대상으로 무차별 사살하여 학살당한 경우이다. 다섯째는 10.19사건(여순사건)에 관련된 제14연대 군인의 가족이나 좌익 · 입산자의 가족이라는 이유로 학살당한 경우이다.

이러한 이유로 민간인을 학살하는 과정에서 군경은 주민들을 무차별적으로 연행하여 고문하고, 자의적인 심사와 분류에 따라 살해 하는 등 여러 가지 불법행위를 저질렀다. 실제 반군이나 빨치산에게 협조했다고 해도 무장한 군인과 경찰이 적법한 절차 없이 비무장상태인 민간인을 살해한 것은 인도주의에 반한 행동으로 헌법에 보장된 국민의 기본권인 생명권과 적법절차에 따라 재판받을 권리를 침해한 것이다.

군경 토벌 과정에서 발생한 민간인 학살사건에서 일차적인 책임은 적법 절차 없이 임의로 민간인을 살해한 현지 군경과 지휘관에게 귀속된다. 그러나 군경의 엄격한 지휘명령 체계를 고려할 때, 하급 기관의 불법행위로 발생한 민간인 집단 학살사건에 대한 궁극적 책임은 국민의 생명을 보호하고 군경을 관리 · 감독해야 할 국가에 귀속되어 있으므로 국가폭력인 것이다.

2.2 적대세력에 의한 민간인 학살

10.19사건 발발 후 제14연대의 반군이 여수 · 순천 등지를 점거하는 과정에서, 그리고 반군의 점령하에 있던 여수 · 순천 · 보성 · 고흥 등지에서 반군과 지방 좌익에 의해 민간인 학살사건이 발생하였다. 여수와 순천 지역에서는 반군이 점령한 이후 민간인들이 경찰과 가깝게 지낸다는 이유로 좌익에 의해 끌려가 학살당하는 사건들이 발생하였고, 또 때로는 주민들이 자택 마당에 있다가 열차로 이동하던 반군의 총에 우연히 맞아 부상을 당하거나 희생당하는 사건들도 있었다. 보성 · 고흥 지역에서는 반군이 진입하여

인민위원회를 구성하고 인민재판 등을 통해 경찰, 공무원, 청년단원 등 우익인사를 총살하는 사건들이 발생하였다.

다음 여수 · 순천이 군경에 의해 탈환된 뒤에는 반군과 지방좌익 곧 빨치산들이 산악지대로 들어가 무장투쟁을 전개하면서 현지 주민들에게 식량 등을 요구하거나 협조를 요청하여 이를 거절하면 민간인들을 학살하였다. 이 시기 광양 · 곡성 · 구례 · 담양 · 강진 등 전라남도와 경상남도, 경상북도 일대에서는 빨치산들의 활동에 불만을 표시하거나 그들에게 협조하지 않았다는 이유, 또는 마을에 나타난 빨치산이나 그들의 근거지를 신고했다는 이유로 한 개인이나 일가족, 또는 마을 주민 다수가 학살을 당하는 사건이 발생하였다.

한국전쟁이 발발한 이후에는 북한의 남한 점령 정책의 주요사업이었던 '반혁명세력의 숙청'사업으로 인해 많은 민간인이 희생되었다. 먼저 한국정부에서 정부기관이나 경찰 · 헌병 · 군에 근무했거나 우익청년단 등 사회단체원으로 활동했던 사람들이 정치범으로 처형되었다. 이들에 대한 숙청은 주로 북의 법령을 기준으로 한 면 단위 '인민재판'에 의하여 이루어졌으나 '즉결처분'된 경우도 많았다. 또한 보도연맹원에 대한 숙청과 좌익들의 검거를 주도했던 '우익계 인사'들에 대한 학살이 이루어지면서 지역민들의 사적인 감정이 내포된 보복희생 사건도 발생하였다.

1950년 9월 15일 인천상륙작전이후에는 인민군이 후퇴하기 시작하면서 각 지역의 내무서나 분주소, 형무소 등에 수감되어 있던 민간인들이 학살되는 사건이 곳곳에서 발생했다. 인민군 점령 초기에는 '인민재판'형식을 갖춘 뒤 우익인사를 숙청하는 과정을 거쳤으나 인민군 후퇴기에는 심사과정이나 재판과정 없이, 즉 형식적인 '인민재판'도 거치지 않은 채 자의적 판단에 의해 학살이 이루어짐에 따라 피해가 급증했다. 또 우익인사 개인뿐 아니라 그 가족으로까지 피해가 확대되어 이른바 '반동가족'으로 분류된 경우 일가족이 몰살당하는 사건이 다수 발생하였다.

이와 같이 한국전쟁 전후에 발생하였던 적대세력에 의해 피해를 입은 민간인들은 전쟁발발이전까지는 희생자 · 상해자 · 강제연행자로 확인되거나 추정된 피해자들이 대략 189명이었고, 전쟁기간 중에 학살된 희생자는 995명, 강제로 끌려간 뒤 행방불명된 자는 82명, 상해자는 14명으로 확인되었다.

적대세력에 의해 희생된 민간인의 피해 양상을 보면 우선은 주로 경찰, 공무원, 청년단원 등 우익인사로 분류되었던 사람들과 그 가족들이다. 다음은 반군과 지방좌익으로 구성된 빨치산들이 산악지대로 숨으면서 그들의 출몰 사실이나 근거지 등을 군경에 신고한 주민들이나 빨치산들의 요구에 협조하지 않아 학살된 민간인들이다. 적대세력 역시 적법한 절차 없이 임의로 민간인들에 대한 학살을 자행함으로써 남한과 북한군에 의해 번갈아 점령되었던 대부분의 지역에서 불법적인 학살이 진행되었다.

2.3 미군에 의한 민간인 학살

미군에 의한 민간인 학살은 전쟁 발발이후 적진에 대한 폭격이나 교전지역 주민들을 대상으로 발생하였다. 개전 초기 국군의 급격한 후퇴로 주민들이 미처 피난하지 못하여 적진에 남아있는 상태에서 미군의 폭격이 이루어졌고, 특히 인민군과 주민들을 구분하지 않고 사람들이 많이 모여있는 곳에 폭격이 이루어져 다수의 민간인 학살이 진행되었다.

미군에 의한 민간인 피해 중 가장 많은 피해를 입은 것은 공중폭격에 의한 피해로 적 병력이나 보급품이 전선으로 이동하지 못하도록 북한군의 집결지나 병력이동로 등을 폭격하는 차단작전에 의한 폭격이나 지상군을 공중지원하는 근접지원작전에 의한 폭격이 이루어지면서 그 지역안에 있던 민간인들도 학살되었던 것이다. 물론 미공군 규정에 의하면 의심나는 대상에 대해서는 폭격이 진행되지 말아야했지만, 실제로는 이 지침이 지켜지지 않았으므로 미군의 폭격에 의한 수많은 민간인 희생이 발생하였다.[4] 1.4후퇴 당시에도 정부는 각 도별로 피난장소를 정하여 민간인들을 피난시켰으나 중공군이 피난민보다 먼저 남하함으로서 피난민들이 전장에 갇히는 상황이 되었다. 이러한 상황에서 미군의 적진에 대한 공격은 민간인들에게도 가해져 다수의 피해자가 발생하였다.

미군에 의한 민간인 학살은 공중폭격에 의한 피해뿐만 아니라 지상군에 의한 피해도 컸다. 미군은 전선 인근뿐만 아니라 미군 주둔 지역에 대해 대체적으로 '교전지역'으로 간주하고 정찰, 수색 정책을 폈는데, 이 과정에서 피난을 떠나지 못하고 남아있던 민간인이 미군 정찰대와 수색대의 공격을 받는 일이 종종 발생했다. 또한 미군은 중공군의 공격을 받아 후퇴하면서 중공군의 보급선을 차단하기 위해 적의 은신처가 될 만한 시설 · 민가 또는 식량 · 가축 등을 파괴하거나 소각하는 과정에서 피난가지 못한 주민들이 화재로 사망한 경우도 있었다.

현재까지 조사한 결과에 의하면 한국전쟁 당시 미군에 의한 민간인 희생사건은 총 172건이며 희생 규모는 약 5,292명으로 추정된다. 미군에 의한 희생은 거주지에서 일상생활을 하다가 혹은 가족과 함께 피난을 떠났다가 희생된 경우가 많기 때문에 미군 사건 희생자에는 남녀노소가 모두 포함되어 있으며 일가족이 한꺼번에 몰살된 사례도 있었다.

3. 민간인 학살에 대한 분노와 치유

3.1 학살에 대한 분노

한국전쟁의 발발은 역사적 비극이기도 하지만 법적 보호를 받아야 할 비무장민간인이 오히려 희생의 대상이 되었다는 점에서 민족사적 비극이다. 특히 한국전쟁기 민간인 집단희생사건들은 전쟁 발발 초기에 집중적으로 이루어졌고, 민간인은 전선의 이동에 따라 군경, 미군, 적대세력에 의해 이중삼중으로 희생의 대상이 되어 결국 희생이 악순환되는 결과를 낳았다. 그리고 민간인학살은 오랫동안 언급해서는 안되는 금기의 대상이 되었고, 수십년간 이어져 온 반공이데올로기로 인해 희생된 피해자들은 오히려 사회적 약자가 되어 경제적 · 사회적으로 어려움을 겪어야 했다. 이는 심각한 사회 갈등과 국론분열로 이어졌고, 근본적으로는 민주주의 발전에 걸림돌이 되었다.

민간인 학살은 피해자와 그 가족들 또는 이웃에게 울분을 일으켰으며, 그 이후로도 해소할 수 없는 한의 응어리로 남아 있게 되었다. 군경에 의해 희생당한 사람들은 이유조차도 제대로 알 수 없었고, 심지어는 빨치산이나 공비라는 누명을 쓰기 까지 했다. 당시 일곱 살의 나이로 거창사건의 현장에서 3발의 총알을 맞고도 살아남았던 아이는 그 기억을 다음과 같이 기록하고 있다.

> "아무 죄도, 무슨 죄인지도 모르고 죽어갔다. 죽어야 되는 이유를 아는 사람이 하나도 없었다. 그것도 빨갱이가 아닌 국군의 총탄에 맞아 죽어야 하는 선량한 국민이었다. 긴긴 세월을 두고두고 한으로 남겨질 원한의 통곡소리가 메아리 되어 지리산 긴 자락으로 울려 퍼졌다."(정재원, 2004)

이러한 희생자들의 분노는 학살 당사자인 군인들에게도 전해져 당시 거창 신원면 학살사건에 대해 사단본부에서는 '학살된 주민이 대부분 민간이어서 군에 대한 신뢰가 땅에 떨어지고 부녀자 강간, 물품강요, 재산약탈 등으로 주민들이 분노하고 있다'고 보고하고 있다. 그러나 이러한 사단의 보고는 상부에 보고되면서 군의 사기를 떨어뜨릴 염려가 있다고 통비분자를 사살했다거나 공비를 토벌하였다고 보고하였다. 그러므로 학살에서 다행히 살아남은 부상자들도 제대로 치료를 받을 수 없어 고통속에 분노하며 죽음을 맞을 수밖에 없었다.

그리고 군경은 학살이후 주민들을 통제하거나 생존자들에게 '발설하면 총살하겠다'고 위협하여 사건이 외부에 알려지지 못하도록 하였으며, 학살현장에는 사람들의 접근을 막아 유족들이 시신도 제대로 수습할 수 없게하여 유족들을 분노케 하였다. 전쟁이후에는 학살자들의 행위를 정당화하고 진실규명운동은 무자비한 탄압을 가함으로써 진실은 점차 은폐되어 갔다. 4.19 직후 영남 지방을 비롯한 전국에서 민간인 학살 진상규명 운동이 봇물처럼 터졌으나, 1년 뒤 5.16쿠데타로 다시 잠잠해질 수밖에 없었다. 전쟁기의 학살과 무관하지 않은 쿠데타 세력은 아예 학살의 흔적조차 없애버리고자 하여 학살현장 곳곳에 세워졌던 위령비를 박살내고 무덤을 파헤쳐서는 유골을 내다버리는 만행을 서슴치 않으며 사실은 물론 역사마저도 깨끗이 지우고자 했던 것이다.

민간인 학살사건의 피해자는 군인 · 경찰이나 제14연대 반군 · 좌익 · 빨치산의 총칼에 쓰러진 희생자뿐만이 아니다. 살아남은 그들의 가족들은 사망한 가족을 가슴에 묻은 채 정신적 · 경제적 · 사회적으로 이루 말할 수 없는 고통을 겪으며 살아왔다. 유족들은 부모와 형제, 친척을 잃은 박탈감 속에서 정신적인 후유증을 겪었으며, 평범한 가족생활을 영위하지 못했다. 희생자들의 가족은 어머니가 눈앞에서 사살되고 자신도 총상을 입어 불구가 되거나, 아들의 시신을 수습하고 돌아오는 길에 심리적 충격으로 쓰러져 사망하거나, 임신한 상태에서 고문을 당해 태어난 자식이 후유증을 앓았다. 남편을 잃은 아내와 자식을 잃은 어머니가 그 뒤 화병으로 죽은 가족을 따라갔고, 유복자와 어린 자식들은 성장기에 부모 없는 설움과 아픔을 감수하며 살아야 했다.

대다수의 유족들은 가장의 상실로 인한 경제적 빈곤이 가장 견디기 힘든 고통이었다고 호소하였다. 가장과 장남의 죽음으로 하루아침에 집안의 생계가 곤경에 처하는 등 살아남은 이들은 혹독한 가난에 직면해야했다. 어린 자녀들도 제대로 학교 교육을 받지 못하고 생활전선에 뛰어 들어야만 했다. 경제적으로 빈곤했고 제대로 교육을 받지 못했기 때문에, 상급학교 진학이나 좋은 직장에 취직하는 것은 현실적으로 거의 불가능했다. 교육과 취업의 기회가 제한되면서, 가난은 자연스레 대물림되었다.

특히 군경에 의한 민간인 집단 희생사건의 유족들은 사회적으로도 '빨갱이의 자식'이라는 손가락질을 받으며 살아왔다. 이러한 사회적 차별과 냉대는 어린 시절에 그치지 않고 성장하여 사회에 진출할 때도 커다란 장애가 되었다. 유족들은 해외 출국, 취직이나 승진, 사관학교 입학 및 공무원 시험, 기타 일상생활 등에서 신원조회나 연좌제로 인한 여러 불이익을 감수해야만 했고, 이런 사회적 차별의 장벽을 절감하고 취업을 포기하거나 학업과 꿈을 접어야만 했다. 연좌제는 신분증 발급을 제한하는 것으로부터 시작되었다. 이승만정부는 "적의 잠입을 방지하고 제5열을 철저히 소탕하여 치안을 확보하고", "시민증을 가지지 아니한 시민은 적색반동분자로서 통행에도 제한을 주기"위해 1950년 10월 20일 서울시에서부터 사상불순자를 제외한 만14세이상 남녀에게 시민증을 발행했다. 그 결과 도민증·시민증을 발급받지 못한 좌익혐의자와 그 가족들은 생존권을 위협당했고, 마을 주민들로부터의 일상적인 냉대에 더해 지속적인 정보기관의 감시를 받았으며, 신분상의 불이익을 감수해야 했다. 도민증이 없는 유족들은 친인척이 사망하더라도 장례식에 참석하기 위해 집을 떠날 수조차 없었다. 연좌제는 30여년동안 희생자의 유가족들을 억압하며, 희생자 유족들의 마지막 생존수단인 사회적 지원과 보호조차도 박탈하는 제도였던 것이다.

또 군경에 의한 민간인 집단 희생사건의 유족들은 한국 사회의 반공주의 하에서 사회구성원, 혹은 시민으로서 인정받지 못하고 사실상의 이등국민으로 살아왔다. 유족들은 본 사건 이후 '요시찰인'이나 '관찰보호자' 또는 '사살자(처형자) 연고자'로 등재되어 국가의 감시와 통제 대상이 되었다. 유족들은 경찰의 감시를 받거나 사상이 의심스럽다며 주위 사람들에게 따돌림 당함으로써, 그들은 분명 피해자였음에도 주위의 감시와 이로 인한 두려움 속에서, 과거 사실에 대해 침묵해야만 했다.(김득중, 2004) 그러므로 한국전쟁 전후에 발생한 학살을 직·간접적으로 경험한 유족에게 이 사실은 다시 떠올리고 싶지 않은 망각의 대상이었다.

곧 당시의 기억은 수치스럽거나 떠올리기조차 싫은 사건이었다. 홍수동은 한국전쟁 당시 어린 나이에 아버지는 학살당하고 어머니는 재가했는데, '그때 이야기는 별로 떠올리고 싶지 않다'고 증언하고 있고, 김용만은 한국전쟁 당시 사촌형이 총살당하고 집이 불타는 것을 목격하였는데, '지금도 기억하기 싫은 일'이라고 말하기도 하였다. 또한 박동안은 한국전쟁 당시 형들이 경찰에게 살해당한 경험을 갖고 있으나 진실규명을 신청하지 않았다고 한다. 그것은

'지금까지 이 상처를 기억속에서 지우려고 애써 왔는데, 굳이 다시 되살리고 싶지 않기 때문이라'고 이야기하기도 하였다.

이와 같이 유족들에게는 희생당한 가족이 억울한 누명을 쓰고 죄없이 죽었다는 사실과, 전쟁이후 정부에서 진실을 매도하고 오히려 피해자들을 탄압하는 상황이나 부모를 잃고 어려운 환경에서 자라야 했던 아이들, 연좌제에 묶여 사회에 제대로 진출할 수 없었을 뿐더러 이웃들의 따가운 눈초리를 견뎌야 했던 유족들은 분노가 한으로 남아 고통스럽게 하였다.

이러한 분노는 전쟁 직후 학살이 일어난 지역사회나 유가족회를 중심으로 폭력의 가해자인 국가나 폭력의 대행자 또는 당시의 지역 책임자들에 대해 직접 항거하는 형태로 표출되기도 하였다. 거창사건에서 부모와 동생 셋을 잃은 임기섭의 증언에 따르면 유족들의 분노는 이승만정권하에서 숨겨져 있다가 4.19이후 민주화 분위기에서 일시에 표출되어 위령비를 건립하는 일을 추진하던 중 학살사건 당시 면장이었던 박영보 면장을 불러내어 단체로 살해하는 결과를 가져오기도 하였다.(한인섭, 2007)

그러나 대다수의 개인들은 국가의 위협과 이웃의 질시로 분을 품은 채 침묵의 세월을 지내왔다. 거창사건에서 국군들에 의해 집이 불타버리고 민간인학살현장을 목격한 정현순씨는 '그 난리 때만 생각하면 자다가도 눈물나고, 가슴저리고…. 저는 어쨌든 살았응께 이런 말도 하지만 이 세상에 없는 사람은 이런 말을 할 수도 없잖아예. 그 난리가 난지 55년이나 되었어도 이런 말을 오늘 처음하는 기라예, 영감한테도 이런 이야기 안해봤습니다'라고 하여 오랜시간

침묵속에 분노를 내적으로 삭히며 가슴앓이를 해온 것이다.

이미 오랜 시간이 지났지만 이들은 여전히 가슴깊이 고통을 간직한 채 생을 마감하고 있는 것이다. 더 늦기 전에 이들 희생자들 및 그 유가족에게는 명예회복과 보상이 있어야 하고, 마음속 분노를 치유하기위한 용서와 화해의 장이 마련되어야 할 것이고, 나아가 회복을 가져다주는 작업이 절실하게 필요하다. 과거사 청산은 이들 민간인 희생자들의 마음의 고통을 치유하여 씻어주고, 원망과 갈등의 대상들 간에 화해와 화합이 이루어질 때 비로서 정리되었다고 할 수 있을 것이다.

3.2 희생자들에 대한 치유방안

전쟁 후 이승만정부하에서는 반공이데올로기로 인하여 민간인 학살 문제가 표면적으로 대두되지 못하였지만, 4·19혁명으로 민주적인 분위기가 조성되자 과거사 정리를 촉구하는 시민들의 요구가 분출하였다. 4·19 직후 과거사 문제로 제일 먼저 등장한 사건은 한국전쟁 전후 발생한 민간인희생사건으로 1960년 5월 11일에 거창사건과 관련되어 주민들의 원성을 받아오던 박영보가 주민들에 의해 살해당하는 사건이었다. 이 사건을 계기로 지방신문들을 중심으로 한국전쟁기 민간인 희생사건의 진상을 폭로하는 기사를 잇달아 내보냈고, 국회도 특별조사반을 구성하여 진상조사에 착수하기에 이르렀다.

이러한 분위기 속에서 한국전쟁 전후 발생한 민간인희생사건 피해자 유족들은 '피학살자유족회'를 만들어 가해자 처벌과 진상규명, 피해자 보상을 요구하였다. 그리고 제주도에서도 '4·3사건진상규명동지회'가 발족되어 4·3사건의 진상규명을 촉구하였다. 그러나 4·19혁명으로 성립된 장면정부는 과거사문제에 소극적이었고, 이어진 5·16군사쿠데타로 성립한 박정희정부는 오히려 '피학살자유족회'등 민간차원에서 벌어지고 있던 과거사정리 운동을 탄압하여 과거사정리시도는 중단되었다.

그 후 오랫동안 이어진 군사정부아래에서 중단되어 있던 민간인 희생에 대한 청산 작업은 1987년 6월 민주항쟁 이후 민주화의 진전과 함께 유족들과 제주도민, 그리고 사회운동단체가 힘을 모아 제주4·3사건에 대한 진상규명운동을 전개하면서 다시 시작되었다. 그 결과 김영삼정부 들어 1996년 1월 「거창사건 등 관련자의 명예회복에 관한 특별조치법」이 제정되면서 정부차원의 본격적인 과거사 청산작업이 다시 시작되었다. 이 특별법에 의해 '거창사건등관련자명예회복심의위원회'가 발족하게 되었고, 사망자와 유족의 명예회복에 관한 사항 및 묘지단장, 위령제례 및 위령탑 건립에 관한 사항을 시행하게 되었다.

이어 김대중정부 들어서는 2000년 1월 「제주4·3사건 진상규명 및 희생자명예회복에 관한특별법」이 제정되었고, 같은 해 8월 28일 제주4·3사건의 진상을 규명하고 이 법에 의한 희생자 및 유족의 심사 · 결정 및 명예회복에 관한 사항을 심의 · 의결하기 위해 '제주4·3사건진상규명및희생자명예회복위원회'가 출범하였다.

그리고 2004년 3월 〈노근리사건희생자 심사 및 명예회복에 관한 특별법〉이 제정되었고, '노근리사건희생자심사및명예회복위원회'가 구성되어 희생자 및 그 유족의 심사·결정에 관한 사항, 희생자 및 그 유족의 명예회복에 관한 사항, 위령탑건립 등 위령사업에 관한 사항, 노근리사건 희생자심사보고서 작성에 관한 사항, 가족관계등록부의 작성에 관한 사항, 그 밖에 희생자심사와 명예회복을 위하여 필요하다고 인정하는 사항 등을 심의 결정하였다.

이러한 한국전쟁 전후 민간인 학살문제 청산을 위해 제정된 법령의 입법목적을 통해 정부의 치유방안을 보면 다음과 같다.

〈표 1〉 민간인 학살 문제 청산 관련 법률 제정 목적

법률명	입법목적
제주4·3사건 진상규명 및 희생자 명예 회복에 관한 특별법	제주4·3사건의 진상을 규명하고 이 사건과 관련된 희생자와 그 유족들의 명예를 회복시켜줌으로써 인권신장과 민주발전 및 국민화합에 이바지함
거창사건등관련자의명예회복에관한특별조치법	거창사건등과 관련하여 사망한 자와 그 유족들에게 가해진 불명예에 대하여 명예를 회복시켜줌으로써 국민화합과 민주발전에 이바지함
노근리사건희생자심사및명예회복에관한특별법	노근리사건의 희생자 및 그 유족들의 명예를 회복시켜 줌으로써 인권신장과 국민화합에 이바지함

위 표의 입법목적에서 밝히고 있듯이 이들 법률은 우선 사건의 희생자와 유족들에 대한 명예를 회복시켜주는 것을 목적으로 하고, 둘째는 인권신장을 가져오기 위함이며, 셋째는 민주발전을 이루기 위함이고, 넷째는 국민화합에 그 목적을 두고 있음을 알 수 있다.

그리고 진화위는 2010년 최종 종합보고서를 통하여 한국전쟁전후 민간인 학살문제에 치유에 대하여 정부에 다음의 사항을 권고하고 있다.

- 국가는 한국전쟁 전후 민간인 희생 사건의 피해자 및 인권침해 사건의 피해자와 그 가족 중에서 후유증으로 고통 받는 사람들에게 의료·상담 치료 등을 지원할 필요가 있다.
- 국가는 적절한 장소를 확보하여 위원회가 발굴한 민간인 집단 희생 사건 희생자들의 유해를 안장하고 이곳에 한국전쟁 전후의 모든 민간인 희생자를 위한 단일화해·위령시설을 건립할 필요가 있다.
- 국가는 군경사건 희생자와 적대사건 희생자 모두를 위령하는 지역 합동위령제를 지원함으로써 국민적 화해와 통합에 노력할 필요가 있다.

그러나 이러한 권고사항은 진화위의 활동이 종료된 이후로 정부에 의해 제대로 이행되어지지 않고 있다. 앞의 목적에도 밝혔듯이 희생자들의 명예를 회복하고, 인권을 신장시키며, 민주발전을 이루어 국민화합을 이루기 위해서는 민간인 학살에 대해 정부가 적극적으로 나서 해결하여야 한다. 곧 민간인 학살의 피해자와 유가족들 나아가 가해자들 까지도 이들은 과거의 사건으로 인해 역사적 트라우마에 갇혀 오랜시간 고통속에 지내왔다. 곧 전쟁 후 분단체제가 굳어진 상황에서 트라우마는 국가안보를 위해 부차화되거나 훼손하는 것으로 여겨지고, 심지어 그 존재가 부인되기도 했다. 한국 현대사속의 국가폭력은 폭력으로 규정되지 않고 법과 질서의 이름으로 합리화됨으로써 피해자들은 국가권력에 의해 만성적이

고 반복적인 외상을 겪어왔던 것이다.(이병수, 2011)

특히 한국전쟁기의 민간인 학살에 대한 트라우마는 직접적인 고통을 당한 개인들에게 심각한 영향을 미칠뿐더러 국가나 민족 사회단체에도 치명적인 해악을 끼치고 오랫동안 우리사회의 지배이념이 되어 정상적인 발전을 저해하여 왔다.(김정현, 2004) 그러나 오랫동안 이 문제는 공개적으로 언급되지 못하였고, 최근 이러한 문제의 해결을 위하여 진화위의 활동이 있었지만 한국전쟁 전후의 민간인 학살문제에 대한 역사의 화해와 치유가 이루어지지는 못하였다. 일찍이 진화위도 최종결과보고서를 내며 이 문제의 해결을 위하여 다음과 같은 권고 사항을 제시한 바도 있다.

> 인권침해 당한 피해자들이 비록 재심 등을 통하여 무죄 판결을 받을지라도 가혹행위 등으로 인한 후유증이 계속 남아 있을 가능성이 있다. 따라서 이처럼 집단희생이나 인권침해 등을 경험한 피해자와 그 가족들이 입게 되는 정신적 · 육체적 고통과 후유증에 대한 치료를 위해 의료 지원이나 상담 지원이 필요하다. …… 따라서 민간인 희생 사건의 피해자 및 인권침해 사건의 피해자와 그 가족 중 후유증으로 고통 받은 사람들에게도 조속한 의료 · 상담치료 등을 지원할 필요가 있다.

이와 같이 진화위의 활동을 통하여 진실규명 노력은 일정한 성과를 거둘 수 있었고, 이에 따라 희생자들의 위령비를 건립하여 그들의 명예를 회복시키는 일은 상당히 진척되었다. 그러나 여전히 민간인 학살 관련자들의 후유증에 대한 치유는 이루어지지 못하고 있다.

분노에 대한 치유는 사과와 용서, 화해의 단계를 거쳐 치유가 이루어져야 한다. 한국전쟁 전후 민간인 학살에 대한 국가의 사과는 지난 노무현대통령의 사과에 의해서 공식적으로는 이루어졌다고 할 수 있다. 여기에 더하여 직접적인 가해자들의 피해자들에 대한 사과도 이루어져야 할 것이다. 가해자들의 사과는 피해자들의 상처를 치유하는 길일뿐더러 가해자 자신에게도 역사의 죄를 내려놓는 또 다른 치유의 시작이 될 수 있다.

민간인 학살에 대한 분노는 반공이데올로기에 기반한 독재권력 속에서 언급조차 금기된 불온한 기억이었으므로 알아도 모른 채 숨기고 살아야 했다. 이것은 국가폭력 피해자들에 대한 또 다른 국가폭력으로 피해자들은 이중의 억압에 따른 고통속에 인고의 세월을 견뎌내야 했다. 그러므로 민간인 학살의 치유의 시발점은 국가의 폭력에 대해 자유롭게 논의할 수 있는 논의에 제재가 가해지지 않는 사회적 분위기가 형성되어야 하고 또한 그 논의에 이념의 굴레를 씌우지 않는 열린 소통의 장을 마련하여야 한다.

그러한 가운데 피해자 또는 사건 관련자들의 가슴속에 담겨져 오랫동안 숨겨져 왔던 역사의 진실이 표출될 것이고 치유는 이것으로부터 시작될 수 있다. 언어로 발화되는 억압된 기억은 치유로 가는 첫걸음이고, 그 자체로 치유의 힘을 발휘할 수 있다. 사람들은 자신이 경험한 시간과 공간과 그 속의 사건을 하나의 의미있는 구조화된 이야기로 풀어놓으면서 자신의 가치와 믿음 그리고 욕망 등을 표출하고, 그런 과정을 통해 카타르시스를 경험하기도 한다. 오늘날도 민간신앙이나 무속의 세계에서 이를 발견할 수 있으며, 일상생활 속에서 우리는 따뜻한 격려의 말이나 공감의 말 한 마디가 마음의 상처를 보듬어 주는 것을 종종 목격하기도 한다. 피해자들의 증언은 구술 자체로 치유의 효과가 있을 뿐만 아니라 자신의 피해가 국가폭력에 의해 빚어진 것이라는 점을 사회적으로 확인받는 과정으로 국가와 개인간의 소통을 통한 치유로 나가는 길인 것이다.

이에서 나아가 구체적으로는 피해자들의 트라우마에 대한 마음의 치유가 있어야 한다. 피해자들은 마음에 큰 상처를 안고 고통속에 살아왔지만, 일반적인 사회인식상 그러한 고통을 병으로 인식하고 있지 않기 때문에 특별한 프로그램이 필요하다. 병적인식이 없는 트라우마 치유를 위해서는 피해자 스스로 치유의 길을 찾아가는 방법을 제시해 주는 것이 유력한 해결책이 될 수 있다. 곧 이들의 가슴속에 응어리져 있는 한을 풀어내기 위해서는 문학이나 역사·철학 또는 예술과 같은 인문학적 방법을 통하여 간접적으로 경험하거나 상징화하는 방법등으로 치유를 풀어내야 한다. 곧 국가폭력 피해자들은 스스로 병적 자각이 없는 잠재적인 치유대상자들이므로 기존의 정신치료나 심리치료와 같이 자아의 파괴나, 타인과의 소통의 부재로 인한 관계파괴에 따른 병적 증상을 치료하는 방법보다는 건강한 마음을 추구하는 인문치료가 적합할 것이다.

다음 단계로는 이제 국가와 민간인학살 사건의 직접적인 가해자, 그리고 피해자들의 용서의 장이 마련되어야 한다. 이들은 서로에 대한 피해의식으로 불신하며 일정한 거리를 두고 반목과 질시의 세월을 지내왔다. 그러므로 이들의 치유문제는 가해자들의 사과에 따른 용서의 과정을 거쳐야 할 것이다.

가해자의 사과에 따른 피해자의 용서와 화해가 이루어질 때에 진정한 치유가 이루어졌다고 할 수 있을 것이며, 그러기위해서는 우선 피해자의 유골 수습 안치, 피해자에 대한 위령사업과 명예회복 등의 후속조치, 또 이런 피해가 다시는 되풀이되지 않게 하기 위한 각종 기념사업, 교육 프로그램 등의 제도적 장치도 마련해야 한다. 아울러 진화위의 권고안처럼 의료·상담치료가 필요한 피해자들을 치료하는 제도도 마련되어야 할 것이다. 그러한 면에서 2012년 광주에 설립된 광주정신건강트라우마센터는 좋은 사례가 될 것이며, 이와 같은 센터가 전국 각지에 설립되어 트라우마 치유에 국가가 적극적으로 나서야 할 것이다.

민간인 학살에 대한 진상규명은 피학살자들과 유족들의 맺힌 한을 풀어주는 것, 즉 치유의 과정을 통해서 피학살자와 그 유족들이 국가와 사회의 당당한 성원으로 설 수 있게 하는 것이다. 민간인학살 피해자들에 대한 치유야 말로 우리사회에 내재되어 있는 이념갈등과 국가사회에 대한 불신을 씻어내고 건강한 시민사회를 형성하는 한 방향이 될 것이다.

4. 치유와 통합을 기대하며

한국현대사는 국가폭력에 의지해 권력을 유지하고자하는 정치세력에 대한 민주화의 투쟁역사라고 할 수 있다. 특히 한국전쟁기간 군경과 적대세력, 미군에 의해 저질러진 국가폭력인 대량의 민간인 학살은 통한의 아픔을 가져왔으며, 한국현대사에서 해결해야할 최대의 과제로 인식되고 있다. 곧 해방된 공간속에서 좌우의 이념대립과 갈등으로 통일정부를 수립하지 못한 한국은 전쟁을 맞게 되었고, 전쟁은 우리민족에게 씻을 수 없는 깊은 상처를 남겼던 것이다.

민간인에 대한 학살은 전쟁전 반군세력을 진압하는 과정에서부터 시작하여 전쟁기간 동안 우리나라 전지역에서 광범위하게 자행되었다. 때로는 군경이나 미군의 폭격에 의해서 때로는 적대세력과 인민군에 의해서 학살은 이루어졌고, 이로 인해 희생당한 사람들은 가슴에 깊은 상처를 안고 유명을 달리했거나 지금까지 살아오고 있다.

과거사 청산은 이들의 억울함을 해원하여 상처를 치유하고 국가와 사회에 대한 신뢰성을 회복하여 건강한 시민으로 설 수 있도록 해야하나 아직까지는 치유의 단계로 나아가지 못하고 있는 실정이다. 전쟁 후 오랫동안 숨겨져왔던 많은 진실이 규명되어지고 희생자들의 명예를 회복시키는 등 화해를 위한 노력이 성과를 거두고 있으나 희생자들의 깊은 상처를 치유하지는 못하고 있는 것이다. 이제라도 가해자는 자신의 지나온 삶을 돌아보고 사죄, 반성하면서 진실을 털어놓고, 가해책임자이자 해결책임자인 국가는 그 책임을 통감하고서 진실을 밝히고 합당한 후속조치를 취하며, 피해자는 시대적 한계를 인정하며 화해의 손길을 내미는 것이 그 기초가 될 수 있을 것이다.

한국전쟁전후의 민간인학살은 결코 용인될 수 없는 반인도적 전쟁범죄이자 국가폭력이었다. 곧 한국전쟁 전후의 학살은 해방 이후의 국민국가 수립과정에서 벌어진 정치폭력으로 전쟁 당사자들인 국가가 사실상 학살을 주도했다는 점에서 국가 공권력에 의한 학살 국가폭력인 것이다. 따라서 희생자들에 대한 치유의 문제는 국가의 정성어린 사과와 그를 바탕으로 체계적인 치유의 프로그램이 운영되어 가해자와 피해자의 화해 및 국가사회적인 치유가 이루어져 온전한 통합의 길로 나아가야 할 것이다.

참고문헌

김동춘. 2001. 「20세기 국가폭력과 과거청산」. 『인권과 평화』 제2권 1호. 89~105쪽.

김득중. 2004. 「한국전쟁 전후의 민간인 학살」. 『내일을 여는 역사』 18. 38~53쪽.

김정현. 2004. 「니체의 역사치료학」. 『범한철학』제35집. 157~189쪽.

이병수. 2011. 「분단 트라우마의 유형과 치유방향」. 『통일인문학논총』제52집. 47~70쪽.

전우용. 2004. 「역사인식과 과거사문제」. 『역사비평』 69. 20~32쪽.

정병준. 2005. 「한국의 과거사 유산과 진상규명작업의 역사적 의미」. 『민주주의와 인권』 제5권2호. 203~231쪽.

정은용. 1994. 『그대. 우리의 아픔을 아는가』. 서울:도서출판다리.

정재원. 2004. 『운명』. 서울:일송미디어.

조희연 · 조현연. 2002. 『국가폭력. 민주주의 투쟁. 그리고 희생』. 서울:함께읽는 책.

한인섭. 2007. 『거창은 말한다-생존자체험자들의 반세기만의 증언』. 서울:경인문화사.

허상수. 2004. 「국가폭력과 제주4·3항쟁」. 『한국사회학회 심포지움논문집』. 59~81쪽.

※ 이 글은 필자의 논문 「한국전쟁 전후 민간인 학살에 대한 분노와 치유」(『인문과학연구』(제36집) 2013.3, 585-608)를 수정 · 보완한 것이다.

1) 국민보도연맹(國民保導聯盟)은 1948년 12월 시행된 국가보안법에 따라 '좌익 사상에 물든 사람들을 사상전향시켜 이들을 보호하고 인도한다'는 취지와 국민의 사상을 국가가 나서서 통제하려는 이승만 정권이 대국민 사상통제를 목적으로 1949년 6월 5일에 조직했던 대한민국 반공 단체로, 흔히 보도연맹이라고 부른다.

2) 중국의 고대전법으로 진지를 굳게 지키고, 주위의 인구나 물자를 소개하고 부근의 건물 · 수목 등을 적군이 이용하지 못하도록 제거 또는 소각한다는 뜻이다.

3) 특히 고양의 금정굴 사건은 대표적인 부역혐의자 희생사건으로 1950년 6월경부터 10월 25일경까지 고양경찰서 소속 경찰관, 의용경찰대, 태극단이 주민 200여명을 금정굴에서 총살한 사건이다.(신기철, 『진실, 국가범죄를 말하다』, 자리, 2011)

4) 전쟁 초기 미군의 폭격에 의한 대량 학살사건은 대표적으로 '노근리사건'을 들 수 있다. 노근리사건은 미군 4~5명이 영동지구 주곡리 · 임계리 등의 주민 약 500~600여명에게 피난길을 안내해 주겠다는 구실로 국도를 따라서 걸어 노근리 지역까지 이르게 하고, 기찻길 위로 이끌어 소지품을 세밀히 검열하고 미군 병사가 무전 연락을 취한 직후, 뙤약볕 아래서 더위에 시달리고 있는 피난민들을 향해서 갑자기 남쪽에서 날아온 전투기가 폭탄을 투하하고 총격을 가하여 수많은 인명을 살상하였고, 그 폭격을 피해 철로 밑에 뚫린 두 개의 터널 속으로 들어간 피난민들에게 4일간 기관총을 난사하여 또다시 학살을 저지른 사건을 말한다.(정은용, 『그대, 우리의 아픔을 아는가』, 도서출판다리, 1994)

‘고통’과 치유의 글쓰기

사마천의 「태사공자서(太史公自序)」와 「보임안서(報任安書)」 다시 읽기

유 강 하

1. 사마천의 글쓰기

중국의 역사와 사마천(司馬遷)의 『사기(史記)』를 떼어 놓고 생각한다는 것은 거의 불가능한 일이다. 『사기』는 황제(黃帝)로부터 한(漢) 무제(武帝)의 천한(天漢) 말에 이르는 동안의 역사를 기록한 역사서로서, 연대기에 따라 순차적으로 기록하던 편년체(編年體)의 방식이 아닌, 인물과 사건 중심의 서술인 기전체(紀傳體)로 이루어져 있다. 역사의 기록이지만 인물과 사건을 생생하게 기록하는 데 유용했던 이 서술방식은 훗날 역사 서술의 본보기가 될 정도로 큰 영향력을 가지고 있다. 『사기』는 역사적 관점에서 보자면 사서(史書)의 모본을 제시한 저작이고, 문학적 관점에서는 군더더기 없는 질박한 문체로 한대(漢代) 산문을 대표하는 글로 평가된다. 특히 사마천의 개성 넘치는 문장과 인물의 성격을 부각시키는 표현 방법은 후대의 문학에도 적지 않은 영향을 주었다.

『사기』를 설명하는 묘사들, 가령 ‘역사 서술의 본보기’, ‘정사의 모본' 등의 화려한 수식은 불우했던 사마천의 생애와 겹쳐지며 생각할 거리를 안겨준다. 육체적 고통과 함께 정신적 고통이 뒤따랐던 궁형(宮刑)을 받았던 사마천에게 있어 글쓰기는 과연 어떤 의미를 가지고 있을까.

태사(太史)였던 사마천은 많은 글을 남겼지만, 그 글은 주로 중국의 역사와 역사적 인물에 대한 내용을 기록한 것이기 때문에 사마천 개인의 이야기는 배제되어 있으며, 드러나 있다고 하더라도 간접적인 방식으로 표현되었다. 그러나 「태사공자서(太史公自序)」와 「보임안서(報任安書)」는 사마천이 1인칭 화자가 되어 글을 썼다는 점에서, 그의 사유와 심리를 읽어내는 데 유용한 텍스트가 된다.

「태사공자서」와 「보임안서」는 어떤 글인가? 「태사공자서」는 『사기』 전체의 서문 역할을 하는 글로서, 「본기(本紀)」, 「세가(世家)」, 「표(表)」, 「서(序)」, 「열전(列傳)」의 요지가 간략하게 소개되어 있다. 또한 여기에는 『사기』를 짓게 된 동기, 집필 과정의 어려움, 이 작업에 대한 개인적인 감정과 사유가 모두 담겨 있다. 역사 서술인 동시에 집필 과정에서 발생한 갈등, 번민, 고민 등 사적(私的) 측면과 자전적 요소를 다분히 포함한 『사기』 「태사공자서」는 역사/문학의 경계를 뛰어 넘는 글쓰기라 할 수 있다.

「보임안서」는 문자 그대로 '임안(任安 : 字 少卿)에게 답하는 편지'로, 「보임소경서(報任少卿書)」라는 이름으로도 널리 알려져 있다. 한(漢) 무제 정화(征和) 2년(B.C.91), 호북군사자(護北軍使者)로 있던 임안이 사형을 언도받자 당시 중서령(中書令)의 신분이었던 사마천에게 편지를 보내 옛날 현신들과 마찬가지로 황제(皇帝)

에게 어진 사람을 추천하지 않음을 책망한 것인데, 편지 안에는 실상 자기를 구원해주기를 바라는 임안의 바람이 드러나 있다.(李章佑, 1974, 112) 임안의 은근한 요청이 담긴 편지에 답장을 쓰면서 사마천은 자신의 어려운 처지를 상세하게 설명하고 완곡한 거절의 뜻을 드러내었다. 이 글은 『한서(漢書)』「사마천전(司馬遷傳)」에 전재되어 지금까지 온전히 전해지고 있는데, 이는 황제와 가까이 있었던 사마천에게 구원을 부탁한 임안의 청을 완곡히 거절하는 내용을 담은 서간문으로서 사마천의 고통과 괴로움, 울분을 토로한 명문장으로 꼽힌다.

여기에서는 사마천의 삶과 정신을 이해하는 가장 중요한 텍스트로 손꼽히는 「태사공자서」와 「보임안서」를 위주로 살펴보고, 전후 맥락의 보다 깊은 이해를 위해 『한서』「사마천전」 등의 관련 문헌도 참고한다.

2. 사마천을 에워싼 겹의 고통

2.1. 오해에서 비롯된 불가해한 고통

> "하늘의 도(天道)라는 것은 옳은가, 옳지 않은가?"
> "儻所謂天道, 是邪非邪?"(『사기』(卷61)「백이열전(伯夷列傳」)

사마천은 태사(太史)였던 사마담(司馬談)의 아들로 태어나, 열 살부터 고문(古文)을 배우고, 스무 살이 되어서는 장강(長江)으로부터 중국의 각 지역을 다니며 공부하고 학술을 강론하였다. 어려서부터 학문과 실전적 경험을 폭넓게 쌓았던 사마천은 사관(史官)이 되기 위한 수업을 착실히 받았다. 이런 노력의 결과 사마천은 낭중(郎中)의 자리에 올라 공무를 수행하기에 이르렀다. 부친 사마담이 사망하면서 태사령(太史令)이 된 사마천은 부친의 유언에 따라 성실하게 역사 서술을 진행했는데, 오래지 않아 그의 인생 전환점이라고 할 만한 사건, 즉 '이릉(李陵)의 화(禍)'를 만나게 된다.

'이릉의 화'는 한(漢) 무제(武帝) 때 있었던 한 사건이다. 기도위(騎都尉)였던 이릉이 중과부적의 상황에 처해 흉노(匈奴)에 패배한 사건이 있었는데, 당시 이릉을 두고 조정에서 격한 논쟁이 일었다. 사마천 개인의 불행은 논쟁이 진행되던 당시 무제가 사마천에게 의견을 물었던 사소한 사건에서 시작되었다. 이릉에 대한 평가를 해보라는 무제의 요청에, 사마천은 평소 보았던 이릉의 공경스러운 태도와 훌륭한 인품, 검소한 모습을 떠올렸다.

> "제가 그 사람됨을 보니, 스스로 뛰어난 인물[奇士]의 품위가 있고, 부모에게는 효도하며, 다른 사람들과의 사귐에 있어서는 신의가 있고, 청렴하며, 주고받는 일이 의롭고 분별력이 있으며 겸손하였습니다. 아랫사람에게도 공손하고 검소한 태도로 대했습니다. 또한 항상 분발하여 자기 자신을 돌보지 않고, 나라의 위급한 일에 헌신해왔습니다. 그가 평소에 이러한 모습을 보여 왔기에, 저는 그에게 국사의 풍모가 있다고 생각했습니다." (『한서(漢書)』(卷62)「사마천(司馬遷傳)」 가운데 「보임안서(報任安書)」, (이하, 「보임안서」)

황제에게 충성을 다하고 싶었던 사마천은 이릉에 대한 자신의 생각을 소신껏 진술하고, 한 걸음 더 나아가 이릉이 그토록 뼈아픈 패배를 당할 수밖에 없었던 사건의 배경과 전말을 상세하게 황제에게 고했다.

> "이릉은 오천 명도 되지 않는 보병을 이끌고 적지로 깊이 들어가 흉노의 궁전 뜰까지 밟았으니, 이는 호랑이 입에 먹이를 놓은 것과 마찬가지였습니다. 강한 오랑캐에게 맞서, 억만이나 되는 군사를 보면서도 [물러서지 않고] 선우와 열흘 이상을 싸웠습니다. 죽은 오랑캐의 수가 죽은 아군의 수보다도 많았습니다. 오랑캐들이 사상자를 구하러 오지 못하자, 흉노의 군장들이 모두 두려워 떨며 좌우 현왕을 부르고 궁수들을 모두 불러내 온 나라가 이릉의 군대를 포위하여 함께 공격했습니다. 아군은 천리 길을 옮겨 다니며 싸웠지만, 결국 화살도 떨어지고 길도 막혔으며 구원병도 이르지 않아 부상당하고 죽은 사람들이 쌓여갔습니다. 그러나 이릉이 부르짖으며 군사들을 위로하자 일어나 눈물을 흘리지 않는 용사가 없었습니다. 그들은 피로 얼굴을 씻고 눈물을 마시며, 주먹을 불끈 쥐고 칼날을 두려워하지 않고 북쪽을 향해 적과 싸우다 죽었던 것입니다. …… 이릉은 평소에 병사나 대부들과 어려움을 함께 하고 슬픔과 기쁨도 같이 하였기에 죽음도 불사하고자 했던 병사들의 도움을 받을 수 있었던 것입니다. 비록 고대의 명장(名將)이라 할지라도 그보다 더 할 수는 없었을 것입니다. 몸은 비록 패했으나 그 뜻을 보자면, 그가 [기회를 보아] 한 왕조에 보답하려고 했다는 것을 알 수 있습니다." (「보임안서」)

이릉에 대한 이런 후한 평가는 나름대로 객관적인 평가였던 듯하다. 이는 사마천의 증언과 『한서』「이광소건전」(李廣蘇建傳)의 기록과도 일치한다.

> 이릉은 자가 소경이다. 젊어서 시중 겸 건장궁감이 되었다. 말을 잘 타고 활을 잘 쏘았으며, 다른 사람들을 사랑하고 겸양의 덕으로 아랫사람들을 대해 명성이 높았다.(『한서』(권54)「이광소건전」)

무제 역시 이릉의 능력을 알고 있었다. 이릉의 풍모가 남다르다고 생각하여 흉노 땅에 깊이 침입하여 지형을 탐지하라는 명령을 내린 것도 바로 한 무제 자신이었다.(『한서』(권54)「이광소건전」) 사실관계는 이러했지만, 충심을 담은 사마천의 대답은 무고한 이사장군(貳師將軍)을 비방하고 오히려 이릉을 변호한다는 황제의 오해로 돌아왔다.

당시 다른 신하들이 무용(武勇)에 뛰어난 이릉을 적극적으로 나서 변호하지 않은 이유는 따로 있었는데, 이는 이릉과 마찬가지로 흉노 정벌에 투입되었던 또 다른 장군인 이광리(李廣利, 이사장군) 때문이었다. 이사장군 이광리는 무제가 끔찍하게 총애했던 이부인(李夫人)의 오빠였다. 여동생 덕분에 장군이 되었지만 이광리는 정작 흉노 정벌에 별다른 전공(戰功)을 세우지 못하고 있었고, 이는 이광리를 장군으로 발탁한 무제에게 커다란 심적 부담이 되었던 것으로 보인다.

이런 무제의 고민을 알 리 없었던 사마천의 솔직담백한 대답을, 무제는 "자신이 총애하는 이부인의 오빠 이사장군 이광리를 상대적으로 비난함으로써 자신을 비판하려는 의도로 받아들인 것이다.

…… 총희를 위한 사심(私心)에서 중용한 장군이 기대에 부응하지 못한 데서 오는 무제의 미묘한 심적 갈등, 바로 이것을 사마천이 건드린 것이다."(이성규, 2009, 33) 거짓 없이, 사심 없이 소임을 다하려고 했던 사마천의 진심은 왜곡되고 사마천은 치욕스러운 형벌인 궁형을 받게 되었다.

> 그 후 7년째 되던 해, 태사공은 이릉의 화를 당하여 영어의 몸이 되었다. 깊이 탄식하며, '이것이 내 죄로구나! 이것이 내 죄로구나! 몸은 훼손되어 쓸모가 없어졌구나!'라고 말했다. (「태사공자서」)

"몸이 훼손되어 쓸모없는" 인간이 되어버린 사마천은 크게 슬퍼하고, 고통스러워했다. 궁형으로 인해 사마천이 겪은 고통은 육신의 고통에 머무르지 않았다. 오해에서 비롯된 끔찍하고 참혹한 결과는 천문(天文)을 공부했던 사마천이 '하늘의 도(天道)'를 의심하게 하는 지경에 이르게 한다. 사마천은 "하늘의 도라는 것은 옳은가? 옳지 않은가?"라고 반문하며, 불가해한 고통을 토로하였다.

이처럼 '이릉의 화'는 그의 인생관, 가치관에 큰 충격을 가한 중대 사건이었다. 「백이열전(伯夷列傳)」 말미에 기록된 사마천의 논평은 의롭고 선한 사람들이 겪었던 이해할 수 없는 고통에 대한 답답함의 토로로 읽을 수 있다.

> 근래에도 행동을 절제하지 않고, 남이 싫어하는 나쁜 짓만 골라서 하는데도 평생을 편안하고 즐겁게 지내며 대를 이어 부귀영화를 누리고 산 자가 있다. 반면에 땅을 가려서 밟고, 때가 되어서야 말을 하

며, 바른 길이 아니면 다니지 않고 공정한 일이 아니면 발분하지 않는데도 불행과 재앙을 만난 사람이 헤아릴 수 없이 많다. 하늘의 도라는 것은 옳은가? 옳지 않은가? (『사기』(권61)「백이열전」)

고결한 마음과 의로운 행위를 가졌으나 끝내 불행하게 죽을 수밖에 없었던 의로운 사람들에 대한 깊은 탄식은 사마천의 억울한 호소와도 겹쳐 읽힌다. 충심을 담은 진언이 비방으로 오해되고, 그 결과 무고한 자신이 받은 불가해한 고통, 말할 수 없는 끔찍한 고통의 토로인 셈이다.

2.2. 불효(不孝)의 고통

사마천을 괴롭혔던 고통의 일부는 한대(漢代) 유행하던 '효(孝)' 관념에 뿌리내리고 있다. 이를 일반적인 의미의 '효' 관념으로 이해해서는 곤란하다. 한대는 황제들의 시호(諡號)에 '효' 자가 붙을 정도로 효 사상이 널리 유행했던 시기였다. 실제로 사마천의 『사기』「본기(本紀)」에서는 문제(文帝), 경제(景帝), 무제(武帝)에 대한 기록이 각각 「효문본기(孝文本紀)」, 「효경본기(孝景本紀)」, 「효무본기(孝武本紀)」라는 제목 아래 구성되어 있다. 당시 '효'의 덕목은 새로운 사회적 의의와 신성(神性)에 버금가는 지위를 얻었고, 유생(儒生)들은 '효'는 '하늘의 경륜이고, 땅의 뜻이며 백성들이 행해야 할 준칙(天之經也, 地之義也. 民之行也)'이라는 가르침을 담은 『효경(孝經)』을 배웠다.(巫鴻, 2003, 463-464)

한대에 '효'라는 것은 '하면 좋은 것'이 아니라 '하지 않으면 안

되는 것'에 더 가까운 사회적 의미를 갖고 있었다. 지극한 효심(孝心), 효행(孝行)만으로도 벼슬을 얻을 수도 있었을 뿐만 아니라, 불효의 오명은 관직의 박탈 등의 심각한 문제로 이어졌다. "효의 실천은 도덕적 의무를 완성하는 것이며, 동시에 다른 사람으로부터 존경심을 불러일으켰다. 일단 효자·효녀로 인정되면, 가족과 공동체에서 믿음직한 사람이 될 뿐 아니라, 국가의 충성스러운 백성이라고 생각되었다. 이러한 명성은 구체적인 이득을 가져왔다. 두드러진 효행을 보인 사람은 지방행정 기관이나 중앙에서 상을 받게 되며, 세금을 면제받기도 하고, 또 추천을 통해 관직으로 나아갈 수도 있었는데, 바로 이러한 방식이 중앙 관료로 들어가게 되는 일반적인 길"이 된 것이다.(巫鴻, 2003, 464) 이처럼 당시의 효는 개인적이고 사적인 행위에 앞서 깊은 사회적 의미를 가진 공적인 행위였다.

사마천이 자신의 고통을 토로하는 편지글에 '효'와 '불효'의 행위를 길고 상세하게 설명한 것은 바로 이러한 이유 때문이다. 사마천에게 닥친 '궁형'의 화는 육신의 고통, 개인적인 부끄러움, 사회적 관계망의 훼손에 머물지 않는다. 궁형을 당한다는 것은 개인의 수치일 뿐만 아니라, 조상까지 욕되게 하는 가장 지극한 불효로 간주되었다.

> [사람의 행위 가운데] 가장 으뜸인 것은 선조를 욕되게 하지 않는 것이고, 그 다음은 스스로를 욕되게 하지 않는 것이며, 그 다음은 도리와 안색에 욕됨이 없도록 하는 것, 그 다음은 언사에 욕됨이 없도록 하는 것, 그 다음은 몸이 결박당하는 욕됨을 당하는 것, 그 다음은

죄수복을 입는 욕됨을 당하는 것, 그 다음은 손발이 묶여 매 맞는 욕됨을 당하는 것, 그 다음은 몸의 털과 머리카락이 깎이는 욕됨을 당하는 것, 그 다음은 족쇄에 묶이는 욕됨을 당하는 것, 그 다음은 살갗이 훼손되고 팔다리가 잘리는 욕됨을 당하는 것, 최하가 부형(腐刑)을 당하는 것으로서 가장 극형입니다. (「보임안서」)

무려 열 가지 단계로 나뉘는 '불효'의 등급 가운데, 사마천은 최악의 불효인 '부형(궁형)'을 당함으로써 선조를 욕되게 하는 죄까지도 떠안게 되었다. 사마천은 "형벌은 상대부에게는 미치지 않는다(刑不上大夫)"는 『예기(禮記)』의 한 문장을 인용하며, 하물며 형벌 가운데서도 치욕스러운 부형을 받은 자신은 어떻겠느냐며 고통스러운 처지를 호소하였다. 이 고통이 육신의 괴로움보다는, 선조를 욕보인 '불효'를 행한 자신에 대한 분노와 자괴감에 더 가까운 것이라는 것은 어렵지 않게 추측할 수 있다.

선조를 욕되게 했으니 또 무슨 면목으로 부모님의 무덤을 다시 찾을 수 있겠습니까? 설령 수백 년의 세월이 흐른다 하더라도 저의 치욕스러움만 심해질 뿐입니다. 이 때문에 하루에도 아홉 번씩 장이 꼬이는 듯 하고, 홀로 있을 때에는 마치 뭔가를 잃은 듯 하며 문을 나서면 어디로 가야할지 알지 못합니다. 매번 [제가 당한] 수치를 떠올릴 때마다, 등으로 식은땀이 흘러 옷을 적시지 않은 적이 없습니다. (「보임안서」)

하루에도 아홉 번이나 장이 꼬이는 듯 고통스럽고, 수치를 떠올릴 때마다 등으로 식은땀을 흘린다는 편지글의 일부이다. 사마천의 육체적 고통이 비교적 상세하게 묘사된 이 문장을 자세히 살펴보면, 사마천이 호소하는 육체적 고통의 원인이 '궁형'으로 인한 육체의 변화에 앞서 선조와 부모를 욕되게 했다는 심리적 · 정신적 요인이 더 크게 작용한다는 것을 알 수 있다. '선친과 선조를 욕'보였을 뿐만 아니라, '앞으로 부모님의 무덤을 다시 찾을 수 없는 면목 없는 후손이' 되어버린 현실은 사마천의 육체적 · 정신적 아픔을 깊게 하는 고통의 뿌리가 되었다.

2.3. 외로움의 고통

궁형을 언도받은 사마천이 느꼈던 고통과 슬픔을 더욱 심화시킨 것은 외로움이었다. 당시 "그에게 내려진 판결은 무망죄(誣罔罪), 이것은 [허리를 자르는 형벌인] 요참(腰斬)으로 처벌될 죄목이었다. 그가 죽음을 면할 수 있는 길은 두 가지, 하나는 50만 전 정도의 돈을 바치는 것과 또 다른 방법은 궁형을 자청하는 것이었다. 그러나 그에게는 50만 전 정도의 돈을 바칠 재력도, 그것을 내줄 만한 친구도 없었다. 그렇다면 사형을 면하는 길은 오직 궁형을 감수하는 것뿐이다."(이성규, 2009, 33) 곤궁한 처지에서 아무런 물질적, 심리적 위로도 얻을 수 없었던 그에게 '고립무원'(孤立無援)은 그를 위해 준비된 언어와도 같았다.

> 옥리에게 구속될 때 집이 가난하여 속전금을 내기에 부족했습니다. 벗들도 나를 [위난에서] 구해주지 않고, 주변의 친척들도 나를 위해 한 마디 변호도 해주지 않았습니다.(「보임안서」)

사마천의 편지를 통해 알 수 있는 것은, 주변 사람들이 도움은 고사하고 한마디 변호조차 해주는 사람이 없었다는 사실이다. 이런 상황에서 위로는 기대도 할 수 없었을 것이다. 그를 지극한 외로움의 처지로 내몬 친구와 친척들의 태도는 사마천을 육신의 고통보다 더 큰 괴로움으로 몰아넣었을 것이다.

사마천의 외로움은 궁형을 받은 이후에 더욱 심화된다. 치욕스러운 궁형은 그를 남성도 여성도 아닌 존재, 사람이 아닌 존재로 만들어 버렸다. 신체적 변화뿐만 아니라, 사회적 차별과 멸시, 차별과 소외는 그를 더욱 커다란 외로움의 자리로 나아가게 만들었다. 사마천은 임안에게 보통 사람들은 환관과 관계되는 것만으로도 수치스럽게 생각하는데, 환관이 되어버린 자신의 처지는 어떠하겠느냐며 사회적 차별과 멸시를 견뎌야만 하는 자신의 외롭고 고단한 처지를 호소하였다.

> 형을 받은 사람과 보통 사람을 비교할 수 있는 것은, 한 세대만의 일이 아니라 오랜 옛날로 거슬러 올라갈 수 있습니다. 옛날 위(衛) 영공(靈公)이 환관인 옹거(雍渠)와 수레를 타자 공자는 그곳을 떠나 진나라로 떠났습니다. 상앙(商鞅)이 경감(景監)의 주선으로 군주를 뵙자, 조양(趙良)이 한심하게 여겼습니다. …… 예로부터 [사람들은 환관과 관계되는 것을] 수치로 여겼습니다. (「보임안서」)

무고한 누명을 쓴 억울함, 도와주는 사람이 하나도 없었던 외로움, 그 결과 끝내 피하지 못한 궁형의 형벌은 그를 절망의 끝으로 몰고 갔다. 부친과의 약속 때문에 노비나 하인도 할 수 있는 극단적 선택도 할 수 없는 답답하고 괴로운 현실 속에서, 사마천은 "나 역시 나무나 돌이 아닌"(「보임안서」), 감정과 생각을 가진 사람이라는 슬픈 자기고백을 할 수밖에 없었다.

사마천을 더욱 괴롭힌 것은 앞으로도 변하지 않을 고통의 예정된 지속이다. 차별과 배제, 더 나아가 사회적 멸시를 받는 불구의 몸이 되었기에, 아무리 노력해도 현실적 보상은 고사하고, 다른 어떤 희망도 가질 수 없다는 또 다른 절망감은 사마천을 집요하게 괴롭혔다.

> 저와 같이 몸이 망가진 사람은 수후(隨侯)나 변화(卞和)와 같은 재주가 있다 하더라도, 또한 허유(許由)나 백이(伯夷)와 같은 행위를 하더라도 결국 영예를 얻기는커녕, 비웃음을 당해 스스로 더럽힘을 당할 뿐입니다. (「보임안서」)

사마천은 설령 현재 그가 다른 사람들을 뛰어넘는 대단한 능력이 있다 하더라도, 그것이 그저 무용할 것임을 알고 있었다. 사마천에게 남은 것은 어떤 재능과 노력으로도 결코 나아질 수 없으리라는 불안한 미래뿐이다. 설령 사마천이 수후, 변화, 허유, 백이와 같은 재능을 갖게 된다 하더라도, 그는 이미 아무것도 기대할 수 없는 존재가 되어버렸기 때문이다. '미래'를 박탈당한 절망은 사마천의 고통을 더욱 깊게 만들었다. 사마천이 극한 고통에 이르렀을 때, 아무도 도와주지 않았던 사실은 커다란 마음속 깊은 상흔이 되었다고 생각할 수 있다.

그러나 그것이 누군가에게 털어놓고 싶은 욕망마저 빼앗지는 못했다. 훗날, 복권(復權)된 사마천은 임안에게 "저는 다시 천자를 따라 옹(雍)으로 가야 하는데 그동안 당신께서 집행을 당하시지 않을까 두렵습니다. 이로 인해 저의 마음속의 분노와 고민을 좌우에게 알리지 못한 채 [당신의] 혼백이 멀리 떠나버리면 저의 한은 끝이 없을 것" (「보임안서」)이라고 말하면서, 지금껏 마음속에 감추어두었던 지극한 고통을 토로하고 싶어 했다.

물론, 임안의 청을 거절해야 하는 상황에서 자신의 상황을 보다 과장했을 가능성도 있겠지만, 편지글 속의 묘사를 거짓이나 허황된 부풀림으로 볼 수 없을 것이다. 오히려 『사기』「태사공자서」에 '이릉의 화'라고 소략하게 언급할 수밖에 없었던 깊은 고통은, 서간문이라는 사적인 글쓰기의 장(場)을 만나 출로를 찾은 듯 쏟아졌다.

3. 글쓰기를 통한 털어놓기와 치유

3.1. 고통의 반추와 미래에 대한 기대

글쓰기를 통해 상처를 털어놓고, 치유를 경험하게 된다는 글쓰기 치유의 효용은 이미 동서양의 많은 작품들을 통해 입증된 바 있다. 때로 저자는 자기의 이야기를 직접 털어놓거나, 소설을 통한 허구의 방식으로 털어놓기도 하며,(유강하, 2009, 435-464) 때로 역사 속 인물 속에 투영하는 방식을 취하기도 한다. 다소 간접적이라

할 수 있는 후자의 이 방식 역시 치유적 글쓰기의 한 방식이라 할 수 있다. 이런 면에서 보았을 때, 여러 인물들에 대한 자료를 수집하고 그들의 이야기를 엮어낸 사마천의 『사기』 저술 작업은 많은 사람들의 삶을 관찰하고, 다른 관점에서 해석, 투영, 투사하여 표현하는 글쓰기였다고 말할 수 있다.

오해에서 비롯된 돌이킬 수 없는 상처, 말할 수 없을 정도의 육체적 · 정신적 고통을 겪었던 사마천이 선택할 수 있는 선택지는 결코 많지 않았다. '이릉의 화'를 겪은 사마천은 "물러나와 깊이 생각했다(退而深惟)"(「태사공자서」)고 말했는데, 사마천의 깊은 사유는 그의 작업, 즉 역사 서술로 이어지고, 그의 생각은 사마천과 비슷한 고통을 겪었던 불우한 역사 속 인물들에 가 닿는다.

자신이 겪은 고통이나 괴로움을 잊고 있다가, 때로 외부의 자극으로 인해 상처를 되돌아보게 되는 경우가 있다. 이때 사물이나 사람, 이야기는 자극제의 역할을 하기도 한다. 사람들의 삶, 노래, 이야기는 자기 자신의 문제를 돌아보는 데 있어 이야기를 넘어선 기능을 하게 되는데, 역사 속 다른 사람들의 이야기는 사마천에게 자극을 주고 그의 상처를 '발견'하는 매개물이 되었다.

> 『시(詩)』나 『서(書)』가 감추어진 듯 하면서도 간략한 것은 마음 속 생각을 따랐기 때문이다. 옛날, 서백(西伯)은 유리(羑里)에 갇혀 『주역(周易)』을 풀었고, 공자(孔子)는 진(陳)과 채(蔡) 지역에서 고난을 겪은 후 『춘추(春秋)』를 지었으며, 굴원(屈原)은 추방당한 후에 「이소(離騷)」를 지었다. 좌구명(左丘明)이 실명한 후에 『국어(國語)』가 있게 되었고, 손빈[孫子]은 다리가 절단된 후에 병법을 논하였다. 여

> 불위(呂不韋)는 촉(蜀)으로 좌천된 후 세상에 『여람(呂覽)』을 전했으며, 한비(韓非)는 진(秦) 나라에 갇힌 후에 「세난(說難)」과 「고분(孤憤)」을 지었다. (「태사공자서」)

고통 극복이라는 현실적인 문제의식은 사마천을 과거의 시간으로 이끈다. 다시 말해, 다른 시공간을 살았으나 같은 고통을 겪었던 사람들을 떠올리고, 그들의 고통을 기억하는 것이다. 사마천은 자기 자신이 처한 고통과 공자(孔子)조차도 피해가지 못했던 고통을 겹쳐 읽는다. 또 답답함과 슬픔에 멱라강(汨羅江)에 몸을 던져야 했던 굴원(屈原)의 억울한 처지를 생각하면서 고통의 의미를 이해하려고 노력했다. 사마천은 「굴원가생열전(屈原賈生列傳)」을 짓고 다음과 같은 논평을 덧붙였다.

> 나는 「이소(離騷)」, 「천문(天問)」, 「초혼(招魂)」, 「애영(哀郢)」을 읽고서 굴원의 생각에 마음이 슬퍼졌다. 장사(長沙)에 이르러 굴원이 몸을 던졌던 깊은 물을 바라보며 눈물을 흘리지 않을 수 없었고, 만나보고 싶은 마음이 들었다. …… [그러나] 「복조부(服鳥賦)」를 읽은 후, 삶과 죽음이 같은 것이고, 가고 오는 것이 모두 가벼운 것임을 알게 되어 슬픈 생각을 흔쾌히 버리게 되었다. (『사기』(권84) 「굴원가생열전」)

사마천은 고통에 몸을 맡기고, 고통에 함몰되는 것이 아니라 괴롭고 고단한 처지를 '글'로써 이겨내려고 한 인물들을 통해 자신의 고통을 직시하고, 눈물을 쏟아놓음으로써 마음의 정화를 경험하며, 생각을 전환함으로써 '미래'에 대한 기대를 버리지 않게 되었던 것으로 보인다.

자신과 같은 처지의 사람들이 걸었던 길, 즉 "마음속에 울분이 맺혀 있으되 그것을 시원하게 풀어버릴 방법이 따로 없어서 지나간 것을 서술하고 앞으로 올 것에 희망을 걸었던"(「태사공자서」) 삶의 방식은, 사마천의 역사 서술이라는 글쓰기에 정당성을 부여할 뿐만 아니라 미래를 기대하게 만드는 동인이 되었다. 마치 '현재'의 사마천이 '과거'의 공자나 굴원의 글을 읽는 것처럼, '미래'의 누군가가 자신의 글을 알아준다면, 사마천이 현재의 끔찍한 "고통을 참아내며 구차한 삶을 견디는 것"(「보임안서」)도 무의미하지는 않게 될 것이니 말이다. 따라서 걱정해야 할 것은 지금의 구차한 삶이 아니라, '끝내 전해지지 않을 문채'이다.

> 이 세상에서 숨겨져 있다가 표현하지 못한 것이 있을 때, 마음속으로 다 표현하지 못하고 비루한 세상에서 사라진다면, 나의 문채가 [사라져] 끝내 후세에 전해지지 않을 것이 한스러웠기 때문입니다.(「보임안서」)

사마천의 글쓰기는 자기변명이나 변호를 통해 억울함을 벗는 방식이 아니라, 훌륭한 문장을 지어 후세의 누군가 알아주기를, 한 걸음 더 나아가 알아줄 것이라는 기대에 더욱 가깝다. 이미 지나간 바꿀 수 없는 과거를 담담하게 털어놓고, 그를 알아줄 누군가를 바라는 이 기대는 고통스러운 현실을 받아들이도록 돕는다.

> 하늘과 인간의 경계를 궁구하고 고금의 변화에 통달하여, 일가의 말을 이루고자 했습니다. 그런데 초고가 끝나기도 전에, 이러한 화를 당하게 되었으니, 이 일을 끝내 이루지 못한 것을 애석하게 여겨 극형을 받으면서도 분노의 기색을 보이지 않았던 것입니다. 이 책을 완성하여 명산에 감추어 두었다가, 이 책이 내 뜻을 알아주는 사람에게 전해져 이 마을과 저 고을로 전해질 수 있다면, 이는 제가 지난날 받았던 오욕에 대한 보상이 될 것이니, 비록 주륙을 당한다 하더라도 어찌 후회함이 있겠습니까! (「보임안서」)

오욕과 수치를 견디며 쓴 글이 누군가에게 전해진다면 후회조차 없을 것이라는 사마천의 믿음을 엿볼 수 있다. 역사 서술은 자기의 이야기가 아닌, 남의 이야기를 서술하는 건조한 작업이라 할 수 있다. 그러나 작품 속의 서사가 자극제가 되듯, 사마천에게 『사기』의 많은 사건과 인물은 결국 사마천 자신의 현실을 되돌아보게 하고 더 이상 바꿀 수 없는 과거가 아닌 미래를 바라보도록, 그의 문장을 알아줄 미래의 누군가를 기다리는 기대로 이어진다.

3.2. '효'의 회복과 치유

사마담의 유언을 지키는 것, 즉 『사기』의 집필은 불효라는 죄업을 속죄할 수 있는 현실적 방식이었을 것이다. 『사기』의 완성은 명예회복의 유일한 가능성이었는지도 모를 일이다. 임종 직전 "사마천의 손을 잡고 눈물을 흘리며 당부를 남겼던"(「태사공자서」) 부친 사마담(司馬談)의 유언에는 반드시 태사가 되어 그가 시작한 역사 저술을 완성해달라는 간곡한 요청이 포함되어 있었다.

> "네가 만약 또 다시 태사가 된다면 곧 우리 선조의 유업을 이을 수 있을 것이다. …… 내가 죽은 뒤에 너는 반드시 태사가 되어야 한다. 태사가 되어 내가 하려고 했던 저술을 잊지 말아라. '효'라는 것은 부모를 섬기는 데서 시작하고, 군주를 섬기고, 입신양명하는 데서 끝난다. 후세에 이름을 드날려 부모를 영광스럽게 하는 것은 효도 가운데서도 가장 큰 것이다. (「태사공자서」)

앞서 언급된 것처럼 한대(漢代)는 "모든 덕행이 효에 종속"되고, "효는 개인의 덕행에 머물지 않고 정치의 요체로 간주"(미조구치 유조, 2011, 241)되던 시기였다. '효' 가운데서도 으뜸이 되는 것은 단순히 부모님을 섬기는 것이 아니고, 임금을 잘 섬기며 후세에 이름을 날려 부모를 영광되게 하는 것이라고 강조한다. 이는 앞서 사마천이 「보임안서」에서 언급한 효도, 즉 후손이 할 수 있는 "최상은 선조를 욕되게 하지 않는 것이고(太上不辱先)", "최하는 부형을 당하는 것(最下腐刑)"이라는 내용과도 동일하다. 이미 최악의 상황을 맞은 사마천에게 선조의 명예를 되찾는 최선이자 유일한 방법은 길이 남을 만한 문장을 남김으로써 후세에 이름을 남기는 것이라고 생각했을 수도 있다.

> "오늘날, 한왕조가 일어나 세상을 통일하기 까지, 현명하고 어진 군주와 충신, 의를 위해 기꺼이 죽었던 많은 인물들이 있다. 그런데 나는 태사가 되어서도 이를 기록으로 남기지 못해, 천하의 역사 기록을 폐하고 말았다. 나는 매우 두려워하고 있으니, 너는 이것을 잘 기억하라!" 사마천은 고개를 숙이고 눈물을 흘리면서 대답하였다. "소자, 불민(不敏)하지만 선인들께서 편찬해놓으신 구문을 감히 빠뜨리지 않겠습니다." (「태사공자서」)

하(夏)왕조로부터 시작되어 가통(家統)이 되어 내려온 사관(史官)의 임무는 취향이나 직업으로서의 '일'이 아니라 이보다 더 깊은 의미를 갖는다. 선조들의 유업이 자신의 대에서 끊어질 수도 있다는 가능성은 사마담을 고통스럽고 두렵게 만들었다. 죽음에 임박하여 "아들의 손을 잡고 눈물을 흘리며" 당부한 부친의 유언 앞에서, 사마천은 눈물을 쏟으며 『사기』 저술의 완성을 약속한다.

당시 이러한 상황을 사정을 알지 못했던 상대부(上大夫) 호수(壺遂)는 사마천의 방대한 작업을 보고, 이미 공자의 위대한 저작 『춘추(春秋)』가 있는데 무엇을 더 밝히려고 하느냐고 묻는다. 호수의 질문에 사마천은 부친의 유언을 버리는 일, 즉 불효이기 때문이라고 대답한다.

> "지금 내가 바로 그 일을 맡은 사관이 되어서 황제의 밝고 성스러운 덕을 싣지 않고, 공신, 세가, 현대부들의 업적을 서술하지 않는다면, 선친의 유언을 땅바닥에 팽개치는 것이니 이보다 더 큰 죄는 없을 것입니다." (「태사공자서」)

사마천에게 있어 역사 서술은 사관이 해야 할 책무, 일이라는 의미를 뛰어 넘는다. 사서(史書)를 완성하지 못하는 것은 사마천이 저지른 '가장 큰 불효의 죄'를 되풀이하는 것이다. 이런 대화는 상술한 것처럼 '효'가 지고의 가치를 가졌던 한대라는 시대적 분위기에 기인한 바 크다.

앞서 언급한 것처럼, 사마천은 임안에게 보내는 편지에서 가장 지극한 불효를 저지른 자기 자신, 스스로 목숨을 끊을 수도 없는 자신의 처지를 한탄하였다. 그러나 온전치 못한 불구(不具)의 몸으로 위대한 저작을 집필했던 역사적 인물들에 대한 기록을 접하고 그들에 대한 서사를 새롭게 구축하면서, 자신의 처지를 위로하고 이해하려는 노력을 했던 것으로 보인다.

'효'의 관점에서 보았을 때 사마천에게 역사 저술의 완성은 두 가지 의미를 갖는다. 아버지의 유언을 지킴으로써 하나의 효를 실천하는 것이고, 후세에 이름을 남길 수 있을 만한 사서를 완성함으로써 더욱 온전한 효를 완성하는 것이다. 사마천의 이러한 노력은 결코 헛되지 않아서, 훗날 그는 오명과 오해를 벗고 지위를 회복할 뿐만 아니라, 사후에 어떤 사관과도 비교할 수 없을 정도의 명성을 얻게 된다.(『한서』「사마천전」)

4. 회피에서 대면으로, 고통에서 치유로

『사기』「태사공자서」는 사마천의 가통(家統)에 대한 자부심 넘치는 서술로부터, 각 편에 대한 깔끔하고 명료한 설명과 논평으로 이어지고, 마지막은 다시 사마천의 이야기로 돌아가 끝을 맺는다. 여기에서 눈여겨볼 만한 것은 사마천이 자기 자신을 서술하는 방식이다. 사마천은 궁형을 당한 현실의 자기 자신을 거부하거나 회피하지 않는다.

「태사공자서」의 서두는 전욱(顓頊)으로부터 시작한다. 궁형을 당한 슬프고 황량한 자기 자신의 근원을 '전욱'을 섬겼던 위대한 려

(黎)에게까지 거슬러 올라간다.

> 옛날 전욱(顓頊)은 남정(南正) 중(重)에게 하늘의 일(천문)을 맡게 하고, 북정(北正) 려(黎)에게는 땅의 일(지리)을 맡게 하였다. …… 주(周) 선왕(宣王) 때에 이르러 려의 후손들은 그 직을 잃고 사마씨(司馬氏)가 되었다. 사마씨는 대대로 주나라의 역사를 주관하였다. …… 아! 내 선조는 일찍부터 이 일을 맡아 당우(唐虞) 때에 이미 이름이 났고 주(周)대에 이르러 다시 그 직무를 수행하였다. 그래서 사마씨는 대대로 천문의 관직을 맡아왔고 그것이 나에게까지 이르지 않았던가! 깊이 기억하자! 깊이 기억하자! (「태사공자서」)

사마천의 조상들은 하대(夏代)로부터 시작하여, 주대(周代)에는 '주나라의 역사를 주관'하였으며, 그 가통을 이어받아 부친 사마담과 사마천 자신도 태사가 되었다. 사마천은 "내가 죽은 뒤에 너는 반드시 태사가 되어야 한다"고 당부한 부친의 유언을 완성하였다. 사마천 덕분에 주(周) 왕실의 태사였던 조상의 유업은 '현재'에 이르러서도 단절되지 않고, 찬란히 빛을 발하게 되었다. 이미 부친의 유언을 완성했지만, 사마천은 이 오랜 가통을 잊어서는 안 된다고 무수히 되뇌고 있다. 비록 궁형을 당해 온전치 못한 몸을 가지게 되었지만, 사마천은 조상들로부터 이어져온 역사가 여전히 빛날 수 있도록 한 장본인이자 가통을 이은 후손이 된 셈이다. 사마천은 스스로를 환관과 같은 몸을 가진 수치의 인간이 아니라, 위대한 태사의 계보를 이은 후손, 조상의 이름을 빛낼 후손으로 자기만의 서사를 만들어가고 있다.

「태사공자서」(『사기』)와 「보임안서」(『한서』) 내용을 통해 확인한 것처럼, 사마천은 결코 치유나 현실 회피를 위해 글쓰기를 한 것이 아니었다. 하지만 역사서술과 그 글쓰기 과정은 그가 겪었던 고통을 극복하는 데 적지 않은 영향을 주었다. 그것이 역사서술이든 사적인 편지글이든 사마천에게 글쓰기는 일종의 고통 극복, 현실을 받아들이는 연습을 하는 일종의 '치유과정'이 되었다.

사마천은 역사 서술 과정에서 자기와 같은 고통을 겪은 사람들을 통해 이해할 수 없는 무자비한 고통을 기꺼이 직면하고, 또한 그들이 '글'을 통해 미래, 후인들과 소통하려고 했던 것을 보면서 더욱 저술에 몰두했다. 저술을 완성함으로써 궁형으로 인해 얻어진 '불효'의 불명예와 오욕도 씻어내고자 했다. 이런 사마천의 노력은 결코 헛되지 않아, 사마천은 다시 관직을 회복했으며 더 나아가 세인의 존중과 무제의 신임도 다시 얻을 수 있었다. 사마천 사후에 얻어진 역사가로서의 명성은 생전의 오욕을 씻어주었다.

임안에게 사적인 고통을 되돌아보며 토로했던 시간(「보임안서」), 역사 서술을 하는 긴 시간(『사기』)은 사마천이 고통을 토로하는 계기이자 통로가 되었다. 태사이자 자연인이기도 한 사마천은 역사의 기록뿐만 아니라, 개인적인 감정과 생각도 모두 글로 표현하였다. 입말이 아닌 글말로 자기자신과 세상과 소통을 해 온 사마천에게 글쓰기는 치유의 과정, 그 자체였을 것이다. 사마천에게 있어 이 과정은 현실의 고통을 대면하고 담담히 받아들이는 일종의 치유의 과정이 되었을 뿐만 아니라, 현실의 괴로움과 수치, 슬픔을 뒤로 하고 미래를 바라보는 기대의 시간이 되었다.

참고문헌

『史記』, 司馬遷 撰, 裵駰 集解, 司馬貞 索隱, 張守節 正義, 中華書局, 1997.
『漢書』, 班固 撰, 顔師古 注, 中華書局, 2002.
司馬遷, 정범진 외 옮김, 『史記列傳(上 · 中 · 下)』, 까치, 2006.
巫鴻, 김병준 옮김, 『순간과 영원』, 아카넷, 2003.
미조구치 유조, 김석근 · 김용천 · 박규태 옮김, 『중국사상문화사전』, 책과 함께, 2011.
유강하, 「이야기의 재구성, 治癒를 위한 스토리텔링 : 木蘭 故事 再編: 킹스턴의 『여인무사』「흰 호랑이들」 장을 중심으로」, 『中國語文學論集』 (56), 중국어문학연구회, 2009.
이성규, 『사마천 사기』, 서울대학교출판부, 2009.
李章佑, 「漢書司馬遷傳老繹」, 『中國文學報』 (1), 단국대학교 중어중문학과, 1974.

※ 이 글은 다음의 논문을 수정·보완한 것이다. 유강하, 「치유적 관점에서 본 사마천의 글쓰기-「태사공자서」(太史公自序)와 「보임안서」(報任安書)를 중심으로」, 『문학치료연구』(28), 2013.08.

시치료로 본 예이츠의 초기시: 현실의 수용과 자아 성장

유 건 상

시는 즐거움에서 시작해
지혜로움으로 끝난다.
- R. 프로스트 -

1. 들어가며

W. B. 예이츠(William Butler Yeats)는 인간의 내면뿐 아니라 우주 만물의 현상을 이원적 구조의 대립관계로 보았고, 그것을 통한 양자의 조화를 끊임없이 모색하였다. 다시 말해 시인은 서로 모순·상반되는 두 세계, 즉 현실과 이상, 자아와 반자아, 육체와 영혼 등 서로 대립적인 요소들이 통합되어 조화를 이룬 세계의 구현에 시의 목적을 두었다. 이 조화의 세계는 그가 평생에 걸쳐 추구한 "존재의 통일"의 세계로, 예이츠는 그곳이 행복과 미(美)와 사고가 충만한 세계라고 말한다(Ellmann, 1983: 166에서 재인용). 그곳에 도달할 때, 시인은 "환상적인 즐거움"을 경험한다. 이러한 즐거

움은 예술가나 신비가, 또는 감각론자들이 모든 경험이 하나로 융합되어 조화를 이룰 때 느끼는 순간적인 생의 충만함과 같은 즐거움이다(Melchiori, 1960: 284-285).

그러나 이러한 조화의 상태는 예이츠의 초기시부터 이루어지는 것이 아니라, 그의 시적 · 정신적 성숙도와 더불어 그의 의식 속에서 치열하게 대립되는 갈등을 극복함으로써 중기시의 후반부에서 그 모습을 드러내어 후기시에 이르러 완전하게 성취된다. 그러므로 예이츠의 초기시는 중기시나 후기시에 비해 경시되어온 경향이 있다. 그러나 그의 초기시는 시적 성취도 면에서 대부분의 중기시보다 나으며(Bloom, 1970: 162), 특히 그의 시적 원동력이라 할 수 있는 이원적 갈등과, 그의 시에서 "춤"으로 묘사되는 존재의 통일에 대한 전조가 이 시기부터 드러남으로 보아 그의 시를 전반적으로 이해함에 있어 매우 중요하다.

예이츠의 초기시는 주로 현실세계와 이상세계 사이의 이원적 갈등을 보여준다. 그의 초기시에 나타나는 이상의 세계는 주로 "요정의 나라"로 대변되는 꿈과 환상의 신화세계 및 영원한 미의 자연세계이다. 시인은 꿈과 환상, 그리고 목가적인 자연세계 등을 모두 포괄하는 요정의 나라라는 신화세계를 통해 현실과 이상의 조화를 꾀하였던 것이다. 그렇다면 시인에게 요정의 나라라는 상상의 세계는 어떠한 곳인가? 그곳은 무한히 즐겁고 매혹적인 곳, 인간이 빠져들게 되고 흥분해서 취해버리게 되는 곳, 실제 세계와 양립될 수 없고 오히려 그곳을 짓눌러 버리는 곳, 도덕과도 상관없고 인간적인 근심거리에서도 벗어나 있기 때문에 하등의 악의도 없는 "무한히 즐겁고 매력이 넘치는 무시간의 영원한 이상세계”(Wilson, 1969: 30)이다.

그가 이처럼 초기시에서 아일랜드의 요정의 나라를 이상향으로 설정하고 추구한 것은 “자신의 경험을 시에 담되, 그것을 있는 그대로가 아니라 보다 보편적인 경험으로 재생하여 담는 것”(1985: 509)을 신념으로 삼고 있던 시인으로서는 극히 당연한 일이었다. 이제까지의 그의 삶은 전통적이고 토속적인 아일랜드의 문화유산에 깊이 뿌리박은 삶이었다. 그는 조상 대대로 아일랜드에서 살아온 유서 깊은 가문에서 태어나, 아일랜드에 전해 내려오는 신화와 전설, 그리고 민담이야기를 들으며 성장하였고, 아직까지는 적극적인 사회활동이나 삶에서 오는 좌절과 실패 등을 몸소 체험하고 인식하지 못하였으므로, 그의 의식 속에 내재한 요정의 나라와 같이 현실적 고뇌가 없고 무한히 아름다운 세계가 그의 이상향이 될 수밖에 없었던 것이다. 그러나 시인은 막상 영원한 요정의 나라에서는 안식을 찾지 못한다. 그곳은 영원한 미와 꿈의 세계일지라도 현실과 너무도 유리된 세계이기 때문에 시인은 양자 사이에서 갈등만 느낀 채 현실로 되돌아온다. 결국 예이츠는 현실을 인간 삶의 조건으로 인식하고 받아들인 것이다. 그러므로 시인의 최종 목적인 조화에 대한 가능성이 감지된다.

이러한 과정에서 시 쓰기는 중요한 매개가 된다. 시인은 이제껏 영원한 미의 세계만을 추구해 왔지만 시 쓰기를 통하여 그곳에서의 탈피를 시도함으로써 현실세계를 수용한다. 말하자면 시인은 현실세계 속에 살면서도 이상세계의 가치만을 추구했던 상태에서 새로이 현실을 인식하고 이를 인간 삶의 조건으로 받아들임으로써 현실세계와 이상세계 둘 다를 인정하고 갈등을 수용하는 보다 성숙한 상태로 성장 · 변모한 것이다.

이 글은 그 성장과정을 시치료적 관점에서 접근한다. 제 2장에서는 시치료를 창의적 글쓰기 측면에서 소개한다. 제 3장에서는『어쉰의 방랑』(1889)부터『십자로』(1889),『장미』(1893),『갈대 밭속의 바람』(1899)에 이르기까지의 예이츠의 초기시를 중심으로 현실과 이상이라는 대립적인 요소들이 어떤 양상으로 나타나 조화를 향해 나아가는지를 살펴봄으로써 창의적 글쓰기가 어떻게 시인으로 하여금 새로이 현실을 인식하고 성장에 이르게 했는지의 과정을 살펴본다.

2. 시치료와 창의적 글쓰기

인문치료의 구체적 방법론 중의 하나인 시치료의 시작은 시와 의학의 신이었던 아폴로(Apollo)로부터 비롯되었다. 블라인더맨(Abraham A. Blinderman)은 그 기원을 선사시대의 원시 부족들이 모닥불 주변에서 부르던 노래에서 찾는다(1985: 43). 말하자면 주술사들이나 마법사들이 부족이나 개인의 안녕과 종교적인 의식을 행하기 위해 읊던 주술인 노래가 바로 시치료의 시작인 셈이다.

역사적 기록으로 볼 때, 처음으로 문학을 치료에 활용한 사람은 1세기경에 로마에서 의사로 활동했던 소라누스(Soranus)이다. 그는 자신의 조울증 환자들에게는 비극 작품을, 우울증 환자들에게는 희극 작품을 처방했다고 한다. 보다 최근의 역사를 살펴보면, 19세기 초에 정신건강을 위해 시가 사용되었다. "미국 정신의학의 아버지"라 불리는 러쉬(Benjamin Rush) 박사는 음악과 시를 효과적인 부수적 치료제로 활용했다. 그의 환자들은 시를 써서 〈일루미네이터〉라는 자신들의 신문에 싣기도 했다. 1950년대에 미국의 시인이자 변호사인 그라이퍼(Eli Greifer)가 '시치료'(poetry therapy)라는 용어를 처음 사용하였고, 심리학자 리디(Jack J. Leedy)와 러너(A. Lerner) 등에 의해 시치료에 관한 이론이 집대성 되었다. 이후로 의과대학 부속병원의 정신과 병실, 주립정신병원 등지에서 시치료가 본격적으로 시행되고 있으며, 오늘날에는 교도소를 비롯한 각급 학교의 상담실에서도 시치료가 응용되기에 이르렀다.

시치료(poetry therapy)라는 말은 '시'(포이트리: poetry)와 '치료'(테라피: therapy)의 합성어이다. '시'라는 용어인 '포임'(poem)과 '포이트리'(poetry)는 '글을 짓다, 만들다, 행하다'라는 의미를 지닌 그리스어 '포이에시스'(*poiesis*)가 어원이다. 따라서 '포이트리'는 시와 시적 글쓰기 모두를 의미한다고 할 수 있다. 치료(테라피 therapy)라는 말의 어원은 "춤과 노래, 시, 연극 등과 같은 표현예술을 통해 간호하고 병을 고치다"라는 그리스어 '테라페이아'(*therapeia*)로, 여기에는 치료의 개념이 내포되어 있다. 따라서 시치료란 정신 건강을 증진시키기 위해 시를 사용하는 것, 즉 시를 읽고 쓰는 것이다.

그런데 최근에는 시치료에서 수용적인 읽기보다는 능동적이고 적극적인 쓰기가 많이 강조되고 있다. 수십 년간 글쓰기 치료를 연구해 온 페니베이커(James W. Pennebaker)에 의하면, 자신의 삶에 큰 영향을 미친 심리적 외상(트라우마, trauma)이나 감정의 격변에 대해 글로 써서 표현하는 행위는 육체적 · 정신적 건강에 긍정적 변화를 가져온다고 한다. 우선 정신적인 측면에서 볼 때, 표현적 글쓰기에 참여한 사람들은 글쓰기 전보다 더 행복해지고, 부정적 감정을 덜 느낀다고 한다. 우울증이나 불안감도 감소하며, 학교나 직장에서의 업무수행이나 사회생활의 문제처리도 수월해진다고 한다. 뿐만 아니라 감정 표현적 글쓰기가 면역체계의 향상, 천식이나 관절염 등 만성질환자의 질병 완화, 그리고 스트레스의 감소 등 육체적인 면에서도 효과를 가져 온다는 보고는 글쓰기의 치료적 효과를 단적으로 보여준다(2004: 7-10).

이러한 표현적 글쓰기에는 소설이나 시 등의 창의적 글쓰기가 포함된다. 사실 예로부터 많은 시인들이 시 쓰기의 치유적 효능에 대해 이야기한 바 있다. 가령 바이런(Lord Byron)은 "시는 상상력의 용암으로, 그것의 분출이 지진을 막는다"고 노래함으로써 적절한 감정 표현의 중요성에 대해 언급한다. 블레이크(William Blake)도 「독나무」의 첫 연에서 직접적이고 솔직한 감정 표현의 중요성을 상기시켜 준다.

나 내 친구에게 화가 났네.
나 내 분노 말했더니, 그 분노 가라앉았네.
나 적에게 화가 났네,
나 그것 말하지 않았더니, 내 분노 자라났네.

분노와 슬픔 같은 감정들이 표현되지 않을 때, 그것들은 증후(症候)로 형성되어질 수 있다. 시 쓰기와 읽기 과정은 잠재적으로 폭발적인 심리 에너지가 분출될 수 있는 안전한 배출구를 제공하며, 그럼으로써 심리적 · 정신적 균형을 회복시켜준다(Heninger, 1978: 56).

마자(Nicloas Mazza)는 "시 쓰기는 각 개인이 자신을 표현하고 조각조각난 생각과 느낌에 대한 통제력을 가지는 수단을 제공하는 매우 유용한 치유적 도구가 될 수 있다. 개인적인 감정을 적기 시작함으로써 개인은 그러한 감정들을 더 조리 있는 형태로 확인하기 시작한다. 그것의 결과로 통제감을 증진시키는 것이다"(26)라고 말함으로써 시 쓰기의 치유적 효과에 대해 설명한다. 그러므로 시치료의 목적은 개인의 변화라 할 수 있다. 그 결과 내재된 갈등의 해소능력과 적응기능이 향상되는 것이다(Reiter, 1997: 170).

마자는 시치료의 단계를 지지단계, 통각단계, 행동단계, 통합단계로 나눈다(28-30). 지지단계는 현재 자신이 처한 상황에 대면하게 하는 단계이며, 이러한 과정에서 과거경험의 도움으로 새로운 지각대상을 이해하는 단계가 통각단계이다. 자신을 힘들게 하는 새로운 대상을 지각하였으므로 그것을 극복하려는 행위를 하는 것이 행동단계이며, 이러한 단계를 통해 인지한 전반적인 상황을 능동적으로 수용하고 긍정하는 것이 통합단계이다. 이러한 단계를 거쳐 우리는 더욱 창조적이고 자신에게 도움이 되는 행동으로 나아간다.

그러므로 시치료의 궁극적인 목표는 시를 통한 진정한 자아의 성장과 변화이다. 그것은 또한 현실과 이상의 갈등을 수용함으로써 자아성장을 이루는 예이츠의 초기시의 주제와 맥을 같이 한다.

3. 현실과 이상의 갈등 및 수용

예이츠의 초기시의 경향을 단적으로 대변하는 현세적 삶을 초월하고자 하는 욕망에서 비롯된 요정의 나라로의 비상은 "시인으로서의 예이츠의 진정한 출발점"(Bloom, 1970: 88)이라고 불리는 장편 설화시 『어쉰의 방랑』에서부터 시작한다. 고대 아일랜드의 페니안(Fenian) 족의 영웅사상을 대표하는 어쉰(Oisin)이 기독교 사상을 대표하는 성 패트릭(S. Patrick)에게 자신의 지나간 방랑 이야기를 들려주는 회상 형식의 대화체로 구성된 이 시의 첫 구절은 다음과 같이 시작된다.

> *성 패트릭.* 허리가 구부러지고, 머리도 벗겨지고, 눈도 어두워진
> 그대의 마음은 무겁고, 생각은 방황하고 있구나.
> 시인의 노래와 같이 마성의 여자에게
> 희롱당한 채 3세기를 흘러 왔구나.

성 패트릭의 눈에 비친 어쉰의 모습은 300년에 걸친 긴 여정에서 겪은 온갖 풍상과 좌절에 얼룩진 자의 모습이지만, 그것은 또한 오랜 세월을 자신의 이상을 쫓아 방랑하게끔 결정지어진 운명을 충실히 수행하고 있는 인간의 모습이기도 하다.

어쉰은 늙고 지친 자신의 현재 모습을 일깨워준 성 패트릭에게 자신의 방랑이야기를 시작한다. 페니안 족장의 아들로 용감한 기사였던 젊은 날의 어쉰은 앵거스(Aengus)의 딸인 요정 니아브(Niamh)의 유혹에 이끌려 "아득히 멀고/ 파도가 용솟음치는 바다

저편"에 있는 그녀의 나라로 간다. 그곳은 죽음도 배반도 없고, 언제까지나 첫사랑의 순수함이 지속되는 "영원한 청춘의 섬"이다. 여기서 어쉰의 방랑의 계기를 아름다운 니아브에 대한 동경과, 시간과 죽음이라는 인간적 한계를 초월하고픈 갈망으로 볼 수 있지만, 더 나아가 자신의 자아를 찾기 위한 것으로 보아도 무방할 것이다.

어쉰은 모든 것이 아름답고 신비롭기만 한 영원한 청춘의 섬에서 니아브와 더불어 인간세계를 잊고 100년간 꿈결 같은 나날을 보내지만 어느 날 문득, 요정의 나라가 아무리 즐겁고 영원한 세계일지라도 그것은 단지 환상에 불과할 뿐임을 깨닫는다. 환상에서 깨어난 어쉰은 이제 더 이상 그곳에서 만족을 구할 수 없으므로, 또 다시 이상을 쫓아 "승리의 섬"으로 간다. 그러나 그곳 역시 그의 이상세계는 아니었다. 그곳에서 그는 괴물과의 싸움을 승리로 장식하지만, 그가 느낀 것은 가슴 뿌듯한 성취감이 아니라 파도에 실려 온 너도밤나무 가지를 보며 느끼는 회의감, 즉 싸움의 승리 또한 부질없다는 것이었다. 그 회의는 인간세계에 대한 그리움에서 비롯된 것이기도 하지만, 어느 날 문득 깨닫는 자기 자신의 본질에 대한 갈등에서 비롯된 회의이기도 하다.

승리의 섬에서도 안식을 찾지 못한 어쉰은 삼라만상이 잠에 빠진 "망각의 섬"으로 간다. 그곳에서 100년간의 긴 잠에 빠지지만, 그가 잠에서 깨어났을 때 깨달은 결론은 앞서와 마찬가지로 그곳 또한 그의 이상세계가 아니라는 것이었다. 그의 이상세계는 요정의 세계가 아니라 그의 친구들과 가족들이 살고 있는 페니안의 세계, 즉 지상의 나라였던 것이다. 다음의 절규는 그의 결론이 얼마나 절실한 것인가를 보여준다.

> 나는 절규했다, '오 니아브여! 오 하얀 얼굴이여! 단지 반나절이라도
> 핀왕의 수염을 바라보고, 잔가지로 만든 페니안의 집으로 가
> 노인도 젊은이도 장기판을 둘러싸고 승부하는 고향을 걸어보고 싶다.
> 아, 대머리 코난의 독설마저 내게는 정겹구나!

그리하여 다시 인간세계로 돌아온 어쉰은 감격의 눈물을 흘린다. 그러나 이미 300년이 지나버린 현재의 아일랜드는 용감무쌍했던 페니안의 흔적조차 없고 무기력하고 슬픔에 찬 나라로 변해버렸다. 이제는 그곳 또한 그의 이상세계가 아닌 것이다. 따라서 그가 갈 곳은 이미 죽어버린 페니안이 있는 지옥밖에 없다. 그러므로 그는 성 패트릭이 권하는 기독교적 삶 대신 지옥을 택한다. 이로써 어쉰의 다음 방랑지는 "지옥"으로 정해졌다. 그러나 그 결론은 그렇게 비참한 것은 아니다. 지옥의 삶이 고통스러운 것이라 할지라도, 그곳에는 그리운 옛 친구들과 가족들이 있을 것이고, 과거의 활력들이 그대로 살아 숨 쉴 것이기 때문이다. 따라서 또 다시 힘든 여정이 시작되겠지만, 그것은 고통의 여정이 아니라 기쁨의 여정인 것이다. 이렇게 볼 때, 어쉰은 좌절된 이상 앞에 한없이 왜소해진 인간상이 아니라 비록 좌절될지라도 과감히 그것에 도전하고, 성취하려 노력하는 고결한 인간상이다. 시인은 바로 그러한 인간상에 가치를 둔다.

이 작품에서와 같은 이상세계로의 비상은 『십자로』에 수록된 「몰래 끌려간 어린이」에서 잘 묘사된다. 요정의 유혹에 이끌려 현실세

계를 떠나 요정의 나라로 가는 어린이를 소재로 한 이 시는 표면적으로는 슬픔에 찬 현실세계가 기쁨에 찬 요정의 세계와 대조된다.

오, 인간의 아이야! 저리로 가자,
저 거친 들과 물가로
요정과 손에 손잡고,
세상은 네가 아는 것보다 더 많은 슬픔으로 가득하니.

어린이가 이해하는 것보다 훨씬 더 많은 슬픔으로 가득 찬 곳으로 나타나는 현실세계는 유한한 세계이므로 인간은 물론 삼라만상이 생성과 소멸을 반복한다.

반면에 거친 들과 호숫가로 나타나는 요정의 세계는 무한한 젊음의 나라이다. 그곳은 밤이 되어도 편안한 잠을 자지 못하고 근심하는 괴로움 가득한 인간세계와는 달리, 밤새도록 아무런 걱정 없이 손에 손잡고 춤추며 뛰어놀 수 있는 기쁨의 세계이다. 그러나 그 춤은 영원히 지속되는 것이 아니라 달이 사라져 버리기 전까지 추는 춤이다. 따라서 달이 완전히 사라져 버리면 춤은 끝날 수밖에 없다. 그러므로 현실과 이상 사이의 갈등은 필연적이다. 더구나 어린이가 현실세계를 떠남에 따라 그 사소한 일상세계는 다음과 같이 애정 어린 대상으로 떠오른다.

우리와 함께 그[어린이]는 가네,
진지한 눈을 하고서:
그는 다시는 듣지 못하리라,
따듯한 언덕에서 어린 송아지가 우는 소리를,

벽난로 위에서 주전자가
불러주는 마음 속 깊이 평화로운 노래도,
다시는 보지 못하리라, 갈색의 생쥐가
귀리 궤 주변을 까불까불 도는 것을.

그가 비록 슬픔의 인생을 피하기 위해 요정의 나라로 떠나간다 할지라도 그의 마음 한구석에는 현실세계에 대한 애정이 남아있는 것이다. 영원한 기쁨을 얻은 대신 일상의 평화와 즐거움을 포기해야 하는 인간의 갈등, 바로 그것이 어린이가 직면한 갈등이다.

『십자로』에 이어 출간된 『장미』 역시 현실과 이상 사이의 갈등이 주류를 이룬다. 「시간의 십자가에 매달린 장미」에서 예이츠는 장미를 "영원한 미"와 동일시하여 아일랜드의 신화세계에서 찾고자 한다. 그래서 그는 장미가 자신에게 접근하기를 바라면서도 현실세계에 대한 미련 때문에 자신과 장미 사이에 어느 정도의 간격이 유지되기를 바란다.

가까이, 가까이, 가까이 오세요—아, 나를 내버려 두세요
장미의 호흡을 위한 약간의 공간을 채울 수 있도록!
갈망하는 평범한 것들의 소리가 더 이상 들리지 않도록;

그래야만 현실세계를 대변하는 범사(凡事)와 완전히 멀어지지 않는다.

「퍼거스와 드루이드」에서 예이츠는 속인(俗人)으로서 누리는 부귀영화나 비속인(非俗人)으로서 누리는 조용하고 이지적인 삶이나

결국은 모두 인간의 원초적인 슬픔을 초월하지 못한다는 것을 제시한다. 고대 아일랜드의 얼스터(Ulster) 지방의 왕인 퍼거스(Fergus)는 온갖 부귀영화를 누리지만 언제나 피할 수 없는 슬픔을 느껴 그것에서 벗어나고자 왕위를 버리고 선지자인 드루이드(Druid)를 찾아간다. 그가 "꿈꾸는 지혜"를 배우고 싶다고 청하자 드루이드는 그것을 추구하다 볼품없이 늙어버린 자신을 보라고 하며 만류한다. 그러나 지혜를 얻으면 반드시 슬픔이 제거될 거라고 확신하는 퍼거스는 그 말을 믿지 않고 결국은 지혜 주머니를 얻지만, 그것 역시 슬픔의 주머니임 깨닫는다.

> *퍼거스 :* … 훌륭하고 위대한 생애였다.
> 그러나 모든 것을 알게 된 지금, 나의 생은 무(無)로 돌아갔다.
> 아! 드루이드여, 드루이드여, 어떻게 커다란 슬픔의 그물이
> 이 작은 암회색 보자기에 감추어져 있었단 말인가!

정신적인 평화와 안식만이 존재하리라 믿었던 은둔자의 삶 역시 슬픔의 세계였던 것이다. 아니 오히려 그것은 왕으로서 누렸던 세속적인 삶보다도 더 큰 슬픔의 세계였던 것이니, 어느 곳에도 진정한 마음의 평화는 없는 것이다.

「요정의 나라를 꿈꾼 사나이」는 평생 사랑과 부(富), 노여움, 그리고 죽음이라는 이상을 추구했으나 그 어느 것에서도 안식을 얻지 못한 한 사나이의 고통을 노래한다. 언제나 비단 옷 생각뿐이던 청년기의 사나이는 돈벌이를 위해 물고기를 잡아 쌓아 올리던 중, 물고기들이 사랑의 섬에 대한 노래를 하는 것을 듣는다. 그곳은 어

신의 첫 번째 방랑지인 청춘의 섬처럼 연인의 맹세가 깨어지지 않고 지속되는 영원한 사랑의 섬이다. 그 노래를 들은 사나이는 사랑의 섬에서 속세를 잊고 영원한 사랑을 나누고 싶은 충동으로 가슴 설레지만 막상 그곳에서는 비단옷이라는 현실에 대한 걱정 때문에 안식을 얻지 못하고 괴로워한다. 사랑에서 만족을 구하지 못한 사나이는 중년기에 이르러 "북쪽, 혹은 서쪽이나 남쪽 어딘가에/ 금색이나 은색으로 크게 퍼지는 하늘 아래"에 있는 부자 나라에 대한 갯지렁이의 노래를 듣는다. 그러나 부로 가득 찬 나라 또한 허망하기는 마찬가지이므로 그의 고뇌는 끝이 없다. 사나이는 노년이 되어 자신을 비웃는 자들에 대한 복수심에 불타지만 못가에 난 작은 매듭의 버드나무가 평화의 나라를 노래하는 것을 듣고는 복수만이 그의 노여움의 해결책이 아님을 깨닫는다. 그러나 복수를 안 한다고 해도 그의 마음이 편치는 않을 것이다. 복수를 할 것도 안할 것도 아니므로 그는 여전히 진퇴양난에 빠져있다.

사랑과 부, 그리고 노여움 중 어느 것에서도 안식을 얻지 못한 사나이는 마침내 죽음으로써 위안을 얻고자 한다. 그러나 그의 뼈 주위를 휘감은 벌레의 다음과 같은 선포는 사나이로 하여금 그의 전 생애를 회고하게 한다.

> 신은 그의 손을 하늘에 대었고,
> 그 손 밑에서 반짝이는 여름빛이
> 끊이 없이 물결칠 때, 춤추는 저 소녀의 위에 쏟아진다.
> 신이 한 번의 입맞춤으로 자연이 불탈 때까지,
> 어떠한 연인들도 그리워하지 않는 연인들은 어째서 꿈을 꾸는가?

이로써 “사나이는 무덤 속에서 조차 위안을 찾지 못한다.” 여기서 춤추는 소녀는 사랑과 부, 노여움, 그리고 죽음 등 서로 유기적인 네 가지의 요소가 합일된 조화를 상징한다. 더 나아가 그것은 예이츠의 중·후기시인 「둥근 탑 아래에서」, 「마이클 로바티즈의 이중 비전」, 그리고 「학동들 사이에서」 등에서 존재의 통일이 이루어진 상태를 상징하므로, 존재의 통일에 대한 전조라 보아도 좋을 것이다. 그런데 아직 사나이는 그 어느 것과도 조화를 이루지 못하였으므로 안식을 구하지 못한 것이다.

지금까지 살펴본 바처럼 예이츠는 그의 초기시에서 끊임없이 이상세계로의 비상을 시도하지만, 언제나 그곳에서 만족을 느끼지 못하고 괴로워한다. 이처럼 그의 초기시는 현실과 이상이 조화를 이루지 못하고 양자가 서로 대립되는 구조를 지니는데, 이러한 구조는 『갈대 밭 속의 바람』에서 더욱 심화된다. 그런데 이 시집에 수록된 시들은 주로 시인의 평생의 여인 모드 곤(Maud Gonne)에 대한 좌절된 사랑이라는 현실적 체험을 다루었으므로 이전의 시들에서보다 현실감이 느껴진다. 즉 현실적 체험이 부족했던 과거에는 동경의 대상이 현실과는 거리가 먼 신비하고 환상적인 것이었지만, 직접 사랑을 경험한 지금에는 동경이 대상이 모드 곤이란 현실적인 인물로 구체화되었다. 과거에는 영원한 미에 대한 동경 때문에 이상세계를 갈망했지만, 이제는 한 여성에 대한 좌절된 사랑 때문에 그 고통에서 벗어나고자 이상세계를 갈망하는 것이다.

「떠도는 앵거스의 노래」는 바로 그러한 주제를 다룬다. 사랑의 신, 앵거스는 작은 은빛 송어 한 마리를 낚는다. 송어는 머리에 사과꽃을 단 빛나는 소녀로 변신하여 그의 이름을 부르고는 사라진다. 그녀에 이끌린 앵거스는 그녀를 찾아 헤매느라 늙어버린다. 그래도 죽을 때까지 들로 산으로 다니며 그녀를 찾아 행복을 얻으리라는 희망을 버리지 않는다.

> 내 비록 텅 빈 대지와 험한 대지를
> 방랑하느라 늙어버렸지만,
> 그녀가 간 곳을 찾아내어
> 입술에 입맞춤하고 손을 잡고
> 얼룩진 긴 숲을 따라 걸으리라,
> 그리고 시간이 다할 때까지 따리라
> 달의 은빛 사과를
> 태양의 황금빛 사과를.

그러나 그가 헤매는 들과 산은 현실의 들이 아니라 "텅 빈" 들과 산이다. 따라서 그가 찾는 행복의 대상 또한 현실의 소녀가 아니라 텅 빈 소녀, 즉 환상인 셈이다. 결국 앵거스는 꿈을 쫓듯 황홀한 환상을 쫓아 젊음을 보냈고, 또 보내고 있는 것이다. 여기서 머리에 사과꽃을 단 소녀로 묘사된 요정 시(Sidhe)는 모드 곤을 의미한다고 볼 수 있다. 예이츠가 모드 곤과의 첫 만남을 "그녀의 안색은 빛을 받은 사과꽃처럼 환히 빛났다. 처음 만난 날 그녀가 창가의 커다란 사과꽃 더미 옆에 서있었던 게 기억난다"라고 회상하는 것에서 드러나듯 그에게 사과꽃은 늘 모드 곤을 연상시켰기 때문이다(Unterecker, 1982: 76). 따라서 사라져버린 시를 찾아다니느라 늙어버린 앵거스는 모드 곤에 대한 사랑의 성취를 갈망하는 시인 자신으로 보아도 무방할 것이다. 현실에서 이루지 못한 사랑 때문에 고뇌에 찬 시인은 상상의 세계에서나마 이렇게 신화의 인물을 빌어 사랑의 성취를 추구해보지만, 지상에 뿌리를 내리지 못하는 신화의 사랑은 허망하기 그지없다.

사랑의 고뇌로 심신이 지쳐버린 예이츠는 「황혼 속으로」에서 고대 아일랜드의 정신 속에서 안식을 구하려 한다. 그곳은 희망이 없어지고 사랑이 시들지라도 시간의 지배를 받지 않아 영원히 젊은 곳이고, 사랑이나 희망보다는 회색의 황혼과 아침이슬이 더 정다운 곳이므로 사랑으로 상심하여 아무런 희망도 없는 시인에게 위안을 줄 수 있는 곳이다. 그러나 그곳은 신이 홀로 뿔피리를 불고 서있고, 시간과 세속이 영원히 사라져버린 외로운 곳이므로 일시적인 위안처는 될 수 있어도 영원한 위안처는 될 수 없다.

> 그리고 신이 외로운 뿔피리를 불며 서있고
> 시간과 세상이 영원히 날아가 버리는 곳,
> 사랑이 회색의 황혼보다 덜 친절하고,
> 희망이 아침 이슬보다 덜 정겨운 곳.

「그는 자신과 연인에게 닥친 변화를 슬퍼하며 세상의 종말을 열망하네」에서 예이츠는 자신이 처한 상황을 신화의 형태로 나타낸다. 그는 청춘의 섬을 여행하는 어쉰을 묘사한 18세기 시에서 한쪽 귀가 빨간 사냥개가 뿔 없는 사슴을 쫒는 부분을 보고는, 모드 곤에게 일방적인 사랑을 바치는 자신과 그 사랑을 조금도 받아들이

지 않는 그녀를 각각 사냥개와 사슴에 비유하여 사랑에의 갈망과 실연의 고뇌를 절절히 묘사한다.

> 내가 부르는 소리가 들리지 않는가, 뿔 없는 사슴이여?
> 나는 빨간 귀 하나 가진 사냥개로 변했네.
> 나는 바윗길과 가시나무 숲에 있었지,
> 어느 자가 밤낮으로 너를 따라다니는 내 발 밑에
> 증오와 희망, 욕망과 두려움을 숨겨 놓았기에.

실의에 찬 화자는 "서쪽에서 수퇘지나 나타나/ … 그의 휴식 속으로 빠져 들어갔으면 좋겠다"고 생각한다. 서쪽이 해가 지는 장소로 어둠과 죽음을 상징하듯이, 사랑을 얻지 못할 바에야 차라리 죽고 싶다는 것이다.

이렇게 차라리 죽어버렸으면 좋을 만큼 고통스런 사랑은 「방울달린 모자」에서 이루어진다. 그러나 그것은 시인의 절망어린 탄식대로 죽음으로써 성취된 사랑이다. 여왕을 사랑하는 광대는 그의 온 마음과 영혼을 다 바쳐도 그녀가 냉담하기만 하자, 최후의 수단으로 그의 유일한 소유물인 방울달린 모자를 그녀에게 보내고 죽으리라 다짐한다. 이 방울달린 모자는 광대의 정수, 바로 그 자체이다. 이로 인해 여왕은 그의 사랑을 받아들이지만 그는 이미 죽은 후이므로, 비록 그의 사랑이 성취되었다 하지라도 그것은 앞서 나타난 사랑들과 마찬가지로 좌절된 사랑일 뿐이다.

이렇게 좌절된 초기시의 욕망은 「비밀의 장미」로 대변된다. 이 시의 화자는 그의 분신들이라 볼 수 있는 신화 상의 인물들이 영원과 계시의 순간을 가져다주는 장미 향기에 감싸여짐으로써 자신의 사랑이 성취되길 바란다.

> 저 멀리 있는, 가장 은밀한 순결의 장미여,
> 시간 중에서도 내 시간에 나를 감싸다오; 그대를
> 찾고 있는 자들이 성스러운 무덤,
> 아니 술독 속에서 깨어진 꿈의 소음과 혼란을
> 초월해 살고 있는 그곳에;
> 그리고 사람들이 미(美)라 칭하는
> 잠으로 무거운, 파리한 눈꺼풀 깊이.

그렇게 될 때야 비로소 예이츠가 지향하는 현실과의 조화가 이루어진다. 그렇게 되면 화자는 존재의 통일 상태에 도달할 수 있다. 그러나 그는 그것의 불가능을 인식한 듯 의혹 속에서 그냥 기다릴 뿐이다.

> … 나는 역시 기다리리라
> 그대 사랑과 미움의 큰 바람이 부는 계절을.
> 언제 별들은 대장간에서 튀어나온 불꽃처럼
> 하늘로부터 튀어나와 사라져 버릴 것인가?
> 확실히 그대의 계절은 찾아와 큰 바람을 불 것인가,
> 저 멀리 있는, 가장 은밀한 순결의 장미여?

그러나 기다리는 것 자체는 분명히 희망적이다. 아예 기다리는 최소한의 노력조차 하지 않고 좌절하는 것 보다, 막연하게나마

기다린다는 것은 언젠가는 이루어지리라는 소망과 상통하기 때문이다.

4. 나오며

지금까지 예이츠의 장편 설화시 『어쉰의 방랑』, 『십자로』, 『장미』, 그리고 『갈대 밭 속의 바람』 등의 시집에 수록된 예이츠의 초기시들을 현실과 이상의 갈등에 초점을 맞추어, 창의적 글쓰기가 어떻게 시인을 새로운 현실인식 및 갈등의 수용과 자아 성장으로 이끌었는가를 시치료적 관점에서 살펴보았다.

『어쉰의 방랑』에서 어쉰은 슬픔으로 가득 찬 현세적 삶의 유한성을 인식하고 영원한 이상세계로 떠난다. 그러나 이러한 시도는 그곳이 현실과 조화를 이루지 못함으로써 좌절된다. 그는 무작정 현실을 도피하기 위해 백일몽과 환상의 세계로 날아간 것이 아니라 그 세계와의 균형을 원했다. 그 세계는 현실적 갈등과 고뇌가 없는 영원한 미와 꿈의 세계일지라도, 현실과는 너무도 유리된 세계이기 때문에 시인은 두 세계 사이에서 조화를 이루지 못하고 갈등만 느낀 채 현실로 돌아온다. 완전한 이상세계를 성취하기 위해서는 현실적 요소 또한 배제할 수 없는 까닭이다. 『십자로』에서는 슬픔에 찬 현실세계가 기쁨에 찬 요정세계와 대조되며, 『장미』에서는 여전히 현실과 이상 사이의 괴리로 인한 갈등이 드러나지만, 조화의 상징인 무용수의 이미지가 등장함으로써 화합의 가능성이 엿보인다. 『갈대 밭 속의 바람』에는 사랑의 좌절이라는 시인의 경험이 시에 현실감을 부여하면서 양자 사이의 갈등이 더욱 고조되어 나타남과 더불어 이원적 요소 사이의 조화를 위한 노력이 기다림의 형태로 나타난다. 이는 존재의 통일의 시발점이라고 보아도 좋을 것이다. 이처럼 예이츠 시의 특징을 이루는 상반물의 대립은 이미 그의 초기시에서부터 현실세계와 이상세계 사이의 갈등으로 뚜렷하게 드러나며, 양자의 조화를 통한 존재의 통일에 대한 희망이 감지된다. 희미하게 감지된 존재의 통일은 후기시에 이르러 완전하게 성취된다. 그러므로 그의 초기시는 후기시로 가는 훌륭한 연결고리 역할을 한다고 볼 수 있다.

이처럼 예이츠의 초기시는 현실을 수용하고 자아 성장을 이룸으로써 더욱 지혜롭게 변모했다고 볼 수 있으며, 이러한 주제는 시감상 및 창작을 통한 개인의 변화라는 시치료의 목적과 맞닿아 있다. 말하자면 이 시기에 나타난 시인의 창의적 글쓰기, 즉 시작(詩作)을 통한 현실과 이상의 갈등 수용 및 조화의 모색 과정은 시감상 및 창작을 통해 삶의 위기를 극복하고 자아성장을 이룸으로써 타인과 세상을 새로이 인식하고 삶의 변화에 대처해 나갈 수 있는 힘을 기르는 시치료의 원리와 서로 부합하는 것이다.

참고문헌

Blinderman, Abraham A. "Shamans, Witch Doctors, Medicine Man and Poetry." *Poetry as Healer.* Ed. Jack J. Leedy. New York: The Vanguard Press, 1985. 40-53.

Bloom, Harold. *Yeats.* New York: Oxford UP, 1970.

Ellmann, Richard. The Identity of Yeats. London: Faber & Faber, 1983.

Heninger, O. E. "Poetry Therapy in Private Practice." *Poetry in the Therapeutic Experience.* Ed. A. Lerner. New York: Pergamon Press, 1978. 56-62.

Mazza, Nicholas. *Poetry Therapy: Theory and Practice. New York and London:* Routledge, 2003.

Melchiori, Giorgio. *The Whole Mystery of Art: Pattern into Poetry in the Work of W. B. Yeats.* London: Routledge and Kegan Paul, 1960.

Pennebaker, James W. *Writing to Heal: A Guided Journal for Recovering From Trauma & Emotional Upheaval.* Oakland: New Harbinger Publications, Inc., 2004.

Reiter, Sherry. "Poetry Therapy: Testimony on Capitol Hill," *Journal of Poetry Therapy* Vol. 10-3(1997): 169-78.

Unterecker, John. *A Reader's Guide to W. B.* Yeats. London: Thames and Hudson, 1982.

Wilson, Edmund. Axel's Castle. London: Charles Scribner's Sons, 1969.

Yeats, W. B. *Essays and Introductions.* London: Macmillan, 1985.

※ 이 글은 필자의 논문 「예이츠의 초기시 연구: 이상과 현실의 갈등」(『인문과학연구』 제20집 (2008): 53-74)을 대폭 수정 · 보완한 것이다.

인문치료 음성자료의 어휘분석과 회복탄력성 지수와의 연관성

정 성 미

1. 들어가며

인문치료는 인문학적 정신과 방법으로 마음의 건강과 행복한 삶을 위해 인문학 각 분야 및 연계 학문들의 치료적 내용과 기능을 학제적으로 새롭게 통합하여 사람들의 정신적 · 정서적 · 신체적 문제들을 예방하고 치유하는 이론적 · 실천적 활동이다. 인문치료는 인문학의 치료적 기능을 규합 정리하고 기존의 심리치료나 예술치료 등의 장점을 융합하여 인간의 마음의 병을 다스릴 수 있는 가장 효율적인 치료방법론을 모색하는 연구이다. 인문치료에 있어서 언어는 매우 중요한 의미를 지닌다. 언어는 참여자의 문제를 진단하고 임상 결과 자료를 분석하는 데 있어서 중요하기 때문이다. 언어는 인간의 구체적 행동에 미치는 영향으로 인하여 심리학의 대상 영역에서도 중요한 위치를 점유하고 있다. 언어는 과학과 문학의 중요한 합류처라고도 하는데(이의철:1967:48) 이는 인문학과 치료의 융합을 통해 새로운 인문학의 영역을 확장하고 있는 인문치료에서 언어의 역할과 연관하여 매우 중요한 점을 시사하고 있다. 인문치료 활동에서 표현된 참여자의 언어를 분석함으로써 참여자가 자신을 인지적으로 이해하는 데 있어서 분석적인 자료를 제공받게 된다.

인문치료에 대해 치료 여부를 입증하는 것은 인문치료가 출발할 때부터 요구된 부분이면서 인문학을 활용한 인문치료의 치료 여부를 입증하는 방법으로 심리척도를 사용하는 것이 타당한지의 문제 제기도 끊이질 않는다. 그렇다면 인문학적인 방법으로 인문치료의 치료 여부를 입증할 수 있는 방법은 없는 것일까.

본고는 이러한 문제의식을 갖고 인문치료 활동에서 얻은 말하기 자료의 어휘 분석을 통해 어휘 분석이 참여자들의 심리적, 정서적인 상태와 어떤 연관성을 갖고 있으며, 그 변화를 인지할 수 있는 척도로서 가능한가를 고찰한 것이다.

본고에서는 인문치료 참여자들의 구술 자료를 대상으로, 글쓰기 치료 어휘 분석 연구에서 연구되었던 어휘 항목표지들을 중심으로 고찰하였다. 본고의 논의 대상인 어휘 항목표지는 어절수, 대명사, 감정동사, 인지동사, 인과어휘이다.

본고의 연구 자료는 인문치료 활동에 참여한 참여자들의 음성자료로, 인문치료 음성자료는 다음 단계를 통해 분석된다. 첫째 인문치료 활동에서 녹음된 음성을 전사한다. 둘째 전사한 자료를 형태소 분석기(국립국어원)로 형태소 분석한다. 셋째 어절수, 대명사, 감정동사, 인지동사, 인과어휘를 양적으로 분석한다. 참여자의 발화량을 살필 수 있는 자료로 어절수를 살필 것이고, 대명사는 한국어의 인칭대명사는 존대법과 언행 상황에 따라 영어와는 다른 양상을 보이며 호칭어, 친족어류 등이 인칭대명사를 대신하는 경우가 많으므로(이창환 · 심정미 · 윤애선, 2005:100) 한국어에서 1인칭 대명사와 2, 3인칭 대명사를 대신하는 호칭어와 친족어 수를 살필 것이다. 또한 감정동사는 긍정과 부정의 감정동사류 양적으로 분석할 것이다. 인지동사는 알다, 이해하다, 깨닫다와 같은 인지동사류와 인지와 관련된 하다류의 선행명사 이해 등과 같은 명사류도 양적으로 분석하였다. 또한 인과어휘는 원인과 결과를 나타나는 접속사, 접속어미류와 같은 기능을 담당하는 어휘와 형태소를 포함한 어휘를 양적 분석한다. 내용단어인 경우 부분적으로 질적 분석을 한다. 이 분석 자료를 통해 참여자의 마음의 상태와 그 변화를 고찰할 수 있을 것인지 살필 것이다.

2. 글쓰기치료에서의 어휘 분석

글쓰기치료는 글쓰기가 도구가 되어 치료의 목적을 이루는 것을 말한다(채연숙, 2010:24). 채연숙(2010), 로제마이어(2010), 제임스 페니베이커(2007), 캐서린 아담스(2006) 등의 다양한 글쓰기치료서가 있다. 글쓰기치료에서 어휘 분석을 활용한 연구로 페니베이커의 연구가 있다. 페니베이커는 글쓰기 초기 연구에서 감정적인 주제로 글을 쓰는 것이 신체적 건강을 개선할 뿐 아니라 인지과정, 성격, 사회적 통합 등 더 다양한 영역과 행동으로 확장할 것이라고 하였다. 페니베이커 & 안나(2001:93)는 인지 기능, 인격, 사회적 통합과 같은 경험의 여러 측면과 그들의 언어 사용이 관련되어 있으므로 언어가 인지 과정, 성격 스타일, 사회적 통합의 표지로 기능하는 것을 최초로 제안한 연구이다. 이 연구는 알포트(1961)에서 언급한 바와 같이 사람마다 걷는 방법, 옷 입는 방법 또는 미소 짓는 방법 등과 같은 독특한 동작이 있듯이 사람들이 사용하는 언어도 자신을 표현하는 독특한 방법을 가지고 있다는 것이다. 페니베이커와 안나(2001:92)는 언어 스타일이 다른 인격 그리고 좀 더 중요한 다른 행동의 측정과 연관되어 있다고 하였다. 또한 감정적인 주제에 대한 글이 궁극적으로 현실 세계에서 객관적인 사회적, 언어적 행동의 변화를 가져 온다고 하였다.

페니베이커는 언어 분석을 위해 컴퓨터 프로그램(LIWC)을 개발하였다. LIWC 프로그램은 사람들이 쓴 글을 72개의 언어 관련 목록의 비율에 따라 분석하는 컴퓨터 프로그램(Pennebaker & King, 1999; Pennebaker, Mehl & Niederhoffer, 2003)이다. LIWC의 변인들은 크게 언어학적 차원, 심리학적 차원, 상대성, 개인관심사 범주로 나뉘고, 네 범주에 72개의 하위변인들로 나뉜다. 이창환 · 심정미 · 윤애선(2005:94)에서는 LIWC 개발 이전의 글분석 컴퓨터 프로그램에 대해 제시하였다. 첫 번째 심리학적 분석 프로그램은 하버드 심리사회사전에서 추출한 단어를 기본으로 한 일반 탐색자(General Inquirer)이고, TAS/C 컴퓨투 분석 프로그램은 "임상장면에서 심리치료의 결정적인 장면을 포착하기 위해 감정적인 어조와 추상화의 두 가지 언어차원을 사용하였다(Mergenthaler, 1996)." 그리고 LIWC(Linguistic Inquiry and word count)가 있다. LIWC(Linguistic Inquiry and word count)는 단어의 비율을 계산하는 방식이 심리학적 변인을 반영할 수 있다는 것을 가정하고 있다.

LIWC는 일상생활에서 자주 쓰는 내용 단어와 단어길이, 관사, 전치사, 단어 수 등의 기능단어와 대명사를 포함하고(Pennebaker, Francis & Booth, 2001) 있다. 기능단어와 대명사는 이전의 글 분석 연구에서는 간과됐던 것으로, 무의식적이고 자동적인 기제를 바탕으로 하고 있는 기능단어와 대명사 변인을 LIWC의 주요 변인으로 설정한 것은 내용단어들이 의식적인 통제가 가능하다는 점을 감안하면 그 의미가 크다(이창환 · 심정미 · 윤애선, 2005:95).

이창환 · 심정미 · 윤애선(2005)은 LIWC을 모형으로 한 한국어 글분석 프로그램(KLIWC)을 개발하였고, 이 프로그램의 특성과 변인을 고찰하고 신뢰도 검증을 하였다. KLIWC은 한국어의 교착어적인 특징을 고려하였는데 이는 LIWC에서 사용하는 주요 변인인 기능단어의 형태와 기능에서 큰 차이가 있다. 영어의 기능단어는 '전치사, 접속사, 관사'등의 품사가 해당되며 한국어에서는 조사, 어말어미, 선어말어미, 보조사, 접속사 등이 이에 속한다. 또한 영어의 기능 단어는 독립된 어휘로 존재하나 한국어의 기능단어는 용언이나 체언 뒤에 교착하는 조사와 어미 같은 경우로 음소 내지 형태 단위로 나타난다(이창환 · 심정미 · 윤애선, 2005:99). 이를 고려해서 정교한 형태소 분석을 시도한 프로그램이 KLIWC이다(이창환 · 심정미 · 윤애선, 2005:98). 또 두 언어의 인칭대명사 사용에 있어서의 차이도 반영하였다(이창환 · 심정미 · 윤애선, 2005:100).

이창환 · 심정미 · 윤애선(2005:107)에서 KLIWC와 같은 언어분석 프로그램이 심리 검사의 피검사자의 왜곡된 보고와 검사자의 해석에 따른 한계점을 극복할 수 있고, KLIWC의 언어분석은 심리학 연구에서 심리 측정치를 제공할 수 있을 것으로 기대한다고 하였지만 페니베이커를 중심으로 한 글분석 프로그램 개발은 개발 전부터 다양한 글쓰기 실험과 언어분석에 대한 연구가 축적되어 있었다. KLIWC의 개발은 한국어가 영어의 다른 특징으로 인해 국내의 언어분석 프로그램 개발이 전무한 실정에서 매우 의의가 있는 연구이기는 하나, KLIWC 프로그램 자체가 영어권 LIWC를 기반으로 번안해 개발된 프로그램이기에 민감한 언어의 차이를 발견하지 못하는 결함이 있을 수 있다고 하였다(박종민 · 이창환, 2011:26). 프로그램의 개발 이전에 다양한 변수들에 의한 개인어의 언어분석 연구 성과를 축적하는 것이 선행되어야 한다.

3. 인문치료에서의 어휘 분석

3.1. 인문치료와 어휘자료

본고에서 분석 대상으로 한 자료는 ●●● 자활센터 참여자를 대상으로 한 인문치료 활동 '나를 찾아 떠나는 여행' (5회기로 구성) 중에서, 1회기와 4, 5회기에서 녹음된 음성자료이다. 1회기 녹음자료의 분량은 2시간 42분 , 4회기는 3시간, 5회기는 1시간 분량이다.

'나를 찾아 떠나는 여행'은 인문학을 통해 마음의 치유를 주제로 해서 심리, 정서적인 문제를 안고 있는 자활참여자를 대상으로 자기존중감을 향상시키고, 대인관계 기술을 향상시켜 삶에 대한 의욕을 고취하며 자활 자립 의지를 강화하는 것을 목적으로 하고 있다. 다양한 인문 활동을 통해 인문학 및 정서적 소통의 중요성을 인식시키고 자활에 꼭 필요한 정서적 소통 기술 습득, 인문학을 통한 자기 찾기와 관계 회복, 행복 찾기를 시도하였다.

5회기의 대략적인 내용은 다음과 같이 구성되어 있다.

회기	주제	회기별 목표
1회기(도입)	소통 능력 증진을 통한 자기 찾기	관계 맺기 & 자기 이해 1
2회기(작업)		자기 이해2 & 감정과의 소통
3회기(작업)		나의 과거, 나의 미래와의 소통
4회기(해결)		〈장자〉에게 배우는 행복한 소통
5회기(마무리)		통합된 삶 삶의 징검다리

이 중에서 1회기(도입1, 2)와 4, 5회기의 자세한 구성은 아래와 같다.

프로그램명	나를 찾아 떠나는 여행(소통 중심 정서 안정)
프로그램의 목표	자기 소통을 통한 자기 이해, 자기존중감 향상, 자기 소통을 통한 대인관계 능력 향상, 정서적 안정감을 통한 자활 자립의지 향상
적용 대상	●●●지역자활센터협회 소속 자활인
프로그램 중 과정과 회기	도입1
회기목표 (회기진행시간)	마음 내려놓기 집단과의 관계 맺기 자신의 다양한 내면 자아 만나기(2시간 10분)

진행 방식	도입(50분)	지금 이 시간 기대하는 것 말하기(10분) 회복탄력성지수 검사(20분) 별칭 짓기(5분) 별칭 소개하기(15분) 별칭 외우기 게임(10분)
	작업(15분)	'당신의 이웃을 사랑하십니까?'
	통합(55분)	〈바람이 불어오면〉 들려주기(5분) 시를 듣고 그림으로 표현하기(10분) 그림 보면서 이야기하기, 피드백(20분) 자기 느낌 글로 쓰기(10분) 글 나누기(10분)
	새 방향 설정(10분)	자기 느낌 한 문장으로 표현하기(10분)

프로그램명		나를 찾아 떠나는 여행(소통 중심 정서 안정)
프로그램의 목표		자기 소통을 통한 자기 이해, 자기존중감 향상, 자기 소통을 통한 대인관계 능력 향상, 정서적 안정감을 통한 자활 자립의지 향상
적용 대상		●●●지역자활센터협회 소속 자활인
프로그램 중 과정과 회기 차수		도입2
회기목표 (회기진행시간)		마음 내려놓기 집단과의 관계 맺기 자신의 다양한 내면 자아 만나기(2시간 10분)
진행 방식	도입(10분)	지금 기분 한 문장으로 이야기하기(10분)
	작업(30분)	라인게임(15분) 라인게임 후 자기 생각 이야기하기(15분)
	통합(70분)	〈내가 좋아하는 것〉(5분) 내가 좋아하는 것(콜라주 작업)(20분) 활동 후 조별로 이야기하고 글쓰기(15분) 전체로 이야기하기(20분), 피드백(10분)
	새 방향 설정(10분)	첫 날 마치는 시간, 자기 느낌 한 문장으로 이야기하기

<table>
<tr><td colspan="2">프로그램명</td><td>나를 찾아 떠나는 여행(소통 중심 정서 안정)</td></tr>
<tr><td colspan="2">프로그램의 목표</td><td>자기 소통을 통한 자기 이해, 자기존중감 향상, 자기 소통을 통한 대인관계 능력 향상, 정서적 안정감을 통한 자활 자립 의지 향상</td></tr>
<tr><td colspan="2">적용 대상</td><td>●●●지역자활센터협회 소속 자활인</td></tr>
<tr><td colspan="2">프로그램 중
과정과 회기 차수</td><td>해결1</td></tr>
<tr><td colspan="2">회기목표
(회기진행시간)</td><td>타인에게서 나를 이해하기
서로에게 연결되는 대화
자아확장(90분)</td></tr>
<tr><td colspan="2">활용도구</td><td>〈장자〉 송나라 모자장수 이야기, 대붕이야기</td></tr>
<tr><td rowspan="4">진행
방식</td><td>도입(30분)</td><td>기대감 표현하기(10분)
칭찬 목록 작성하기(20분)</td></tr>
<tr><td>작업(35분)</td><td>송나라 모자장수 이야기 듣고 해결방법 찾기(10분)
조별 발표(10분)
〈나는 이런 사람이 싫다〉활동지 (10분)
억지대장 코뿔소 이야기 들려주기(5분)</td></tr>
<tr><td>통합(20분)</td><td>활동 후 느낌 글쓰기(5분)
나누기(10분)
대붕이야기 (5분)</td></tr>
<tr><td>새 방향
설정(5분)</td><td>송나라 모자장수에게 하고 싶은 말(5분)</td></tr>
</table>

프로그램명	나를 찾아 떠나는 여행(소통 중심 정서 안정)
프로그램의 목표	자기 소통을 통한 자기 이해, 자기존중감 향상, 자기 소통을 통한 대인관계 능력 향상, 정서적 안정감을 통한 자활 자립 의지 향상
적용 대상	●●●지역자활센터협회 소속 자활인
프로그램 중 과정과 회기 차수	해결2
회기목표 (회기진행시간)	타인에게서 나를 이해하기 서로에게 연결되는 대화 자아확장(100분)

활용도구		바닷새 이야기, 〈장자〉의 조삼모사 이야기
진행 방식	도입(10분)	공놀이 판토마임, 고구마 까먹기, 도둑 담 타넘기 어릴 적 꿈 동작으로 표현하기
	작업(25분)	〈바닷새 이야기〉 들려주기 (5분) 그 이후 이야기 쓰기(10분) 나누기(10분)
	통합(60분)	바닷새 이야기 대화문으로 쓰기(10분) 바닷새 이야기 대화문 나누기(10분) 바닷새 이야기로 조별로 극 만들기(20분) 바닷새 이야기 그 이후 연극하기(20분)
	새 방향 설정(5분)	활동 후 자기 느낌 말하기(10분)

프로그램명		나를 찾아 떠나는 여행(소통 중심 정서 안정)
프로그램의 목표		자기 소통을 통한 자기 이해, 자기존중감 향상, 자기 소통을 통한 대인관계 능력 향상, 정서적 안정감을 통한 자활 자립 의지 향상
적용 대상		●●●지역자활센터협회 소속 자활인
프로그램 중 과정과 회기 차수		해결3
회기목표 (회기진행시간)		내 인생의 징검다리 삶에 대한 통합적인 이해 긍정적 관점 전환, 감사 표현하기(70분)
활용도구		〈징검다리〉
진행 방식	도입(10분)	자기 기분 이야기하기(10분)
	작업(30분)	징검다리 시 들려주기(5분) 징검다리 시에서 마음에 감동을 주는 싯구 선택하기(10분) 내 인생의 징검다리 찾기(5분) 내 인생의 징검다리 나누기(10분)
	통합(20분)	내 인생의 징검다리 중 하나를 선택해서 감사 편지 쓰기(10분) 나누기(10분)
	새 방향 설정(10분)	활동 후 나누기(10분)

<table>
<tr><td colspan="2">프로그램명</td><td>나를 찾아 떠나는 여행(소통 중심 정서 안정)</td></tr>
<tr><td colspan="2">프로그램의 목표</td><td>자기 소통을 통한 자기 이해, 자기존중감 향상, 자기 소통을 통한 대인관계 능력 향상, 정서적 안정감을 통한 자활 자립 의지 향상</td></tr>
<tr><td colspan="2">적용 대상</td><td>●●●지역자활센터협회 소속 자활인</td></tr>
<tr><td colspan="2">프로그램 중
과정과 회기 차수</td><td>마무리</td></tr>
<tr><td colspan="2">회기목표
(회기진행시간)</td><td>삶의 의미 찾기와 행복 습관 갖기
활동에 대한 통합적 이해(180분)</td></tr>
<tr><td colspan="2">활용도구</td><td>체베나 쓰기</td></tr>
<tr><td rowspan="4">진행
방식</td><td>도입(40분)</td><td>자기 기분 이야기하기
산책하기</td></tr>
<tr><td>작업(50분)</td><td>산책에서 내 눈을 사로잡은 것 그리고 글쓰기(20분)
그림 감상(5분)
그림에 대해 말하고 나누기(25분)</td></tr>
<tr><td>통합(60분)</td><td>체베나 쓰기(20분)
체베나 나누기(20분)
설문지 작성하기 "나를 떠나는 여행을 통해 나는"(10분)
설문지2 작성하기(10분)</td></tr>
<tr><td>새 방향
설정(30분)</td><td>마무리 의식 "내가 버리고 가고 싶은 것, 내가 가지고 가고 싶은 것"
수료식
인사 나누기 기념사진 촬영</td></tr>
</table>

제시한 다양한 인문 활동을 통해 참여자들은 다양한 생각을 하고, 기억들을 반추함으로써 새로운 표현의 기회를 갖게 된다. 참여자들은 이러한 표현의 기회를 통해, 삶의 문제와 자신에 대한 새로운 이해를 할 수 있다.

인문치료의 현장은 다양한 상황에 의한 변수가 있고, 변수에 의해 인문치료 활동은 긍정적, 부정적 영향을 받게 된다. 집단의 형식으로 진행되기 때문에 인문치료 활동에서 참여자가 동일한 효과를 보기는 어렵다. 2013년 '나를 찾아 떠나는 여행'은 인문치료 프로그램의 효율성을 높이기 위한 조건을 고려하여 진행하였다.

첫째 인문치료 프로그램의 효율성을 높이기 위해서는 참여자의 수를 13인으로 조절해서 진행하였다.

둘째 인문치료 프로그램의 효율성을 위해서는 참여자의 최소한의 인문학적 표현, 수용 능력인 기초 읽기, 쓰기 능력을 고려하였다.

셋째 효율적인 인문치료 프로그램 효과를 위해서는 주 1회의 간헐적인 진행과 1박 2일의 집중적인 진행을 혼합하여 진행하였다.

3.2 어휘 분석

본고에서 첫째 인문치료 활동에서 표현된 어휘 자료는 내담자가 마음을 진실 되게 표현한 결과임을 전제한다. 즉 허위의 언어일 가능성은 배제하고 어휘를 분석한다.

둘째 본고에서는 어휘 분석 시 양적 분석을 주로 하면서 질적 분석을 부분적으로 병행하였다.

셋째 본고에서 어휘 분석 시 심리척도의 결과와의 연관성을 고려하였다.

3.2.1 발화량

5회기의 활동 중에서 1회기, 4, 5회기의 과정을 녹음한 자료를 전사하여 참여자의 어절수를 기준으로 한 발화량, 1인칭 대명사

	발화량 어절 단위	
계란1	22	136(98.4)
계란2	114(76.4)	
금복주1	237	809(620.2)
금복주2	572(383.2)	
도시락1	77	290(219.7)
도시락2	213(142.7)	
주동행1	146	603(452.2)
주동행2	457(306.2)	
쩡이1	90	413(306.4)
쩡이2	323(216.4)	
희망1	247	406(353.5)
희망2	159(106.5)	

(나, 저, /우리, 저희) 사용의 분포, 긍정, 부정 감정과 관련된 동사류, 인지동사, 인과 어휘(그래서, 때문에, -어서/아서, -니까)등의 분포를 살펴보았다. 페니베이커 & 안나(2001)에서는 인과 어휘에 인과의 접속사가 해당하는데, 한국어에서는 인과의 접속사뿐 아니라 인과의 연결어미까지를 인과 어휘에 포함하였다. 1회기 언어자료는 별칭1로, 4, 5회기 언어자료는 별칭2로 구분하였다. 괄호 안의 수치는 1회기와 4,5회기의 녹음시간(162분:240분) 비율을 적용할 때 수치이다.

참여자들의 발화량을 비교해 보면 '금복주(809)〉주동행(603)〉쩡이(413)〉희망(406)〉도시락(290)〉계란(136)'의 순으로 나타났다. 개별적으로 살펴보면 계란의 경우는 전체 발화량은 가장 적지만, 1회기/ 4, 5회기의 발화량의 비교에서는 5.2배로 증가폭이 가장 크게 나타났고, 금복주의 경우는 가장 발화량이 많았고 1회기/ 4, 5회기 발화량의 비교에서는 2.4배 증가했다. 도시락은 전체 발화량은 다른 참여자에 비해 많은 편은 아니고, 1회기/ 4, 5회기 비교에서는 2.8배 증가했다. 주동행은 발화량이 두 번째로 많고, 1회기/ 4, 5회기 비교에서는 3.1배 증가하였다. 쩡이의 경우는 발화량은 세 번째로 많고, 3.6배로 증가하였다. 증가폭이 두 번째로 컸다. 희망의 경우는 발화량이 406으로 네 번째인데 다른 대상자에 비해서 특이한 점은 4, 5회기의 녹음양이 많음에도 불구하고 발화량이 유일하게 경감된 것으로 나타났다.

금복주가 발화량이 가장 많았고, 계란이 1회기/4, 5회기 변화폭이 가장 컸으며, 희망은 발화량이 4, 5회기에 유일하게 경감하였다.

	계란	금복주	도시락	주동행	쩡이	희망
발화량	발화량 가장 적음 (136) 1회기<4,5 회기(5.2배)	발화량이 가장 많음 (809) (2.4배)	발화량 적은 편 (290) (2.8배)	발화량이 두 번째로 많은 편 (603) (3.1배)	발화량이 세 번째로 많은 편 (413) (3.6배)	발화량이 네 번째로 많은 편 (406) 1회기> 4,5 회기(0.6배)

3.2.2 대명사류

	1인칭 대명사	호칭어, 친족어류
계란1	3	0
계란2	5(3.4)	4
금복주1	11	5
금복주2	26(17.4)	15(10.1) 교수님, 친구, 달, 언니, 할머니, 희망

도시락1	3	1희망님
도시락2	10(6.7)	11(7.8) 소나무, 큰딸, 은자야, 한우, 왕
주동행1	4	3동생, 부친, 저분
주동행2	13(8.7)	7(4.7) 자식, 가족, 외할아버지, 외조부, 후대
쩡이1	0	2 친척, 가족
쩡이2	8(나1, 저7)	6(4) 가족, 계란님, 센터장님, 웃어른들, 반장님, 언니들
희망1	14(나, 우리, 저, 저희)	2친정아버지, 남편
희망2	5(3.4) (저, 나, 우리)	2금복주, 남편

1인칭 대명사에는 나, 저, 우리, 저희를 포함한 수치로, '금복주〉희망〉주동행〉도시락〉계란, 쩡이' 순으로 발화량의 순서인 '금복주〉주동행〉쩡이〉희망〉도시락〉계란'과 비교해 보면금복주와 계란은 발화량, 1인칭 대명사의 사용이 비례하지만, 쩡이, 주동행은 1인칭 대명사 사용이 상대적으로 많은 편이며, 1, 2의 비교에서 쩡이는 가장 증가폭이 크다. 또한 1, 2의 비교에서 희망을 제외한 모든 사람의 경우 1인칭 대명사의 수가 증가한 것으로 나타났다.

	계란	금복주	도시락	주동행	쩡이	희망
1인칭 대명사	증가 3→3.4 (1.1배)	증가 11→17.4 (1.6배)	증가 3→6.7 (2.2배)	증가 4→8.7 (2.2배)	가장 증가 0→5.4	감소 11→3.4 (0.3배)

발화에서 언급된 호칭어, 친족어류는 영어의 2인칭, 3인칭 대명사를 대신하는 것으로 볼 수 있다. 호칭어, 친족어는 참여자의 대

인관계와의 연관성을 고찰할 수 있다. 언급된 호칭어, 친족어류 수는 금복주〉도시락〉주동행〉쩡이〉계란, 희망 순으로 나타났다. 발화량의 순서와 비교해 보면 계란의 경우는 1에서는 전혀 타인에 대한 언급이 없다가 2에서 증가한 것으로 보이고, 금복주도 다양한 호칭어, 친족어류를 언급하고 있고 2배 증가했다. 도시락의 경우, 발화량과 비교해서 다양한 참여자들을 언급하고 있고, 1회기/4,5회기 비교에서 7.8배로 증가하였다. 주동행, 쩡이도 1회기/4,5회기 비교에서 각각 1.6배, 2배 증가하였다. 희망의 경우만 타인을 언급한 것이 유일하게 증가하지 않았다.

	계란	금복주	도시락	주동행	쩡이	희망
호칭어, 친족어	증가 0→4	증가 5→10.1 (2배)	증가 1→7.8 (7.8배)	증가 3→4.7 (1.6배)	증가 2→4 (2배)	감소 2→1.4 (0.7배)

3.2.3. 감정동사류

	감정동사류
계란1	좋다1(1)
계란2	좋다5 괜찮다1행복하다1(4.7)
금복주1	좋다2(2)
금복주2	좋다8, 행복하다1, (6) 싫다5, 아쉽다2, 힘들다4
도시락1	행복하다2, 좋다2, 즐겁다2(6)
도시락2	좋다8, 편하다3, 기쁘다2(8.7) 인내하다1, 싫다1, 원망하다1, 미워하다3
주동행1	재미있다1, 좋아하다4, 좋다1(6)

주동행2	부럽다2, 새롭다1, 재미있다1, 좋다2, 인내하다1, 존경하다3, 여유롭다2, 감사합니다2(9.4) 괴롭다1, 슬프다1, 후회스럽다1
찡이1	친하다2, 편하다1(3)
찡이2	좋다9,편안하다2,감사하다3,고맙다1,사랑하다1(10.7) 힘들다4,배신당하다1
희망1	기쁘다2,나쁘다2,좋다,4,즐겁다2,행복하다1 (11) 슬프다1
희망2	좋다6, 평온하다1, 행복하다1(5.4) 짜증나다1, 싫다3, 싫어하다1

감정을 표현하는 동사류를 1과 2로 비교해 보면, 희망의 경우를 제외하고, 모두 증가하였다. 또한 1, 2의 비교에서 1보다 2에서 더 다양한 감정 동사류를 사용한 것으로 보인다. 계란의 경우 2에서 유일하게 부정 감정 동사류를 사용하지 않았으며, 계란(4.7배)과 찡이(3.6배)는 가장 큰 폭으로 긍정감정 어휘 사용이 증가하였다. 희망의 경우는 1, 2 모두에서 부정 감정 동사류를 사용한 점이 특이한 점이다.

페니베이커 외 2(1997)에서는 부정적 감정단어에 비해 긍정적 감정단어의 사용과 건강이 관련이 있다고 하였고, 페니베이커와 안나(2001:91-92)에서도 부정적인 감정단어는 건강과 관련이 없으며, 긍정적인 감정단어는 약간의 관련성이 있다고 하였다.

인문치료활동에서는 부정적인 감정단어와 긍정적인 감정단어를 다양하게 선택해서 사용하고 있는 것으로 나타났다. 특히 4, 5회기에서 집단에서 부정의 감정동사 사용이 크게 증가하는 것은 집단 내에서 자기 고백의 효과가 증대되면서 집단이 역동성을 보여준

것으로 볼 수 있을 것이다. 인문치료 활동에서는 다양한 감정단어를 사용하면서 자신의 감정을 다양하게 인지하고 표현하는 것이 발화량, 1인칭 대명사 사용량을 고려해서 볼 때 심리적으로 긍정적인 영향을 끼쳤을 것으로 생각된다.

	계란	금복주	도시락	주동행	찡이	희망
긍정감정 동사류	대폭증가 1→4.7 (4.7배)	증가 2→6 (3배)	증가 6→8.7 (1.5배)	증가 6→9.4 (1.6배)	대폭증가 3→10.7 (3.6배)	감소 11→5.4 (0.5배)

3.2.4. 인지어휘류

	인지 동사	인과 어휘	
		접속사	연결어미류
계란1	0	1	0
계란2	2(1.4) 이해하다	0	3
금복주1	1	5	12
금복주2	0	2	14
도시락1	0	0	7
도시락2	0	1	3
주동행1	모르다2,	3	때문에1, 니까12, 아서3
주동행2	모르다1, 이해하다3(2)	3	아서11, 니까1
찡이1	0	0	니까2, 아서2
찡이2	이해하다1, 이해1(1.4)	0	아서8, 니까1
희망1	0	그러니까1	아서1, 니까5
희망2	0	왜냐면2	

페니베이커와 안나(2001:92)에서 인지 단어의 사용이 건강과 연관성이 강하다고 하였다. 인지 단어류에는 '깨닫다, 알다, 이해하다'와 같은 통찰을 의미하는 동사류와 '때문에, 그래서'와 같은 인과 어휘가 있다. 페니베이커와 안나(2001)는 이러한 인지 단어류를 강력한 신체적 건강의 예측 어휘소로 보고 있다.

페니베이커 외 2(1997)에서는 통찰력 있고 인과 관계적 사고와 관련한 단어의 증가된 사용이 향상된 신체적 건강과 연관이 있지만, 정신적 건강과는 연관이 없음을 보여준다고 하였다.

본고에서는 한국어의 경우 인과어휘에 인과의 기능을 하는 연결어미류를 한국어 특성을 고려하여 살펴보았다.

인지동사의 경우는 계란, 주동행, 쩡이에서 '이해하다'의 동사 사용이 확인되며, 계란의 경우는 1에서는 인지동사를 표현하지 않았다가, 2에서는 1.4회 '이해하다' 동사를 사용하였다. 주동행의 경우는 '이해하다'의 동사 살펴보면 1에서는 '이해하다' 동사 사용이 없다가 2에서 2회 사용하였다. '모르다' 동사는 1에서는 모르다(2)에서 2에서는 모르다(1)로 사용이 줄어듦을 확인할 수 있었다. 쩡이의 경우는 1에서는 전혀 사용하지 않다가 2에서는 1.4회 사용하였다. 1, 2에서 인지동사의 변화 양상이 보인 예는 계란, 주동행, 쩡이에 해당한다. 그러나 큰 폭으로 증가하지 않았다. 도시락(0), 금복주(1), 희망(0)의 경우는 거의 사용하지 않고 있다.

	계란	금복주	도시락	주동행	쩡이	희망
인지동사	증가 0→1.4	감소 1→0	유지 0→0	증가 0→2	증가 0→1.4	유지 0→0

인과어휘는 대체로 의미 있는 변화가 보이지 않으나, 계란, 찡이의 경우 인과어휘 사용이 증가하였다. 계란은 인과어휘가 1(1)에서 2(2)로, 찡이는 인과어휘의 1(4)에서 2(6.1)로 나타났다.

	계란	금복주	도시락	주동행	찡이	희망
인과어휘	증가 1→2	감소 17→10.9	감소 7→2.7	감소 16→10.2	증가 4→6.1	감소 7→1.4

인지동사, 인과어휘에서 모두 증가 양상을 보인 예는 계란과 찡이의 경우이다.

<table>
<tr><th></th><th colspan="2">계란</th><th colspan="2">금복주</th><th colspan="2">도시락</th><th colspan="2">주동행</th><th colspan="2">찡이</th><th colspan="2">희망</th></tr>
<tr><td>인지동사</td><td>증가
0→1.4</td><td rowspan="2">증가</td><td>감소
1→0</td><td rowspan="2">감소</td><td>유지
0→0</td><td rowspan="2">감소</td><td>증가
0→2</td><td rowspan="2">유지</td><td>증가
0→1.4</td><td rowspan="2">증가</td><td>유지
0→0</td><td rowspan="2">감소</td></tr>
<tr><td>인과어휘</td><td>증가
1→2</td><td>감소
17→10.9</td><td>감소
7→2.7</td><td>감소
16→10.2</td><td>증가
4→6.1</td><td>감소
7→1.4</td></tr>
</table>

4. 어휘 분석과 심리검사 지수와의 연관성

인문치료 활동에서는 인문치료의 치료 여부를 입증하는 방법으로 심리척도를 사용하는 것이 타당한지의 문제 제기에도 불구하고 사전, 사후 검사로 심리검사를 활용한다. '나를 찾아 떠나는 여행'에서도 회복탄력성지수검사가 실시하였다.

회복탄력성은 환경에 따른 스트레스, 역경 혹은 위험에도 불구하고 행동적, 정서적 문제를 보이지 않고 건강하게 적응해 가는 아동들을 설명하기 위해 구성된 심리학적 개념이다(Block & Block, 1980;Block & Gjerde,1990). 회복탄력성이 높은 사람은 역경을 극복하여 자신에게 긍정적인 삶으로 바꾸는 힘을 갖고 있다고 하며 이 같은 회복탄력성은 노력에 따라 정적으로 계발될 수 있는 긍정적 심리적응기제로 밝혀지고 있다(김주환, 2011).

회복탄력성 지수는 크게 세 영역으로 구분되며, 세 영역은 다시 하위 세 영역으로 구분된다. 상위 세 영역은 자기조절능력, 대인관계능력, 긍정성이다. 본고에서는 자기조절능력과 대인관계능력 영역만을 실시하였다. 자기조절능력의 하위 세 영역은 감정조절력, 충동통제력, 원인분석력이고, 대인관계능력은 소통능력, 공감능력, 자아확장력이다.

2013년도 '나를 찾아 떠나는 여행'의 회복탄력성 지수는 전체적으로 증가 또는 유지(도시락)하였다. '나를 찾아 떠나는 여행' 인문활동 사전, 사후 회복탄력성지수는 아래와 같다.

	계란	금복주	도시락	주동행	쩡이	희망
사전	66	122	128	130	92	130
사후	114	128	128	132	120	134
	증가 신뢰성이 없음	증가	유지	증가	대폭증 가	증가

여기서 어휘 분석 결과와 지수 검사를 연관하여 살펴보면, 회복탄력성 지수에서 가장 큰 폭으로 변화한 쩡이의 경우는 어휘분석 결과에서도 사전, 사후에서 고른 증가 분포 양상을 보이고 있다.

발화량은 세 번째이면서도 1인칭 대명사, 호칭어, 친족어의 사용, 긍정감정동사류 사용, 인지동사, 인과어휘 등 전 어휘 항목에서 증가하였다. 계란의 경우는 회복탄력성 지수 검사에서 사전에 처리하지 않은 항목이 다수 발견될 정도로 의욕이 약하였으나, 사후에는 회복탄력성 사후 지수에서 비록 가장 낮은 점수(114)이기는 하지만, 어휘분석의 결과와 연관하여 살펴보면 찡이의 경우와 마찬가지로 전 어휘항목에서 증가 양상을 보이고 있다. 특히 발화량의 경우는 가장 발화량이 적음에도 불구하고 1회기/4, 5회기 발화량의 변화 폭이 5.2배로 가장 큰 점과 인지동사, 인과어휘에서 둘 다 증가 양상을 보인 점 등을 고려할 때 찡이의 경우와 함께 의미있는 변화를 보여 주었다고 할 수 있다.

	계란	금복주	도시락	주동행	찡이	희망
사전	66	122	128	130	92	130
사후	114	128	128	132	120	134
발화량	발화량 가장 적음 (136) 1회기〈4,5 회기(5.2배)	발화량이 가장 많음 (809) (2.4배)	발화량 적은 편 (290) (2.8배)	발화량이 두 번째로 많은 편 (603) (3.1배)	발화량이 세 번째로 많은 편 (413) (3.6배)	발화량이 네 번째로 많은 편 (406) 1회기〉4,5 회기(0.6배)
1인칭 대명사	증가 3→3.4 (1.1배)	증가 11→17.4 (1.6배)	증가 3→6.7 (2.2배)	증가 4→8.7 (2.2배)	가장 증가 0→5.4	감소 11→3.4 (0.3배)
호칭어, 친족어	증가 0→4	증가 5→10.1 (2배)	증가 1→7.8 (7.8배)	증가 3→4.7 (1.6배)	증가 2→4 (2배)	감소 2→1.4 (0.7배)

<table>
<tr><td>긍정
감정
동사류</td><td colspan="2">대폭증가
1→4.7
(4.7배)</td><td colspan="2">증가
2→6
(3배)</td><td colspan="2">증가
6→8.7
(1.5배)</td><td colspan="2">증가
6→9.4
(1.6배)</td><td colspan="2">대폭증가
3→10.7
(3.6배)</td><td colspan="2">감소
11→5.4
(0.5배)</td></tr>
<tr><td>인지
동사</td><td>증가
0→1.4</td><td rowspan="2">증가</td><td>감소
1→0</td><td rowspan="2">감소</td><td>유지
0→0</td><td rowspan="2">감소</td><td>증가
0→2</td><td rowspan="2">유지</td><td>증가
0→1.4</td><td rowspan="2">증가</td><td>유지
0→0</td><td rowspan="2">감소</td></tr>
<tr><td>인과
어휘</td><td>증가
1→2</td><td>감소
17→10.9</td><td>감소
7→2.7</td><td>감소
16→10.2</td><td>증가
4→6.1</td><td>감소
7→1.4</td></tr>
</table>

도시락의 경우는 유일하게 회복탄력성 지수가 상승하지 않았는데, 1인칭 대명사, 긍정 감정동사류는 증가하고 인지 단어류는 유지 내지는 감소로 나타났다. 호칭어와 친족어의 증가 폭은 다른 참여자에 비해 높게 나타났다.

금복주, 주동행, 희망의 경우는 회복탄력성지수의 변화가 약간 증가한 정도인데 금복주와 주동행의 경우는 인지동사, 인과어휘류를 제외한 어휘 항목에서는 증가 양상을 보였고 희망의 경우는 회복탄력성 지수의 증가에도 불구하고 전 어휘 항목에서 감소 양상을 보였는데, 이는 발화량이 유일하게 감소한 것과 연관성이 있을 것으로 보인다. 분명한 이유는 알 수 없다. 1회기와 4, 5회기 발화량의 감소한 이유를 개별적인 상담을 통해 추적 조사할 필요가 있다.

5. 결론

본고에서 시도한 어휘 분석의 결과와 회복탄력성지수 검사 결과를 연관하여 볼 때 회복탄력성지수 결과가 도시락의 경우만 제외하고 모두 증가하였다. 시도한 어휘 분석의 결과와 회복탄력성지수 검사 결과를 연관하여 볼 때, 첫째 발화량, 1인칭 대명사, 감정동사류의 사용은 회복탄력성지수 결과를 고려할 때 전반적인 증가와 비례한 양상을 보였다. 단지 희망의 경우만 예외적인 양상을 보였다.

둘째 긍정 감정 어휘와 인지어휘의 사용과 참여자들의 회복탄력성 지수 결과를 연관해서는 긍정 감정어휘만을 사용하고 인지동사와 인과의 연결어미에서 동시에 고르게 증가 양상을 보인 계란과 쩡이가 회복탄력성 지수 검사에서도 다른 참여자에 비해 현격한 지수 변화가 관찰된다. 그러므로 긍정 감정어휘와 인지 단어의 사용은 페니베이커와 안나(2001)의 연구 결과와 맥을 같이 한다.

그러나 이는 사례가 충분치 않으므로 계속적인 어휘 분석의 사례가 축적될 때까지 잠정적인 결과라 할 수 있다. 페니베이커와 안나(2001:93)에서도 지적한 바와 같이 단순히 단어 횟수를 헤아리는 것이 맥락, 은유, 풍자 등의 언어를 고려하지 못한 채 이루어지는 것이므로 좀 더 보완된 언어 분석 방법과 프로그램도 연구 개발되어야 한다.

참고문헌

김주환. 2011. 『회복탄력성』. 위즈덤하우스.

로제마이어. 박여명 역. 2010. 『나를 일깨우는 글쓰기』. 시아.

박종민 · 이창환. 2011. 「한국어 분석 프로그램(KLIWC)을 이용한 남북한 방송극의 언어문화 구조 차이분석」. 『방송과 커뮤니케이션』제12권 3호.

세퍼드 코미나스. 임옥희 역. 2008. 『치유의 글쓰기』. 홍익출판사.

이의철. 1967. 「연상-심리학적 고찰」. 『논문집』. 서울대학교. pp. 47-184

이창환 · 심정미 · 윤애선. 2005. 「언어적 특성을 이용한 '심리학적 한국어 글분석 프로그램(KLIWC)' 개발 과정에 대한 고찰」. 『인지과학』 16권 제2호. pp. 93-121.

인문과학연구소 편. 2009. 『인문치료』. 강원대학교출판부.

제임스 페니베이커. 이봉희 역. 2007. 『글쓰기치료』. 학지사.

채연숙. 2010. 『글쓰기치료-이론과 실제』. 경북대학교출판부.

캐서린 아담스. 강은주 · 이봉희역. 2006. 『저널치료』. 학지사.

Allport, G. W. 1961. Pattern and growth in personality, New York: Holt, Rinehart and Winston.

Pennebaker, J.W., & Mayne Tracy J & Francis, M. E. 1997. Linguistic predictors of adaptive bereavement. Journal of Personality and Social Psychology, 72, pp.863-871.

Pennebaker, J.W. & King, L.A. 1999. Linguistic styles: Language use an individual difference. Journal of Personality and Social Psychology, 77, pp.1296-1312.

Pennebaker, J.W. & Anna Graybeal. 2001. Patterns of Natural Language Use: Disclosure, Personality, and Social Integration. Current Directions in Psychological Science, 10, pp.90-93.

Pennebaker, J.W., Mehl, M. R. & Niederhoffer, K. G. 2003. Psychological aspects of natural language use: our word, our selves, Annual Review of psychology, 54, pp.547-577

Freud S. 1901. Psychopathology of Everyday Life. New York: Basic Books

Ricoeur P. 1976. Interpretation Theory: Discourse and the Surplus of Meaning. Fort Worth, TX: Texas Christian Univ. Press

※ 이 글은 필자의 논문 「인문치료의 어휘 분석」(『인문과학연구』 제40집, 강원대 인문과학연구소, 2014)를 수정 · 보완한 것이다.

텔레비전에서 만난 사이코드라마

윤 일 수

Ⅰ. 사이코드라마의 진행방식

오늘날은 가히 '치유의 시대'라 할 만큼 각종 치유가 범람한다. 그러다 보니 TV프로그램에서도 솔루션(Solution)이라는 명목 하에 개인의 문제 상황이 공개되고 그것을 해결해가는 과정을 보여주는 경우가 많다. 예를 들면 SBS Plus 〈미워도 다시 한번〉, MBC 〈생방송 오늘 아침-사랑 더하기〉, KBS2 〈현장출동 인권수사대 호루라기〉, SBS 〈긴급출동 SOS 24〉, SBS 〈실제상황 토요일-우리 아이가 달라졌어요〉, KBS1 〈아침마당〉 등이다. 이중 상당수는 솔루션이라는 목적에 맞추어 문제 상황을 보여주고, 그것에 대한 전문가의 분석과 처방에 따라 문제를 해결해가는 과정을 보여준다. 이중 일부 프로그램은 사례에 대한 신뢰감을 높이기 위해 실명을 비롯한 인적사항과 실물까지 공개한 상황에서 솔루션을 진행한다. 그 과정에 개인의 사생활이 적나라하게 공개되어 사생활 침해에 대한 우려가 발생하고 있다.

헌법 제17조에 "모든 국민은 사생활의 비밀과 자유를 침해받지 아니한다"라고 명시되어 있다. 솔루션 프로그램 역시 참여자에 대한 비밀보장의 의무로부터 자유로울 수 없다. 사이코드라마의 경우, 사후뿐만 아니라 진행과정에서도 비밀보장을 매우 중시한다. 사이코 드라마를 진행하는 데 주인공에게 방해되는 인물이 현장에 있을 경우, 진행자는 그 인물에게 양해를 구하고 사이코드라마가 진행되는 동안 문밖에 나가있도록 하는 것이 관례다. 관련되는 인물이 현장에 있으면 주인공이 내면의 이야기를 자유롭게 하지 못하므로 안전한 환경을 제공해준다는 배려에서다. 대체로 그 범주에 드는 사람은 가족 · 친구 · 직장동료 등 주인공과 친밀한 관계에 있는 인물이다. 이러한 유형의 관습은 매우 엄격하게 지켜지는 불문율같은 것이다.

그럼에도 불구하고 TV프로그램에서 방영되는 사이코드라마는 주인공과 갈등관계에 놓여있는 적대자(Antagonist) 앞에서 진행함으로써, 적대자는 물론 그 모습을 보여주고 싶지 않는 사람들에게까지 공개된다. 이러한 진행방식이 주인공과 그 가족 나아가 시청자들에게 어떤 영향을 미칠 것인가에 대한 궁금증을 유발한다. TV프로그램을 통해서 사이코드라마를 변형적으로 방영함으로써 그것을 정통 사이코드라마로 오인하여 사이코드라마에 대한 왜곡이 발생할 수 있을 것이다. 비밀보장을 중요시하는 '사이코드라마'를 TV프로그램을 통해 공개적으로 실연하면 개인정보에 대한 비밀이 보장되지 않아 그로 인해 참가자들이 피해를 볼 수 있으며, 또한 사이코드라마에 대한 왜곡으로까지 확대될 수 있기 때문이다.

'사이코드라마'와 비슷한 용어로는 '심리극'과 '심리치료극'이 있지만, 본고에서는 세계 보편적으로 사용되는 '사이코드라마'를 사용한다. '사이코드라마'는 1911년 미국의 정신과 의사 모레노(Moreno)가 '자발성 극장'을 조직하면서 고안한 정신요법의 하나로(최헌진, 2003: 78), 1975년에 국립서울정신병원에 의료부장으로 있던 김유광에 의해 우리나라에 처음 도입되면서 사용된 용어다(김유광 · 이정숙 공역, 1999: 3). 초창기에는 사이코드라마가 주로 정신과 환자들에게 즉흥적인 연기를 하도록 하여 마음 속에 있는 문제를 표현하도록 함으로써 환자를 분석하고 치료하는 목적으로 사용했다. 당시는 정신질환을 수치스럽고 감춰야할 질병으로 간주하는 경향이 강했기 때문에, 정신질환에 대한 부정적인 이미지로 인하여 그것을 치료하는 매체인 '사이코드라마'라는 용어에 대해서도 거부감을 가지는 경향이 있었다. 이로 인해 우리말로 번역된 '심리극'이라는 용어로 대체하는 경우도 있었다. 한편 '플레이백 시어터(Playback Theatre)'와 같이 변형된 사이코드라마 양식이 소개되면서 '심리치료극'이라는 용어도 사용되고 있는 실정이다. 각각의 용어가 다양한 배경을 가지고 있으므로 용어에 따라 그것이 가지는 의미 역시 근소하게 차이를 보인다. 즉 '사이코드라마'는 정통사이코드라마를 지향하는 집단에서 많이 사용하는 경향이 있고, '심리극'은 사이코드라마라는 용어가 가지는 거부감을 다소 순화시키고자 하는 집단에서 사용하는 경향이 있으며, '심리치료극'은 다른 예술치료와 통합적으로 사용하는 집단에서 사용하는 경향이 있다.

Ⅱ. 텔레비전 속의 사이코드라마

사이코드라마를 방영하는 각종 TV프로그램은 해당 프로그램의 성격에 따라 다양한 양태를 취하고 있다. 사이코드라마는 통상적으로 풀(Full)드라마를 하는 데 3시간 정도 소요되지만 TV프로그램에서는 시간적인 제약으로 인해 핵심적인 장면 몇 개를 보여주는 것에 그치고 있다. 대부분의 프로그램은 30분~60분 동안 사례 하나를 소개하지만, 문제 상황에 대한 정보를 제공하는 데 많은 시간을 할애하므로 정작 사이코드라마에 할애하는 시간은 그다지 많지 않다.

1. 행복한 부부관계 만들기 프로젝트

부부들의 갈등상황을 해결하고 원만한 결혼생활을 지속하도록 돕는 프로그램은 〈미워도 다시 한번〉과 〈생방송 오늘 아침-사랑더하기〉가 있다. 이 프로그램에서는 솔루션 참가자들의 실명과 얼굴을 공개한 상태에서 솔루션을 진행하고 있다.

1) 미워도 다시 한번, 젊은 머리가 파뿌리 되도록

SBS Plus 예능오락프로그램 〈미워도 다시 한번〉은 실제 결혼 18년차 부부인 이봉원 · 박미선이 MC를 맡아 진행하는 이혼위기 부부 솔루션이다. 2011년 1월 21일 첫 방송된 이래, 각 기수별로 16~17회 정도 방영하는데 현재 4기 부부의 솔루션이 진행되고 있는 상황이다. 3기의 경우, 솔루션에 참가신청을 한 부부가 1,000쌍이 넘을 정도로 이혼위기에 처한 부부들로부터 많은 관심을 받고 있으며(SBS Plus 〈미워도 다시 한 번〉, 2011년 9월 9일 방송), 동시간대 케이블 예능프로그램에서 시청률 1위(1.413%, AGB닐슨 기준)를 차지할 정도로 시청자들로부터 많은 관심을 받고 있다(2012년 2월 17일 방송분에 대한 AGS닐슨 기준). 프로그램은 참가자들이 100일 동안 이혼위기 극복을 위한 각종 솔루션을 수행하는 과정으로 구성되어 있다.

부부별로 댄스스포츠 연습과 병행하여 진행되는 프로그램의 내용은 다음과 같다.

〈표 4〉 〈미워도 다시 한번〉 3기 부부의 솔루션 진행과정

회차	내 용
35	부부들의 일상생활을 관찰, 현재 갈등양상과 반응 파악
36	엑스페리먼트 I : 엘리베이터, 억눌린 심리분석
37	분노표출 솔루션: 패닉룸, 토마토 투척
38	가상이혼법정: 세간나누기[장서갈등부부 · 10대부부]
39	가상이혼법정: 세간나누기[고부갈등부부 · 재결합부부]
40	4인용 시크릿: 가족갈등진단, 플레이백 씨어터[심리치료극]
41	러브하우스: 부부간의 애정도를 높이는 물 위의 하룻밤, 전원테라피, 뮤직테라피[음악치유]
42	판도라의 상자: 최면치료[고부갈등부부 · 장서갈등부부]
43	솔루션 II : 판도라의 상자, 사이코드라마[심리극], [재결합부부 II]
44	부부파이터클럽: 〈파이터 클럽〉에서 만나다, 3분간 하고 싶은 말하기, 1분 스파링, 대화법 지도
45	침실을 뒤엎어라: 예스맨 프로젝트, 슈퍼맨 되기
46	댄스솔루션 중간평가
47	리마인드 웨딩: 초심으로 돌아가기, 웨딩화보 촬영
48	멘토에게 인생을 배우자: 양희은 뮤지컬 초대
49	최종무대 D-1, 댄스솔루션 최종대회
50	솔루션 이후 10대 부부의 일상

16회차에 걸쳐 진행되는 솔루션은 크게 3단계로 나누어 진행된다. 1단계는 현재 상황을 집약적으로 보여주는 형태이다. 집안에 설치된 CCTV를 통해 부부의 일상적인 갈등양상과 반응양상을 파악한 후, 엘리베이터 실험을 통해 현재의 부부관계를 진단한다. 그 결과 네 쌍의 부부 모두 엘리베이터 내의 양쪽 벽면에 위치함으로써 상대와 최대한 간격을 유지하고 있었다. 에드워드 홀은 친밀한 부부라면 0~46cm의 거리를 유지하고, 사소한 이야기를 나눌 수 있는 부부라면 46~122cm의 거리를 유지한다고 했다. 그런데 네 쌍의 부부는 제한된 엘리베이터 내의 공간에서 그 이상의 거리를 유지함으로써 서로를 경계의 대상으로 여기고 있음을 확인할 수 있었다. 분노는 결혼생활을 망가뜨리는 주요원인으로, 분노를 다루지 못해서 서로에 대한 친밀함과 열정을 잃어버리는 부부가 많다고 한다(티안 데이톤, 김세준 역, 2008: 415). 따라서 참가자들로 하여금 패닉룸에서 배우자에 대한 분노를 표출하도록 하여 부부관계를 회복할 수 있도록 구성하였다. 이러한 일련의 과정을 통해 그동안 억눌렸던 분노를 분출한 후 그들이 원하는 이혼상황을 가상체험할 수 있도록 했다. 우리나라의 이혼절차는 외국의 이혼입법례에 비해 간소하여 감정에 치우쳐 경솔하게 이혼을 하거나 이혼에 따르는 자녀양육 문제 및 재산문제에 대해 신중하게 생각해보지 않는 경향이 있다고 한다(김세경, 2004: 53). 따라서 가상이혼체험을 통해 이혼에 따르는 복잡한 문제를 체험해보도록 하여 이혼문제에 대해 숙고할 기회를 제공하고 있다.

2단계에서 먼저 부부관계에 부정적인 영향을 미치는 깊은 상처를 전원테라피 · 뮤직테라피 · 플레이백 씨어터 · 최면치료 · 사이코드라마 등을 통해 치료하도록 하고 있다. 겸하여 가부장사회에서 억눌려 사는 아내들이 느끼는 결핍된 부분을 부부 파이터클럽 · 예스맨 프로젝트 · 리마인드 웨딩 등을 통해 충족시켜주는 과정이 추가되고 있다. 우리사회의 보편적인 가치규범인 가부장제는 평등한 부부관계보다 노부모 부양에 대한 강한 책임의식과 자녀에 대한 큰 기대를 강조하는 경향이 있다. 이러한 가치관이 현대사회의 서구적 가치관으로 대체되는 과정에 다양한 충돌을 일으킨다고 한다. 예를 들어 가족의 사회기능과 제도적 역할을 중요시하던 것에서 부부 간의 정서적 유대를 중시하는 것으로 바뀌었으며, 개인의 가치도 가족중심의 집단주의에서 개인주의로 바뀌었는데(김세경, 2004 : 57), 이러한 가치관의 변화를 수용하지 못하는 가족구성원들로 인해 이혼율이 증가하고 있다는 것이다. 따라서 이러한 사회구조로 인해 억압받을 수밖에 없었던 아내의 존재를 극대화시키는 쪽으로 솔루션을 진행한다. 프란츠 알렉산더(Frantz Alexander)는 '정서적으로 재교육된 경험'을 통해 아내가 억압당했던 욕구를 의식으로 끌어올림으로 치료가 이루어진다고 했는데(아담 브레트너, 2005: 110), 잉여현실의 도움으로 아내가 소망하던 바를 경험하도록 해줌으로써 치료가 이루어지는 형태를 취하고 있다. 또한 러브하우스에서의 하룻밤, 멘토의 뮤지컬 초대 등을 통해 부부간의 아름다운 추억만들기 과정이 이루어지고 있다. 대체로 상처를 치료하고 부부관계를 돈독하게 다지는 형태로 구성되었는데, 부부관계 회복을 위한 치료, 부부관계의 재구조화, 교정적 정서체험 등을 통해 새롭게 거듭날 수 있도록 구성되었다.

3단계는 솔루션을 마친 후 일상으로 돌아간 10대 부부의 이야기를 담고 있다. 또한 댄스솔루션이 전(全) 과정에 걸쳐 병행해서 진행되는데, 중간평가와 최종대회에 한 회기씩 할애할 만큼 큰 비중을 차지한다. 상당히 큰 액수를 상금으로 제시함으로써 부부가 하나의 목표를 향하여 힘을 합칠 수 있도록 하는 역할을 한다. 네 쌍의 부부들이 총 100일간 16회에 걸쳐 수행하는 솔루션이기 때문에 그 과정에 TV화면을 통해 자신을 객관적으로 바라볼 수 있는 기회와 자신들과 유사한 문제를 안고 있는 다른 부부들과 공감대를 형성할 수 있는 기회를 제공한다.

〈미워도 다시 한번〉 3기 부부의 솔루션에서는 플레이백 씨어터와 사이코드라마가 사용되었다. 먼저, '심리치료극'이라 명명된 플레이백 씨어터다. 플레이백 씨어터를 '4인용 씨크릿'이라는 제목으로 부부의 양가 부모와 얽힌 관계를 풀어내고 있다. 이에 대해 프로그램은 자막을 통해 '자신의 문제를 제3자가 연기하는 것을 직접 보면서 자기 스스로 문제점을 각성하도록 하는 심리치료'라는 정보를 제공하고 있다(SBS Plus 〈미워도 다시 한번〉, 40회, 2011.10.15). 플레이백 씨어터는 사이코드라마로부터 자극을 받아 만들어진 변형된 형태로(최헌진, 2003: 597), 진행자가 화자에게 자신의 이야기를 하라고 요청한 뒤, 주요사건 · 관련인물 · 사건의 진행과정과 결과를 파악하기 위한 질문을 하며, 충분한 정보가 파악되면 배우들의 실연이 이루어지고, 진행자와 화자는 옆에서 진행과정을 지켜보는 것이다(데이비드 존슨 · 르네 에무나, 2011: 534). 이 과정을 통해 주인공은 다른 사람이 자신의 이야기를 분석이나 판단없이 정중하게 듣고 있다는 경험을 하는 것만으로 치료효과가 있다고 한다(데이비드 존슨 · 르네 에무나, 2011: 539).

〈표 5〉 〈미워도 다시 한번〉 3기 부부의 플레이백 씨어터

부부	내 용	치유 효과
고부갈등 부부	백성원: 가부장적인 아버지에 대한 억눌린 감정, 초등학교시절 아버지로부터 손찌검을 당하던 어머니에 대한 기억	아버지가 어머니를 안아주었으면 그런 걸 배우지 않았을까? 부부관계 개선의 의지 생김
장서갈등 부부	정치섭: 장모와의 첫 만남에서 강간범 취급을 당함	와 닿는 게 아니어서 변화가 있다 없다고 이야기 못하겠지만, 처음보다 나아진 것 같음, 부부관계 유연해짐
	길경선: 어린시절 자녀 앞에서 어머니를 때렸던 아버지에 대한 분노	점점 따뜻해지는 남편 손을 잡고 있으니 감정이 묘해짐, 남편에 대한 감정이 누그러짐
10대부부	김하나: 시댁에서 친정없다고 많이 무시당함	혼자서 딸을 남부럽지 않게 키운 아버지에 대한 고마움을 깨달음, 아버지와 화해
재결합 부부	김동권: 장인어른과 함께 있는 것이 불편했던 기억, 어머니를 때리던 아버지에 대한 무서웠던 기억	돌아가신 아버지에게 속만 썩혀드린 것을 사죄함, 아버지와 화해
	이신애: 새 엄마를 때리는 아버지, 아버지로부터 사랑을 받아본 경험이 없음	아버지와 비슷한 모습만 보면 감정적 · 공격적이 되는 자신 발견, 아버지의 마음 이해, 아버지와 화해

네 쌍의 부부는 현재 문제 상황을 발생시키는 어두운 상처를 '플레이백 씨어터'를 통해 노출하도록 구성하고 있다. 참가자들은 이

러한 노출로 자신의 이야기가 사람들로부터 존중받는 것을 통해 치유적인 경험을 하게 된다는 것이다. 예를 들어 고부갈등부부 백성원(33세)은 시어머니에게 효성이 지극한 반면 아내에 대한 배려는 부족한 편이었다고 한다. '플레이백 씨어터'를 통해 그러한 행동이 어린시절 가부장적인 아버지에게 억눌렸던 감정과 아버지로부터 손찌검 당했던 어머니에 대한 연민에서 비롯되었다는 것을 인지하게 되며, 그것을 지켜보던 아내 역시 인지적으로 구성된 드라마를 통해 남편을 이해하도록 구성하고 있다. 이러한 일련의 과정이 배우들에 의해 행위화되는 것을 보면서 자신을 객관화시켜볼 수 있도록 구성하고 있으며, 문제 상황에 대한 자기 진술→ 배우자의 행위화 감상→ 자기 문제점 각성 및 치료 등의 과정을 거치도록 구성하고 있다.

장서갈등부부 정치섭(40세)은 장모와의 첫 만남에서 강간범 취급을 당했던 억울함 때문에 장모를 닮은 아내의 얼굴만 봐도 분노가 치솟아 올랐으며, 아내 길경선(28세)은 남편의 폭력적인 모습을 보기만 하면, 어린시절 어머니에게 폭력을 행사했던 아버지에 대한 분노가 치밀어 올랐다고 한다. 즉 현재 상황에 대한 진술을 통해 부부관계를 악화시키는 원인을 추적해 보고 그 결과를 바탕으로 심리치료를 시도하고 있다. 티안 데이톤에 의하면, 외상에 대해 이야기를 하고 그것을 집단과 더불어 행위화하는 것은 상처입었던 이야기를 구체화하는 것으로 구체화 자체가 교정적 경험을 제공한다고 한다. 이러한 일련의 행위를 통해 현재 행동을 과거의 외상 상처와 연결시켜 그것이 미치는 영향을 역동적으로 분석해봄으로써, 외상 자체를 새로운 의미로 받아들이도록 구성하고 있다(최헌진, 2006: 4).

또한 10대 부부 아내 김하나(18세)가 결혼을 반대했던 친정아버지에 대한 기억을, 재결합부부 김동권(33세)이 어머니를 때리던 아버지에 대한 무서웠던 기억을, 이신애(26세)가 새어머니를 때리던 아버지에 대한 기억을 행위화함으로써 해당 인물과 화해하는 방식으로 진행되고 있다. 이처럼 플레이백 씨어터는 화자가 자기의 진술을 바탕으로 구성된 배우들의 연기를 보며 문제점을 스스로 각성하도록 하고 있다. 현재의 문제행동을 과거의 상처로부터 기인하는 결과물로 보고, 대상의 문제행동에 대해 비난하는 것이 아니라 환경에서 비롯된 결과로 보며, 인간의 본성을 되찾는다면 해결될 수 있다고 보는 입장이다. 그 결과 종전까지 대립관계에 놓여있던 부부가 상대의 입장을 받아들이고 수용하는 상태로 감정전이가 이루어지도록 구성하고 있다.

다음은 '심리극'이라는 용어를 혼용하여 사용하고 있는 '사이코드라마'다. '플레이백 씨어터'가 참가자 전원을 대상으로 한 것인데 비해 사이코드라마는 재결합부부만 참가하고 있다. 재결합부부 김동권과 이신애의 사이코드라마는 17분 동안 방영되었는데, 한 사람당 8분 가량 할애되었다. 통상적으로 풀 드라마(full-drama)가 3시간 가량 소요되는 데 비해 방영분은 상당히 축약된 형태다. 남편의 사이코드라마가 진행되는 동안 아내가 옆에 앉아 그 과정을 지켜본다는 것이 통상적인 사이코드라마의 진행방식과 다른 점이다.

다음은 김동권과 이신애의 사이코드라마 진행과정이다.

〈표 6〉〈미워도 다시 한번〉 3기 재결합부부의 사이코드라마

진행 과정	김 동 권	이 신 애
문제 증상	• 무능하고 술 많이 마시던 아버지로 인한 피해의식, 30세가 되기 전에 번듯한 직장과 집을 가지지 못하면 자살하겠다고 생각함 • 술에 대한 강한 거부감, 술을 즐기며 술주정이 심한 아내	• 죽은 아기가 꿈에 자주 나타남 • 아기를 키우기에 부적절한 폭언과 폭력이 난무한 환경
치료 과정	• 9년 전 술에 취해 객사한 아버지와의 만남 • 주정이 심하고 술을 즐기는 아내와의 만남	• 아기에게 끝까지 지켜주지 못한 것에 대해 사과함 • 남편과 나란히 아기를 안아보는 잉여현실 • 시아버지와 아기를 저승으로 떠나보냄
심리극 종료	• 아내의 좋은 점만 보도록 노력 • 아내를 향한 새로운 다짐, 폭력 안 쓰고 다 받아줄 것을 약속 • 아버지를 이해함, 돌아가신 아버지께 사죄함	• 아기를 키울 수 있는 안정된 환경을 만들기 위해 남편과 함께 노력할 것임 • 합일된 목표로 한 발자국 가까이 다가선 부부관계

김동권은 술에 대한 강한 거부감을 가지고 있기 때문에 술주정이 심한 아내와 불화가 잦았는데, 그것은 알콜중독인 아버지에 대한 트라우마 때문이라는 것이 사이코드라마를 통해 밝혀지고 있다. 그간에 김동권은 분노가 한번 폭발하면 그칠줄 모르는 폭력을 아내에게 행사했었다. 노먼 로젠탈 박사에 의하면, "격노는 분노를 느끼고 표현하는 데 있어 핵심적인 역할을 하는 편도체, 해마 등의 뇌부위를 공격하기 때문에, 일단 분노의 지배를 받게 되면 대뇌피질은 완전히 기능을 상실하게 되고, 결국 감정 억제와 이성적 사고

모두가 불가능해진다는 것이다. 또한 만성적인 격노는 우울증의 전조가 된다고 하는데, 극심한 분노로 인한 문제를 겪는 사람들 중 40%가 우울증을 겪고 있다고 한다(티안 데이톤, 2008: 415). 따라서 남편의 분노조절은 아내뿐만 아니라 자기 자신을 위해서도 반드시 이루어져야 한다. 김동권은 사이코드라마에서 아버지와 아내를 만나서 하고 싶었던 말을 하고 그들의 이야기도 들어봄으로써 분노와 우울증을 유발하던 근원인 묵은 감정을 해소할 수 있는 기회를 갖는다. 또한 아내는 남편의 사이코드라마를 옆에서 지켜봄으로써 남편의 폭력이 아버지로부터 학습된 것이며, 남편 또한 가정폭력의 희생자라고 인지하도록 하여 남편에 대한 부정적인 감정을 해소할 수 있었다.

이처럼 사이코드라마는 내담자들이 안전하게 분노를 표현하고, 구체적 형태로 분노에 따른 자신의 행동을 관찰할 수 있는 임상적 공간을 제공함으로 치료하는 것이다. 치료되었다는 것은 내담자들의 반응이 변하는 것을 통해 확인된다고 한다. 일단 감정이 해소되면 분노로 인해 고통받는 상황처럼 쉽게 자극받지 않게 된다고 한다(티안 데이톤, 2008: 418). 실제로 이들 부부는 이후 솔루션을 진행하는 과정에 과거처럼 분노를 폭발하는 일이 발생하지 않았다.

솔루션에 참가함으로써 출연자들의 달라진 점을 정리하면 다음과 같다.

〈표 5〉〈미워도 다시 한번〉 3기 부부의 프로그램 사전/사후

부부	사전	사후
고부 갈등 부부	백성원: 5분거리 시댁에서 자는 게 일상임, 어려울 땐 어머니에게 SOS요청함 시어머니: 아들 내외의 부부관계에 대해 지나치게 간섭함 박혜진: 부부싸움을 녹취함, 남편의 귀가가 늦어지면 문을 잠금	백성원: 가정을 지키기 위해 솔루션을 끝까지 해냄, 행복하게 잘 살기를 바라는 부모의 진심을 알게 됨 시어머니: 멀리 이사감 박혜진: 시어머니와 친해지기 프로젝트 수행할 의지가 생김
장서 갈등 부부	정치섭: 집이 불편해서 매일 밤 밖으로 나감, 내기 골프치기 채원: 식사 도중 갑자기 옷을 벗는 증세, 부모의 부름에 무응답, 부모를 무의미한 존재로 여김 길경선: 돈 이야기로 남편 기죽이기	정치섭: 채원에게 책 읽어주며 가족의 모습 찾아감 채원: 부모에게 안기고 잘 따라줌 길경선: 3년만에 결혼반지를 낌
10대 부부	김준혁: 가부장적 사고를 가지고 있어 집안일에 무심함, 아내에게 무자비하게 폭력을 행사함 김하나: 남편에서 심한 욕설을 함, 집안일에 소홀함, 결혼으로 친정 아버지와 관계 끊어짐	김준혁: 아내에 대한 폭력 사라짐, 집안일과 아이 양육을 분담함, 작은 변화에 감사하는 편지를 쓸 여유생김 김하나: 집안일에 보다 충실해짐, 남편에게 욕설하지 않음, 친정아버지와 화해함
재결합 부부	김동권: 일단 폭력을 가하기 시작하면 멈추지 않음 이신애: 아기를 양육할 좋은 환경을 갖추지 못해서 출산 미룸, 자기 자신도 폭력을 행사하고 남편을 자극하여 폭력을 유도함	김동권: 아기를 낳을 준비를 갖춤, 감정 절제가 가능해졌음 이신애: 남편을 수용하고 감정을 절제하게 됨

이처럼 각자의 문제행동이 발생하는 근원적인 이유를 알게 되어 그것을 해결함으로써 부부싸움의 횟수와 강도가 급격히 감소하게

되었다. 나아가 배우자에게 폭력을 행사하는 일도 없앨 수 있었다. 참가자들은 입을 모아 이러한 결과는 솔루션에 참가하여 자신을 되돌아보며 반성과 추억의 시간을 가질 수 있었기 때문이라고 한다. 나아가 솔루션이 문제를 해결해주는 것이 아니라 자기 스스로가 먼저 변해야 한다는 것을 깨달아 스스로 변하기 위해 노력함으로써 문제 상황을 변화시킬 수 있었던 것이다(〈미워도 다시 한번〉 48회). 그리고 고부갈등부부 백성원의 어머니와 10대부부 김하나의 친정아버지처럼 참가자들이 부부관계를 회복하기 위해 고군분투하는 모습을 방송을 통해 보면서 근원적인 문제를 제거하기 위해 스스로 먼 곳으로 이사를 가거나 기댈 곳이 없는 딸에게 친정을 만들어주기 위해 친정아버지가 먼저 다가가는 형태로 가족들의 적극적인 지원이 이루어졌다.

또한 집단상담 형태로 진행된 솔루션에 참가하면서 비슷한 상황에 처해있다는 연대감으로 인해 서로 '아픔을 공유하는 의형제'같은 관계가 되었고, '비슷한 처지의 부부끼리 이야기를 나누면서 마음이 풀렸다'고 한다(〈미워도 다시 한번〉 41회). 실제로 집단상담에서 비슷한 고통을 갖고 있는 다른 참가자의 이야기를 들은 후, 자기와 유사한 사연을 가진 사람이 있다는 것을 알게 되는 것만으로 많은 위로를 받게 된다고 한다(마샤 카프, 2005: 259). 이러한 효과는 3기 부부들의 솔루션을 지켜보는 시청자에게도 마찬가지로 적용된다는 것이 솔루션형식의 TV프로그램이 가지는 효과다. 시청자들은 자신과 유사한 문제가 있는 출연자를 보면서 자신의 문제를 객관적으로 바라보고, 문제를 해결할 수 있는 방법을 배운다고 한다. 짧은 순간이나마 다른 사람의 눈을 통해 세상을 경험하는 기회를 얻기 때문이라는 것이다.

〈미워도 다시 한번〉은 솔루션이 진행되는 동안 솔루션에 참가한 각 부부에 대한 시청자의 '의견달기'를 할 수 있도록 구성되어 있다. 각 부부방에 시청자는 텔레가 가는 부부에게 격려나 조언을 하도록 되어 있다. 장서갈등부부의 경우를 살펴보면 격려(6), 조언(3), 비난(1), 분석(1) 등으로 총 11개의 의견이 달렸는데 그 내용은 다음과 같다.

> 많은 부부 들이 겪는 과정 그대로 다 겪는 거라고 생각합니다. 저도 그랬고, 다른 사람도 그럴 거라고요……. 근데 조금만 바꾸면 서로 웃는 모습으로 넘 행복해 보여서 저도 처음 볼 때는 회복될까 하는 두 분이 이제는 많이 좋아 진 것 같아요. 〈장희현, 2011.12.28.〉

> 남편 분 그렇게 행동하시는 것. 절대 자신을 지키는 일이 아닙니다. 자신을 높이는 것이 아닙니다. 자존심이라는 것은 가족한테 세우는 것이 아닙니다. 대화를 하세요. 사람이지 않습니까. 저렇게 울부짖고 한을 품고 사는 아내가 불쌍하지도 않습니까? 가족을 버리고 자신을 선택했다는 것. 그것 자체로도 업고 살아야 하는 겁니다. (중략) 아내를 왕비 취급하면 자신은 왕이 됩니다. 마음을 제발 여세요. 〈조아름, 2011.10.7.〉

> 10대 남편애보다도 가정에 대한 책임감이라고는 전혀 없더만. 책임감 이전에……. 인간적으로 지 밖에 모르더만……. 자식을 위해서 이혼하심이 맞겠더만요. (중략) 처가에서도 어디서 그런 인간말종이 딸년 등골 빼먹으면서 사는지 보면서 기가 막힐 듯……. 처가가 그리

싫으면서 그래 장인이 해준 돈 가지고 도박은 해대는데? 아이를 위해서 저런 남자랑은 헤어지세요. 〈조은숙, 2011.10.10〉

하도 속 썩혀서 쉴드 자체를 쳐주고 싶지 않은 거죠. 뭐~ 바람핀 거 자체는……. 평생 남편을 미워해도, 누구하나 아내가 잘못했다 토 붙일 수 없을 이유죠. 〈최현숙, 2011.9.24.〉

장희현과 같이 출연자들의 행동이나 변화된 모습에 대해 긍정적인 피드백을 주는 경우가 가장 많았으며, 그 외에 조아름과 같이 애정어린 조언를 남기거나 최현숙과 같이 출연자의 입장을 분석해 주거나 조은숙과 같이 출연자의 행동에 대해 비난을 퍼붓는 경우도 있었다. 이러한 의견달기는 사이코드라마의 '나누기(sharing)'와 같은 역할을 한다. 일반적인 나누기는 '공감나누기'의 형태로 진행되는데, 장희현과 같이 주인공의 드라마 과정 중에서 특별히 자신에게 와 닿는 느낌과 그 느낌이 발생한 사건이나 경험을 주인공에게 전달함으로써 주인공의 드라마에 대한 답례를 하는 것이다(최헌진, 2003: 525). 그런데 '의견달기'의 일부 내용과 같이 조언·비난·분석 등은 하지 않는 것이 원칙이다. 자칫하면 주인공에게 상처를 줄 수 있기 때문이다. 〈미워도 다시 한번〉의 출연자 역시 시청자의 의견달기로 인해 상처를 받을 수 있다. 따라서 출연자를 보호하기 위해 '의견달기'에 대한 지도가 이루어져야 할 것이다. 나누기 과정에 분석하는 것은 각성된 연상의 고통에 대한 방어 책략일 수 있으며, 남편을 비난하는 분노감정은 투사 · 전이로 인한 반응일 수 있다고 한다(마샤 카프, 2005: 262~264). 따라서 〈미워도 다시 한번〉

이 시청자에 대한 치유적인 효과까지 기대하고 있다면 '의견달기'에 참여한 시청자의 의견에 대한 상담전문가의 피드백이 이루어져야 한다. 그럴 경우 부적절한 피드백으로 인해 출연자나 시청자가 상처를 받지 않고 적절한 도움을 받을 수 있기 때문이다.

다음은 〈미워도 다시 한번〉이 현재 진행방식으로 인한 폐해가 우려되는 부분이다.

〈표 5〉 〈미워도 다시 한번〉 3기 부부 솔루션의 부정적인 면

	방영 양상	피해[우려] 사항
출연자 명명	• 분노조절이 안 되는 남편 vs 남편 때문에 통곡하는 아내 • 두 여자 사이에 낀 남편 vs 시어머니에게 남편 뺏긴 아내 • 고자질쟁이 조울증 남편 vs 바가지 긁는 고양이 아내 • 대발이 고3남편 vs 15세에 임신한 어린 신부	• 출연자를 지칭하는 문구가 시청자들의 흥미를 불러일으킬 수 있도록 오락성에 무게를 두다보니 자극적임
관련자의 상처	고부갈등부부 시어머니가 아들 내외에게 한 행동이 며느리 입장의 편향된 해석으로 자막처리 되고 있음	자식에 대한 사랑에서 비롯된 시어머니의 의도가 완전히 무시됨으로써 시어머니가 상처받을 우려가 있음
부모에게 책임전가	• 장서갈등부부 길경선의 친정아버지: 술 마시고 폭력을 행사함 • 장서갈등부부의 동서: 인간취급을 안 해줌 • 재결합부부 김동권의 아버지: 알코올중독으로 객사함 • 재결합부부 이신애의 친정아버지: 폭력 행사함	출연자들이 안고 있는 문제들이 모두 부모로부터 받은 상처에서 비롯된 것으로 바라봄으로써 모든 책임을 부모에게 전가시키고 있음

방송의식	• 출연 부부들의 배우자에 대한 폭로 · 고발전 • 보여주기식 이벤트가 많음	이혼위기를 극복하기 위한 노력보다 상대방의 잘못을 폭로하는 데 급급하여 배우자의 명예를 손상시키고 관계를 악화시킬 우려가 있음
여성중심의 진행	슈퍼맨프로젝트 · 부부파이팅클럽: 여성중심으로 진행되는 프로그램에서 아내들이 그간에 당한 것을 남편에게 복수하는 양상으로 진행됨	쌓인 감정을 배우자에게 직접 되갚음함으로써 또 다른 부정적인 감정을 유발할 수 있음
솔루션 수행의 부담	고부갈등부부의 백성원: 일주일간 직장 일을 정리하고 댄스솔루션을 수행함 고부갈등부부의 이신애: 댄스연습을 하러올 때 아기 맡길 곳이 없어서 고생함	결혼생활에서 중요한 부분을 차지하는 생계문제와 양육문제를 포기하면서까지 이혼극복을 위한 솔루션에 참여하는 것은 현실성이 떨어짐
직접적인 감정표출	패닉룸에서 배우자의 영상에 토마토 투척하고, 당사자가 그것을 지켜보고 있음	자신에 대한 부정적인 감정을 분출시키는 것을 지켜보도록 함으로써 그로 인해 상처를 받거나 또 다른 불편한 감정이 쌓일 우려가 있음
자발성 위주	장서갈등부부의 길경선: 자발성이 높은 사람들에게 지지적임	길경선이 높은 자발성으로 적극적으로 분노감을 표출하자, 정치섭에게 거센 비난이 몰림

이처럼 〈미워도 다시 한번〉은 이혼위기 부부들이 자신을 되돌아보고 반성의 기회를 가짐으로써, 자기 변화를 통해 문제를 해결할 수 있다는 점에서 매우 긍정적이다. 시청자 또한 출연자의 모습을 통해 자신을 반추해볼 기회를 제공한다는 점에서 제작자 · 출연자 · 시청자 간에 소통이 잘 이루어지고 있다. 그렇지만 텔레비전이라는 매체의 특성 상 시청률을 높이기 위해 그리고 '예능오락프로그램'으

로 분류되는 〈미워도 다시 한번〉의 성격 상 오락적인 재미를 높이기 위해 일부 사실을 과장하거나 왜곡되게 방영하고 있다. 예를 들면 시청자들의 이해를 돕기 위해 자막으로 제공하는 출연자들의 특성을 살린 명명(命名)은 출연자에게 상처를 줄 소지가 있다.

또한 출연자들의 관점에서 문제를 파악하는 양상은 적대관계에 있는 주변인물에게 큰 상처를 줄 소지가 있으며, 아내와 남편 간의 관계에서도 아내의 관점에서 문제를 파악하는 양상은 남편에게 큰 상처를 줄 소지가 있다. 텔레비전이라는 매체와 솔루션 프로그램의 특성 상, 시청률을 높이고 솔루션의 효과를 극대화하기 위해서 출연자들이 처해있는 현재의 문제 상황을 부각시킬 수밖에 없는데, 그로 인해 출연자들의 부정적인 사생활이 적나라하게 공개되어 상처를 받을 가능성이 있다. 그뿐만 아니라 출연자들이 그동안 쌓인 감정을 당사자인 배우자에게 직접 푸는 형식으로 진행됨으로써 새로운 부정적인 감정을 발생시킬 우려를 낳고 있다. 예를 들어 패닉룸에서 배우자의 영상에 토마토를 투척하며 분노를 표출하는 모습을 그 당사자가 직접 보게 됨으로써 상처를 입을 위험이 있다. 이런 점 때문에 정통 사이코드라마에서는 주인공과 적대관계에 있는 사람은 현장에 머물 수 없도록 하는 것이다. 이처럼 〈미워도 다시 한번〉은 출연자, 그중에서도 약자를 보호해야 한다는 취지에 충실하다 보니 그와 상반된 위치에 있는 사람이 상처를 입을 수도 있는 폐해를 안고 있다.

2) 사랑 더하기, 화목한 가정가꾸기

MBC 시사 · 교양프로그램 〈생방송 오늘 아침〉은 2009년 1월 28일부터 2010년 10월 29일까지 총 83회에 걸쳐 매주 금요일에 이혼위기 부부솔루션 〈사랑 더하기〉를 방영했다. 그중 80회 (2010.10.8)~81회 (2010.10.15.)에 걸쳐 방영된 사례를 대상으로 삼았다. 매일같이 다투는 부모의 싸움을 말려달라는 둘째 딸의 제보로 시작된 솔루션은 부부의 실명과 얼굴이 공개되지만, 자식을 비롯한 그 외 인물은 가명 사용, 모자이크 처리, 목소리 변조 등을 통해 사생활을 최대한 보호하고 있다.

2회에 걸쳐 방영된 이혼 위기극복 부부솔루션의 내용은 다음과 같다.

〈표 7〉 〈생방송 오늘 아침〉 80~81회 솔루션 진행과정

회차	솔루션	내 용
80	부부의 일상생활 점검	서로 엇갈린 생활로 얼굴을 보지 못하는 부부 남편: 야행성 근무(대리운전) 아내: 밤낮으로 바쁜 스케줄
	부부의 불만사항 점검	남편: 무조건 자기만 옳다고 주장하는 아내 아내: 친구만 좋아하며 밖으로 나도는 남편
	솔루션: 1차 부부상담, 심리검사 및 성향조사	아내의 문제: 수사관식 대화방식, 취조형 남편의 문제: 무책임함
	솔루션: 재무상담	연체 · 채무관계 상담
81	심리극 상담	부부의 현재상황극
	부부상담	17년 동안 못한 속마음 이야기하기
	정신과 상담	남편의 직장문제만은 양보하지 않는 아내와의 갈등

81	솔루션: 분노치료	아내의 개별상담 • 아내: 껍질을 하나 벗겨낸 것 같이 새로운 마음, 가족을 대하는 방식 터득(대화로 풀어내기)
	솔루션: 아동상담	아버지에 대한 부정적 시각 • 자기 자리 채우기, 자상하고 가정적인 남편이 되기 위해 노력 • 어려운 것 같은 데 자리를 잡아감, 아내와 같이 노력함

80회는 부부의 일생생활 점검과 심리검사를 통해 이들이 안고 있는 문제와 불만사항을 찾아내어 현재 부부관계를 진단하는 형태로 이루어져 있으며, 81회는 심리극 · 부부상담 · 정신과 상담 · 분노치료 · 아동상담 등과 같은 각종 상담을 통해 이혼위기를 해결하려는 형태로 이루어져 있다. 대부분 심리상담인 것과 달리 사회복지서비스인 재무상담이 개입되었다. 선행연구들에 의하면, 가족자원의 장기적 결핍과 불안정이 가족관계를 악화시키고 경제적 어려움으로 야기된 가족갈등을 원만히 해결하지 못할 경우 이혼을 선택하는 부부가 많다고 한다. 1997년 IMF 외환위기 이후 이혼율이 급증했으며, 이혼 사유 가운데 경제적 이유가 차지하는 비율이 지속적으로 증가하고 있는 것에서도 확인되듯이(김세경, 2004: 58-59), 이 부부의 갈등이 극에 이르게 된 계기도 남편의 실직으로 인한 경제적 어려움에 기인하는 바가 크다. 현재 아내는 남편이 밖으로 나도는 것에 대해 강한 불만을 가지고 있으며, 부부간에 대화가 거의 없고 어쩌다가 대화를 시도하게 되더라도 싸움이 되기 때

문에 서로 피하는 상황이다. 이는 앞서 살펴본 〈미워도 다시 한번〉의 부부들과 마찬가지로 부부, 특히 아내의 누적된 분노가 원인이다. 분노는 담쌓기 · 비판하기 · 회피하기 · 푸념하기 · 토라지기 · 짜증내기 · 통제하기 · 불평하기 · 타인과의 관계를 거부하거나 부정적인 생각에 몰두하기 등 다양한 방식으로 표현된다. 이들 부부는 분노로 인한 적대감 수치가 높기 때문에 대화를 통해 상호소통하지 못한다. 적대감 수준(level of hostility, HO)이 높은 부부일수록 '강압적이고 독선적인 상호작용'을 하기 때문에 원활한 소통을 위해 분노를 줄일 필요가 있다. 분노가 포함된 슬픔을 처리하는 과정에 몰입한 많은 내담자들은, 지금-여기에서 자신의 감정을 경험하고 이해하는 작업을 통해 마음이 홀가분해짐을 느낄 수 있다는 것이다(티안 데이톤, 2008: 412-415). 이런 점에서 아내의 분노치료는 부부관계 회복을 위해 필수적인 과정이다.

81회(2010.10.15)에 방영된 심리극 상담은 심리극전문가인 김영한이 진행했다. '부부의 현재상황극'이라는 표제를 달고 진행된 심리극은 남편이 이야기한 과거사를 진행자들이 역할을 맡아 행위화하고, 그것을 부부가 지켜보는 형태로 진행된다. 이런 점에서 심리극이라기보다 '플레이백 씨어터'에 가까운 형태를 이루고 있다. 또한 TV매체의 대중성을 고려하여 어머니가 농약을 마시고 자살하는 격한 장면은 만화로 대체하는 방식으로 순화시켜 보여주고 있다. 시간 상의 제약으로 인하여 심리극에 할애된 시간은 5분 이내이며, 구체적인 내용은 다음과 같다.

〈표 8〉 〈생방송 오늘 아침〉 81회 심리극 진행과정

진행과정	내 용
문제증상	• 남편: 집안 일에 무책임하고 밖으로 나돌기만 함 • 자녀와 소통이 전혀 이루어지지 않음
치료과정	• 15살 때, 아버지와 다투던 중, 눈앞에서 제초제를 마시고 어머니가 자살하는 것을 보고 받은 충격이 큼 • 가출 이후 아버지와 연락 끊고 살다 돌아가셨다는 소식을 듣고 찾아감 • 돌아가신 아버지와의 화해 • 돌아가신 부모님과의 작별인사
심리극종료	• 남편에게 있어서 집이란 무섭고 불편한 공간이 된 사연을 알게 됨 • 어머니의 죽음, 아버지와의 불화로 청소년기를 생동감없이 보낸 남편, 청소년기 자녀와 소통의 어려움을 겪고 있는 남편의 현재 상황 이해하게 됨

부부문제에 대한 일련의 점검이 끝난 후, 뒤이어 진행된 심리극은 통해 집안일에 무책임하고 늘 밖으로만 나도는 남편의 행동은 어린시절 남편이 집에서 겪었던 트라우마로 인해 나타난 행동임이 밝혀진다. 나아가 자녀들과 전혀 소통하지 못하는 것은 생동감없이 보낸 청소년기로 인한 것이라고 한다. 이처럼 심리극은 문제행동의 근원을 파헤쳐 보여줌으로써 문제행동을 비난하기보다 열악한 환경때문에 나타난 부적응 현상이라는 입장을 취하고 있다.

이처럼 이혼위기 부부들을 대상으로 삼은 사이코드라마는 현재 부부관계를 위협하는 문제행동이 과거의 상처에서 기인하는 행동이라는 입장을 취함으로써, 그 대상을 비판적인 시선으로 바라보는 것이 아니라 그 또한 보호받아야 할 대상으로 바라보는 시선을 취하고 있었다. 모든 문제의 근원은 어린시절 부모로부터 입은 상

처에 기인하는 것이기 때문에 그 대상의 잘못은 아니라는 것이다. 즉 환경 속의 인간, 환경과 분리될 수 없는 인간이라는 생태학적인 관점을 취하고 있다. 또한 미디어를 통하여 이혼이 사회적 일탈이 아니라 하나의 일반적인 사회현상으로 표현되고 있으며, 이혼에 대한 표현 역시 자연스럽게 받아들이는 사회현상 덕에(김세경, 2004: 59), 이혼위기 솔루션에 참가한 부부들은 실명을 사용하고, 얼굴도 공개하는 개방적인 태도를 보이게 되었다.

이들 부부가 솔루션에 참가함으로써 달라진 부분은 다음과 같다.

〈표 9〉〈생방송 오늘 아침-사랑더하기〉 80-81회 사전/사후

사 전	사 후
부부간의 대화가 없고 어쩌다 대화를 하게 되더라도 싸움이 돼버림	아내가 애교를 부리면서 남편과 일상적인 대화를 하게 됨
가족들에게 무심하고 바깥으로만 나돔	남편이 출근하기 전에 온 가족이 함께 저녁식사를 함
침울하고 냉냉한 집안분위기	시끄럽고 활기찬 집안분위기
아버지의 폭력과 무관심으로 상처받음	아버지와의 관계회복을 위해 온가족이 힘을 모음
집안에만 들어오면 표정이 굳어지는 남편	얼굴에 웃음이 가득하고 부드러워짐
모든 책임을 남편에게 돌리고 취소형 대화를 하는 아내	가족에게 어떻게 해야 하는 지 해결방안을 찾음

〈생방송 오늘 아침-사랑 더하기〉는 출연자의 일상생활과 문제상황을 나레이션을 곁들여 소개한 다음, 뒤이어 MC를 비롯하여 패널과 관련 전문가들의 토론이 이어지는 형태를 취하고 있다. 나레

이터의 설명과 함께 출연자의 영상이 방영되는 동안 진행팀은 자신들의 느낌을 솔직하게 드러내고, 그것이 영상자료와 함께 오버랩되어 방영된다. 그 결과 이혼위기 부부 솔루션에 진행팀도 함께 참여하고 있는 듯한 분위기를 연출한다. 따라서 진행팀은 출연자들을 분석의 대상으로 삼아 타자화시키지 않으면서 부부문제에 대해 자연스럽게 개입한다. 이러한 진행팀의 분위기에 편승하여 시청자들도 출연부부의 문제상황을 해결하는데 적극적으로 참여하도록 유도하고 있다. 건당 100원의 요금이 부과되는 문자메세지는 총 41건[80회 17건, 81회 24건]이 접수되었는데, 시청자들에게는 발신자의 개인정보 보호를 위해 전화번호의 마지막 네 자리와 함께 문자메시지 내용이 자막을 통해 공개된다. 그것을 성격에 따라 나누어보면 조언(36) · 격려(3) · 공감나누기(2) 등으로 다음과 같다.

> 하늘나라로 먼저 가버린 애들 아빠, 싸울 수 있는 저 모습조차도 부럽네요. (2487)
> 이혼한 부모의 모습을 보는 것 같아 마음이 아프네요. (8805)
> 부부가 함께 사는 모습이 너무 좋아 보여요. (6678)
> 이겨내세요. 반드시 쨍하고 해뜰날 오실 거예요. (0311)
> 오랜 세월 참고 그래도 남편에게 애정이 있는 모습이 참 고맙네요. (0336)
> 서로 현실을 받아들이면서 진실한 마음을 가지도록 노력해야겠네요. (6170)
> 여자분도 너무 닦달만 하시니 남편분도 숨쉴 공간이 없겠네요. (0966)
> 가장이 제대로 자리 잡지 못하면 가족 모두가 불안합니다. 확고한 의지를 가지세요. (4725)

먼저 공감나누기의 형태를 취하고 있는 2487 · 8805는 자신의 이야기를 공개하여 공유함으로써 출연자들의 사생활이 적나라하게 노출된 것에 대한 수치감을 경감시키는 역할을 하며, 격려의 형태를 취하고 있는 0311 · 0336 · 6678은 출연자들에게 지지를 보냄으로써 용기를 북돋아주는 역할을 한다. 그런데 조언의 형태를 취하고 있는 0966 · 4725 · 6170는 출연자들이 부부관계를 회복하는 데 실질적으로 도움이 되는 유익한 것이지만, 출연자들을 비판적인 시선으로 분석을 대상으로 삼고 있다는 점에서 자칫하면 상처를 줄 우려가 있다. 따라서 문자메시지가 공감나누기 형태로 진행될 수 있도록 시청자들에 대한 '문자메시지' 작성 방식에 대한 안내가 이루어져야 할 것이다.

2. 부적응을 적응으로 만들기 프로젝트

1) 인권수사대 호루라기, 손자의 폭력멈추기

2011년 12월 8일에 방영된 KBS2 〈현장추적 인권수사대 호루라기〉 26회 '20대 손자의 폭력'은 2011년 11월 17일 제3자로부터 제보를 받아 시작되었다고 한다. 바닷가에서 40년째 갯벌일을 하는 최금영(가명, 71세)은 손자로부터 폭행을 당해 온몸에 피멍이 들었으며 이가 흔들리는 상태라는 것이다. 친족폭행은 형사처벌까지 가능한 무거운 주제일 뿐만 아니라 도덕적으로도 비난을 받을 수 있는 사례다. 따라서 개인정보 보호를 위해 할머니 · 손자는 가명을 사용하고, 얼굴도 모자이크로 처리하고 있다. 한회당 두 개의 사례를 보여주기 때문에 편당 방영시간은 30분이 소요되었다. 구체적인 내용은 다음과 같다.

〈표 9〉 〈호루라기〉 26회 '20대 손자의 폭력' 솔루션 진행과정

솔루션	내 용
할머니의 현재생활 관찰	• 고령의 나이에 갯벌 일을 하며 가족 생계를 책임짐, 20세 손자의 폭력으로 온 몸에 멍이 들고, 이가 흔들림, 손자가 무서워 집에도 못 들어가는 상태 • 손자의 협박에 생명의 위협을 느껴 112에 신고. 존속폭행은 친고죄이므로 할머니의 처벌의사 없어 돌려보냄
손자의 현재생활 관찰	무직, 하루 8만원씩 게임, 칼로 할머니 위협, 본드 흡입
해결책1: 며느리찾기	바람나서 집을 나간 엄마는 현재 개가한 상태로, 제작진으로부터 아들의 현재 상황을 듣고 연락을 끊음
인권 수사대의 개입1	• 정희남(노인보호전문기관): 할머니와 손자는 밀착관계가 형성되어 분리되지 않음, 일시적 분리가 필요함 • 김경순(건강가정지원센터): 부모로부터 버림받은 것에 대한 배신감 • 김신영(정신과 전문의): 게임장애, 청소년기 행실장애, 인격장애, 우울증 • 건강진단(병원): - 할머니: 척추협착증으로 걷기 힘듦, 신경을 편안하게 해주는 약물요법 처방 - 손자: 게임중독, 본드중독으로 정신과 진료, 어린시절 바람난 엄마가 남자와 도망가고, 아버지도 자살한 것으로 인한 트라우마가 있음 • 손자 고백: 할머니에 대한 미안한 마음, 잘 해야겠다는 생각듦

심리극 치료	어릴 때부터 자신을 부양해 온 할머니에게 폭행을 가하는 손자의 심리상태 점검 및 치료
인권 수사대의 개입2	• 정희남(노인보호전문기관): 청소년기 할머니에 대한 고마움, 사춘기 다른 가정과 비교, 부모로부터 버림받은 상처를 승화하지 못하고 투사하여 할머니 폭행 • 강진구(노인보호전문기관): 손자 나올 때까지 어르신 돌보는 곳에서 정서적 치료 권유, 할머니의 거절로 집에서 도움과 관리받기로 함 • 김동희(보일러시설업체): 보일러 무상교체 서비스

이처럼 〈현장추적 인권수사대 호루라기〉는 제보에서부터 문제 상황에 관한 정보수집, 전문가의 진단, 문제해결을 위한 개입, 사회서비스 제공 등에 이르기까지 총체적으로 구성되어 있다. 한회당 하나의 사례를 다루므로 제한된 시간 내에 전 과정을 집약적으로 보여줘야 한다. 그러다보니 사이코드라마 방영에 할애된 시간은 5분 내외로 전문가의 문제 상황에 관한 해석과 자료제시의 수준에 그치고 있다. 문제 상황을 해결하기 위해 각 분야의 전문가로 구성된 인권수사대의 개입은 두 차례에 걸쳐 이루어진다. 첫번째 해결책으로 제시된 며느리 찾기를 비롯하여, 인권수사대의 1·2차 개입은 복지서비스차원에서 각 분야의 전문가들이 문제 상황을 점검하고 문제해결을 위해 각종 서비스를 제공하는 형태로 이루어지고 있다.

다음, '심리극치료'는 심리상담가 최대헌에 의해 진행되고 있는데, 진행자가 '심리극치료'를 한다고 구두로 이야기한 후 뒤이어 '심리극치료'는 '자신의 마음 속 이야기 솔직히 털어놓는 장'이라는 자막처리를 통해 시청자들에게 정보를 제공하고 있다. 통상적으로 자막은 프로그램에 대한 중요한 정보를 제공하게 되며 의미의 정박을 뜻할 만큼 수용자의 해석에 중요한 영향을 미친다고 한다(이혜연 · 김정은 · 김혜원, 2009: 168). 따라서 자막으로 인해 '사이코드라마'를 '심리치료'로 인식하게 되고 역할 또한 '마음 속 이야기를 솔직하게 털어놓는' 것이라는 인식을 갖게 한다.

〈표 10〉 〈호루라기〉 26회 '20대 손자의 폭력' 손자의 심리극

진행 과정	내 용
문제 증상	• 할머니에 대한 폭언과 폭행 • 게임중독, 본드 흡입 • 통제할 수 없는 분노
치료 과정	• 어린시절, 엄마가 바람나서 도망가자 아버지는 자살함 • 18살 때 남자아이들과 살던 중 남의 집 털었다가 경찰에 잡혀감 ㆍ손자와 할머니에 대한 인터뷰, 배경처리된 심리극 장면 1~2분 정도 방영 ㆍ할머니 증언: 초등학교 입학식 때, 엄마가 안 왔다는 상처때문에 줄도 서지 않고 있던 손자의 모습을 떠올리면 마음이 아프다고 함
심리극 종료	• 일을 구하면 할머니 모시고 살겠다고 함 ㆍ전문가 해석: 최대헌(심리상담가) 책임감 있음, 중요한 출발, 20대라는 연령의 특징을 고려해 볼 때, 혼자 고립되어서 충분한 사회성 훈련 못 받음, 지속적인 개입이 이루어진다면 가능성 있음

20대 손자에 대한 심리극은 할머니에 대한 폭력행사 · 게임중독 · 본드흡입 등 도덕적인 면에서 비난받을 수 있는 일련의 행위

가 어린시절 상처받은 트라우마로 인한 것이며, 손자 또한 불우한 환경의 희생자라는 시각에서 이루어지고 있다. 그뿐만 아니라 현재 손자는 고립된 환경으로 인해 사회성 훈련을 받지 못했기 때문에 복지서비스의 개입이 이루어진다면 정상적인 회복이 가능하다는 것이다. 손자 또한 할머니에게 효도를 하고자 하는 바람을 표현하는 모습을 보여줌으로써 손자의 긍정적인 면을 부각시키고 있다.

앞서 언급한 바와 같이 TV프로그램에서 방영되는 사이코드라마는 출연자가 안고 있는 문제 상황을 환경 탓으로 돌림으로써, 출연자의 잘못된 행동에 대한 책임을 외부로 전가시키고 있다. 이런 형태로 프로그램을 방영하는 것은 출연자를 보호하고자 하는 의도에서 이루어진 것이겠지만, 그러한 시각은 시청자들에게 부정적인 영향을 미칠 수 있다. 즉 자신의 문제행동에 대해 책임지려 하지 않고 환경 탓으로 돌리는 무책임함을 배양시킬 우려가 있다. 정통 사이코드라마처럼 문제 행동에 대한 책임을 환경에 기인하는 것이라고 보며 출연자의 의견에 동조하며 상처받은 마음을 다독거린 후, 자기 자신에게도 잘못이 있으며 그것에 대해 책임을 져야한다는 내용을 덧붙여 방영할 필요가 있다. 시간 상 제약으로 인해 편집이 이루어진다 하더라도 핵심적인 요소는 모두 포함시켜야 시청자들로부터 공감을 이끌어낼 수 있으며 그것이 시청자들에 대한 치료로까지 연결될 수 있기 때문이다.

다음은 사이코드라마를 실연한 후 달라진 점이다.

〈표 13〉〈호루라기〉 26회 심리극 사전/사후

사 전	사 후
통제 불가능한 분노를 분출함	원인이 트라우마를 치료하기 시작함
할머니의 금전을 착취하고 폭력을 가함	할머니에 대한 고마움과 애정을 표현함
게임중독 및 본드중독에 빠짐	사람답게 살기 위해 재활치료를 받기로 함

손자는 사이코드라마를 한 후, 할머니에게 폭력을 가하던 패륜아의 모습에서 할머니에 대한 고마움과 애정을 표현하는 데까지 나아간다. 사이코드라마를 실연한 후 감정의 변화가 많이 일어난다. 그동안 손자의 이야기를 경청해서 들어주는 사람이 아무도 없었기 때문에 사이코드라마의 주인공이 되어 자신의 이야기를 마음껏 펼쳐놓는 경험을 하는 것만으로 손자에게 치유가 되었던 것이다. 그로 인해 분노가 어느 정도 가라앉게 되었으므로 자신을 객관적으로 바라볼 수 있는 기회를 가질 수 있었던 것이다(윤일수, 2011: 268). 그 결과 이제까지 유일한 안식처였던 할머니에게 고마움을 표하기보다 가슴 속에 쌓였던 분노를 분출하는 역기능적인 행동을 보였으나, 분노에 대한 치료가 어느 정도 이루어지자 할머니에게 고마움과 애정을 순기능적으로 표현할 수 있게 된 것이다. 이처럼 사이코드라마는 부정적인 감정을 긍정적인 감정으로 변화시키는 데 중요한 역할을 하고 있다.

(2) 긴급출동, 유치원생이 된 딸 구하기

2011년 1월 14일에 방영된 SBS 〈긴급출동 SOS 24〉 240회 '유치원생이 된 딸'은 외할머니에 대한 20세 딸의 멈추지 않는 폭력을 막아달라는 어머니의 제보로 시작되었다고 한다. 사례가 상당히 사적인 내용이므로 개인정보를 보호하기 위해 딸 정예림, 어머니 홍정선, 외할머니 서용림, 아버지 정성훈 등은 가명을 사용하고, 얼굴을 모자이크 처리하고 있다. 이 경우도 한회당 두 개의 사례를 보여주므로 편당 방영시간은 30분정도 소요되었다. 구체적인 내용은 다음과 같다.

〈표 11〉 〈긴급출동 SOS 24〉 240회 '유치원생이 된 딸' 솔루션 진행과정

솔루션	내 용
현재생활 관찰 I	• 유치원생 같은 말투와 행동 • 지나치게 먼지에 민감한 반응을 보임 • 착하고 순하지만 돌발적으로 행동함 • 3년째 외할머니와 엄마에게만 폭력을 행사함 • 나이답지 않게 집에서 지내는 시간이 많은 편 • 할머니: 손녀의 폭력 사실을 숨기려는 할머니 • 아버지: 딸에게 심한 폭력 행사, 두드려 패고 내쫓음
문제상황 진단	김승겸(신경정신과 전문의) • 사소한 일에 충동적으로 반응하며 폭력적인 딸 • 딸의 분노에 적절히 대처하지 못하는 엄마 • 폭력과 폭언으로 대하는 아버지
현재생활 관찰 II	• 다른 사람에게 밥을 챙겨주면서 정작 자기는 엄마가 챙겨줄 때까지 밥을 안 먹음 • 엄마가 있을 때 아무 것도 안하고 챙겨달라고 함 • 엄마의 사랑으로부터 소외되었던 어린시절의 아픈 기억이 있음 • 몇년전 경계선지적능력(IQ70~80) 진단받음

SOS솔루션 위원회 대책	• 정희정(아동상담센터): 경계선지적능력은 지적장애는 아니지만, 또래에 비해 어리고 미성숙하여 상황에 대처하는 능력이 부족함, 부모가 기다려주지 않고 폭언과 폭력 행사함, 부모의 훈육태도가 중요한데 부모는 또래에 비해 낮은 판단력을 이해 못하는 상태임 • 이현주(노인보호기관): 노인학대사례에 해당함, 외할머니의 장기적 안정과 부양이 필요함 • 김승겸(신경정신과 전문의): 지능이 낮은 사람은 모방을 하므로 부모의 훈육태도가 문제임, 딸의 폭력은 부모를 모방한 것임 ㆍ폭력의 모방성: 아빠가 엄마를 집어던짐, 밥상을 집어던짐 →부모에게 받은 것 100% 흡수, 사춘기에 사회생활을 통해 여과하지만 지능이 떨어지는 딸은 안 됨
심리극 치료	낮은 경계선지적능력으로 인해 폭력피해자에서 폭력가해자가 된 상황점검 및 치료
종료	• 가족 전체의 문제를 함께 해결: 딸의 입원치료, 할머니에 대한 체계적 관리와 치료 지원, 가족상담치료 • 아빠: 딸이 나아진다면 노력하겠다고 다짐 • 딸: 약물치료, 인지행동치료, 가족치료병행

이처럼 〈긴급출동 SOS 24〉는 어려운 상황에 대한 긴급구조의 성격을 띠므로 일상생활을 관찰하여 문제점이 파악되면, 곧바로 SOS솔루션위원회의 개입이 이루어지는 형태로 구성되어 있다. 경계선지적능력인 정예림(가명, 20세)에 대한 신경정신과와 아동상담센터의 진단과 처방이 이어지고, 손녀로부터 폭행을 당하는 서용림(가명) 할머니에 대한 노인보호기관의 사회서비스가 병행되어 진행되는 형태로 구성되었다. 이처럼 〈긴급출동 SOS 24〉는 프로그램명에서 긴급위기 상황에 처한 사람들에 대한 긴급구조의 형태로 복지서비스가 이루어지는 상황을 보여줌으로써, 우리사회에서

제공되고 있는 복지서비스에 대한 정보를 제공한다. 또한 프로그램을 통해 사회적으로 부적응 양상을 보이는 사람들의 행동이 열악한 환경으로 인한 방어에서 비롯되었다는 관점을 취함으로써 타자화되었던 출연자들을 일반인의 범주 속으로 포함시키고 있다.

솔루션 결과 정예림(가명, 20세)은 가정폭력의 피해자로서 현재 폭력의 가해자가 된 상태라는 것이 밝혀진다. 상당수의 사람들이 부모로부터 모방학습한 것을 청소년기에 사회생활을 통해 여과하게 되는 데 비해 정예림은 낮은 지능으로 인하여 그렇게 하지 못하고 부모의 행동을 100% 흡수했기 때문이라는 것이다. 따라서 할머니에 대한 폭력 또한 부모의 행동을 그대로 모방한 것이라고 한다. 존속 폭행은 사회적으로 비난을 받아 마땅한 것이지만, 이 경우는 경계선지적능력를 가진 정예림을 비난할 수 있는 상황이 아니라는 입장이다. 또한 아직까지 잘 알려지지 않은 경계선지적능력에 대한 전문적인 정보를 제공하며, 폭력은 모방 · 학습되는 것이므로 반드시 고리끊기가 이루어져야 할 문제로, 공적으로 책임져야한다는 홍보까지 이루어진다. 이러한 진행방식은 시청자들로 하여금 인권이 존중되는 사회 그리고 함께 더불어 사는 사회를 구현하기 위해서는 공동의 노력이 필요하다는 책임감을 느끼게 하고, 솔루션 프로그램 참가자처럼 문제해결을 위해 함께 동참할 수 있도록 독려하고 있다.

다음, '심리극치료'는 예술심리치료전문가 최대헌에 의해 진행되고 있는데, 진행자가 '심리극'을 한다는 사실을 구두로 이야기하는데 그칠 뿐, 자막처리와 같은 부가서비스가 없다. 심리극을 진행하는 전문가에 대한 소개도 '예술심리치료전문가'라고 자막으로 처리되고 있으며, 김영신의 심리극은 1~2분간만 방영되는 상황이므로 심리극에 대한 기본지식이 없는 사람이라면, 현재 진행되는 것이 심리극이라는 것조차 인지하기 어렵게 구성되어 있다.

다음은 사이코드라마 진행과정이다.

〈표 12〉 〈긴급출동 SOS 24〉 240회 '유치원생이 된 딸' 딸의 심리극

진행과정	내 용
문제증상	• 어릴 때부터 엄마에게 폭력을 행사하던 아버지에 대한 두려움
치료과정	• 바타카를 치면서 자신의 아픔 이야기하기 • 폭력의 피해자가 가해자가 된 현실
심리극 종료	• 전문가 분석: 모든 에너지가 집에 머물고 있음, 갈등상황 외면, 서로 마주보고 있어서 가능성 있음

전체 방영시간 중에서 사이코드라마에 할애된 시간이 극히 적은 관계로 실제 실연된 사이코드라마의 형태를 파악하기는 어렵다. 방영된 내용에 의존한다면 자신에게 폭력을 가하는 아버지에 대한 분노를 표출하고 주인공을 지지하는 형태로 진행되고 있다. 사이코드라마 방영을 통해 시청자도 간접적으로 치료효과를 얻게 하기 위해서는 과도한 편집보다는 전체적인 진행과정이 어느 정도 제시되어야 한다. 그래야만 주인공과 같은 문제가 재발하지 않도록 시청자들에 대한 사전교육이 될 수 있기 때문이다. 만약 그렇게 될 경우, 공개적으로 진행되는 사이코드라마는 폐쇄집단과 진행 방법에서 차별화할 필요가 있다. 그렇지 않을 경우, 사이코드라마 방영으로 인하여 가족이나 적대관계에 있는 인물이 상처를 입을 가능

성이 있기 때문이다.

다음은 솔루션 참가 이전과 이후에 달라진 점이다.

〈표 17〉 〈긴급출동 SOS 24〉 240회 사전/사후

사 전	사 후
온 가족들을 괴롭히는 집안의 문제아로 인식됨	가족과 주위 사람들로부터 이해와 배려를 받게 됨
외할머니에게 폭력을 행하는 폭군으로 인식됨	폭력을 단절시키기 위한 가족치료를 받게 됨
폭력 피해 경험으로 인해 상처가 많음	지속적인 심리치료를 받기로 함

이처럼 정예림의 솔루션은 환경 속의 개인, 즉 환경이 개인에게 미치는 영향을 강조하고 있다. 따라서 김영신이 지니고 있는 문제행동은 가족들의 도움이 있어야만 치료될 수 있다는 입장이다. 오늘날 텔레비전은 '문화적 무기(cultural weapon)'라 불릴 만큼 정치 · 경제 · 사회 · 문화 전반에 걸쳐 엄청난 영향력을 행사하므로(정병웅, 1996: 196), 〈긴급출동 SOS 24〉의 이러한 시각은 시청자들로 하여금 자기행동이 주변사람들에게 미치는 영향에 대해 많은 책임감을 가지게 하는 효과가 있다.

3) 긴급출동, 거식증에 걸린 딸 구하기

2010년 12월 3일에 방영된 SBS 〈긴급출동 SOS 24〉 235회 '거식증 딸의 비밀'은 5년째 섭식장애로 생명의 위협을 받고 있는 딸을 구해 달라는 어머니의 제보로 시작되었다고 한다. 사례가 상당히

사적인 관계로 개인정보를 보호하기 위해 딸 김영신과 어머니 장숙영은 가명을 사용하고, 얼굴을 모자이크 처리하고 있다. 이 경우도 역시 한회당 두 개의 사례를 보여주므로 편당 방영시간은 30분 정도 소요되었다. 구체적인 내용은 다음과 같다.

〈표 13〉 〈긴급출동 SOS 24〉 235회 '거식증 딸의 비밀' 솔루션 진행과정

솔루션	내 용
현재생활 관찰 I	• 멈추지 않고 음식을 먹은 뒤 토하는 딸 • 락스를 먹고 병원에 실려감 • 언니에게 폭력행사 • 고통을 잊기 위한 음주행위
SOS솔루션 위원회 대책 I	• 딸의 섭식장애 치료를 위한 입원 • 딸의 건강상태 진단 및 치료지원 • 가족의 심리상담 및 치료
딸 인터뷰	• 형제 간의 싸움에 경찰을 부른 것과 섭식장애의 고통을 이해하지 못하는 가족에 대한 서운함 • 자기 자신에 대해 느끼는 모욕감 ㆍ거식증의 시작: 고등학생 때 엄마동료가 청바지 입은 모습을 보고 '터지겠다'고 한 것에 충격을 받아 다이어트를 시작함
현재생활 관찰 Ⅱ	• 집에 함께 있자며 언니를 바깥에 못 나가게 함 • 가족에 대해 지나치게 의존적이며 집착을 보임 ㆍ원인: 알코올중독인 아빠에게 맞고 자랐으며, 부모의 이혼으로 엄마가 생계를 책임지게 되면서 혼자 지냄 • 먹고 구토하는 딸, 말없이 수발하는 엄마, 언니에게 트집 잡으며 험한 말하는 딸, 막내딸 편만 드는 엄마 • 딸을 도와주고 싶어도 방법을 모르는 엄마
SOS솔루션 위원회 대책 Ⅱ	• 정재훈(신경정신과): 구토와 감정통제가 안됨, 돌발적 위험이 잠재함, 자아상이 불안정하므로 충분한 지지가 필요함, 어릴 때 상처받았던 것에 대한 보완이 필요하며, 딸 스스로 치료의지 갖는 게 중요함

SOS솔루션 위원회 대책Ⅱ	• 박예신(수간호사, 신경정신과): 영양과 식단에 유의할 필요가 있음, 섭식장애는 병으로 식사조절과 감정통제가 안 됨 • 최훈(내과): 20대 골다공증 심각한 상태임 • 딸: 섭식장애는 혼자서 치료 못한다는 것을 인정하고 입원치료를 결심함 ᐞ 과거 상처를 구토를 통해 해결, 사망가능성 있음, 신체적 정신적 응급상황임
심리극치료	섭식장애를 유발한 어린시절의 외로움과 애정결핍상태 점검과 치료
종료	• 딸의 치료가 이루어지기 전 가족여행을 감 • 엄마 소원: 딸의 치료 후 가족과 행복하게 사는 것임 ᐞ 긴 투병기간 동안 가족의 지지가 힘이 됨 ᐞ 거식증은 마음의 병이므로 마음의 상처를 함께 살펴보려는 노력과 가족의 지지가 필요함

앞서 언급한 바와 같이 〈긴급출동 SOS 24〉는 긴급구조의 성격을 띠며 복지서비스가 이루어지는 형태로 구성되어 있다. 따라서 장기간 섭식장애를 앓고 있는 김영신(가명)의 신경정신과와 내과의 진단이 이어지고 그것에 대한 처방이 뒤따른다.

사회규범 상, 할머니를 폭행하는 손자, 외할머니를 폭행하는 정예림(가명)은 존속에게 폭행을 가했다는 점에서 사회적 비난을 받는다. 솔루션은 이러한 부적응행동이 트라우마에서 비롯되었으며, 그들 역시 환경의 피해자라는 시각에서 접근이 이루어지고 있다. 이러한 TV프로그램의 시각은 시청자들에게 영향을 미친다. 즉 사회규범에 적응하지 못하고 있는 사람을 잘못된 행동에 초점을 맞추어 비난하기 보다는 그들의 입장에서 바라보는 시각을 가지도록 한다. 이것은 '더불어 사는 삶의 방식'을 회복하는 것이고, 이는 더불어 사는 윤리와 사회구성원리를 회복하는 것이다(문순홍, 2006: 394-395). 이 점은 문학 텍스트를 독자에게 작용하고 영향을 미치게 되는 계기를 의도하고 있는 지시물이라 보았듯이(차봉희, 1985: 85-86) 솔루션 형식의 프로그램 역시 의도성이 있는 지시물이다. TV프로그램이 시청자들에게 미치는 영향 면에서 본다면 지시물의 의도는 충분히 성취되고 있다.

다음, '심리극치료'에 대한 기본적인 사항은 앞서 살펴본 '거식증 딸의 비밀'과 동일한 프로그램에서 동일한 전문가에 의해 진행되는 것이므로 진행환경이 동일하다. 구체적인 내용은 다음과 같다.

〈표 14〉 〈긴급출동 SOS 24〉 235회 '거식증 딸의 비밀' 딸의 심리극

진행과정	내 용
문제증상	• 딸: "나 좀 이해해 줘, 나 안 받아주잖아, 배부르게 먹고 싶어." • 가족을 힘들게 하며 가족과 떨어지는 것을 싫어함 • 가족에 대해 '안타깝다'는 속내 털어놓음
치료과정	• 바타카 치는 장면 • 엄마: "아빠와 떨어져 있어서 외로웠다니 엄마가 가슴 아프다."
심리극 종료	• 전문가 분석: 섭식장애는 외모나 다이어트와 연결되는 것이 아니라 엄마의 관심과 연결됨 • 기본적인 애정이 바탕이 되었을 때 좋아질 가능성 있음

앞서 언급한 바와 같이 〈긴급출동 SOS 24〉는 사이코드라마에 할애하는 시간이 짧은 관계로 전체적인 진행과정을 파악하기가 어렵다. 방영분에 의하면 현재 김영신이 안고 있는 문제의 증상들이 환경에서 비롯되었다는 시각을 취하고 있다. 또한 그동안 쌓은 분노를 분출하므로 카타르시스를 통해 문제 상황에서 벗어날 수 있

도록 구성하고 있다.

다음은 솔루션을 진행하기 이전과 이후에 달라진 점이다.

〈표 21〉 〈긴급출동 SOS 24〉 235회 사전/사후

사 전	사 후
폭식과 구토가 반복되는 식생활	근본적인 이유는 다이어트가 아니라 정신 것임을 파악하고 치료에 들어감
딸의 폭력으로 인해 집안분위기가 살벌함	딸의 치료를 위해 집안분위기가 화기애애해짐
집안의 골치 덩어리가 된 딸	이해와 배려를 받게 됨
건강상태가 상당히 안 좋음	건강관리를 위해 입원치료하게 됨

이상과 같이 〈긴급출동 SOS 24〉는 긴급위기에 대한 긴급구조의 성격에 맞게 문제해결에 초점이 맞추어지고 있다. 따라서 김영신의 거식증에 대한 근원적인 원인을 파악하고 그것을 하나씩 해결해가는 방향으로 진행된다. 따라서 유사한 문제에 직면한 시청자들에게 유용한 정보를 제공하고 있었다. 그렇지만 문제행동이 아버지의 폭력에 원인이 있다는 식으로 책임을 부모에게 전가시킴으로써 부모를 죄인으로 만드는 경향이 있다. 이로 인해 가족들이 상처를 입게 될 우려가 내재해 있다. 따라서 주인공의 주변인물이 상처받지 않도록 하는 보호장치가 마련되어야 한다.

Ⅲ. TV프로그램이 사이코드라마에 대한 인식에 미친 영향

TV프로그램에서 사이코드라마를 시청한 경험이 있는 사람 900여 명을 대상으로, 설문조사를 실시하여 다음과 같은 결과를 얻었다.

먼저, 용어 문제이다. '사이코드라마'를 지칭하는 용어로 '사이코드라마', '심리극', '심리극 상담', '심리극 치료' 등이 있다. 그중 '사이코드라마'가 정식명칭이고 '심리극(心理劇)'은 그것을 우리말로 번역한 용어이다. 따라서 '심리극'이라는 용어 자체에 이미 '치료하다.'는 의미를 내포하고 있다. 그럼에도 불구하고 방송매체에서는 '치료'라는 용어를 덧붙여 동어반복(同語反覆)으로 '심리극 치료'라는 용어를 즐겨 사용하고 있다. 많은 사람들은 TV프로그램에서 '플래이백 시어터'를 소개하는 과정에 사용된 '심리치료극'이라는 용어와 '심리극 치료'의 영향으로 인하여, '심리치료극'이 방송을 통해 생성된 신조어임에도 불구하고 많은 사람들이 정식 용어처럼 인지하는 경향이 있다.

'사이코드라마'의 변형된 형태인 '플래이백 시어터'는 진행방식에서 확연히 차이가 남에도 불구하고, TV프로그램을 통해 축약된 형태로 소개되는 과정에 그 차이가 명료하게 드러나지 않고 있다. 따라서 '사이코드라마'에 대한 지식이 없는 사람들로 하여금 '플래이백 시어터'와 '사이코드라마'를 동일한 것으로 오인할 여지를 제공하고 있다. 더욱이 '플래이백 시어터'를 지칭하는 '심리치료극'과 '사이코드라마'를 소개하는 '심리극 치료'라는 용어의 유사성으로 인하여 그러한 혼동은 가중될 수 있는 상황이다.

그뿐만 아니라 '사이코드라마'를 진행하는 진행자를 소개하는 데 '심리극전문가', '심리상담가', '예술심리치료전문가' 등의 용어가 혼용되어 사용되고 있다. TV프로그램 중에서는 그나마 장시간 실연장면을 보여주는 〈미워도 다시 한번〉과 〈생방송 오늘 아침- 사랑 더하기〉에서는 '심리극전문가'라는 용어를 사용하고 있으나, 〈현장추적 인권수사대 호루라기〉에서는 '심리상담가'를 사용하고 있으며, 〈긴급출동 SOS 24〉에서는 '예술심리치료전문가'를 사용하고 있다. 특히 진행자가 '예술심리치료전문가'로 소개되는 〈긴급출동 SOS 24〉는 '심리극 치료'을 진행한다는 사실을 '구두'로 공지하고 있으므로, 시청자들에게 '사이코드라마'에 대한 인식을 심어주기에 역부족이다.

시청자 중, TV프로그램을 통해 알려지게 된 신조어 '심리치료극'를 사이코드라마를 지칭하는 용어로 알고 있는 사람이 사이코드라마를 '재미있다'고 하거나 '신기하다고'하며 긍정적인 평가를 내리는 비중이 높았다. 즉 TV프로그램을 통해 사이코드라마가 방영됨으로써 사이코드라마가 가지고 있던 부정적인 이미지가 많이 쇄신되었음을 알 수 있다.

TV프로그램을 통해 알려지게 된 '심리치료극'이라는 용어를 많이 들어본 층에서 직접 참여하는 것에 대해 긍정적이 답변이 많이 나온 것은 TV프로그램의 사이코드라마 방영이 '사이코드라마'에 대해 긍정적으로 받아들이는 데 기여했다는 것인 보여주는 통계이다. 이처럼 TV프로그램을 통해 사이코드라마를 방영하는 것은 사이코드라마 정신에 위배되는 점이 많기는 하지만, 사이코드라마를 대중적으로 널리 알리는 데 기여하고 있었다.

참고문헌

KBS2 〈현장출동 인권수사대 호루라기〉, 26회 '20대 손자의 폭력', 2011.12.8.

MBC 〈생방송 오늘 아침 사랑더하기〉, 80~81회, 2010.10.8~10.15.

SBS 〈긴급출동 SOS 24〉, 235회 '거식증 딸의 비밀', 2010.12.3.

SBS 〈긴급출동 SOS 24〉, 240회 '유치원생이 된 딸', 2011.1.14.

SBS Plus 〈미워도 다시 한번〉, 35~50회 3기 부부, 2011.9.9~12.26.

김세경, 「이혼율 증가와 사회적 지원방안」, 『보건복지포럼』, 93호, 한국보건사회연구원, 2004.7. 47~64면.

김수동 · 이우경, 『사이코드라마의 이론과 적용』, 학지사, 2003.

윤일수, 「사이코드라마 주인공의 효율적인 선정 방식」, 『한국사이코드라마학회지』, 14권 1호, 한국사이코드라마 · 소시오드라마학회, 2011.12. 35~61면.

이혜연 · 김정은 · 김혜원, 「수용자의 프로그램 해석에 있어서 자막이 미치는 영향」, 『한국디자인학회 2009년도 봄국제학술발표대회논문집』, 한국디자인학회, 2009.5, 168~169면.

정병웅, 「여가활동으로서 텔레비전 시청이 갖는 함의」, 『관광 · 레저연구』, 8권 2호, 관광 · 레저학회, 1996, 195~210면.

차봉희, 『수용미학』, 문학과 지성사, 1985.

최헌진, 「치유적 사이코드라마」, 『한국사이코드라마학회지』, 9권 1호, 한국사이코드라마 · 소시오드라마학회, 2006. 1~19면.

최헌진, 『사이코드라마 이론과 실제』, 학지사, 2003.

데이비드 존슨 · 르네 에무나, 김세준 · 이상훈 역, 『드라마치료의 현재』, 시그마프레스, 2011.

마샤 카프 외, 김광운 · 박희석 외 공역, 『심리극의 세계』, 학지사, 2005.

아담 브레트너, 최윤미 역, 『사이코드라마 기법』, 2005.

티안 데이톤, 김세준 역, 『사이코드라마와 집단치료 매뉴얼』, 도서출판 비블리오드라마, 2008.

※ 이 글은 필자의 논문 「TV프로그램의 사이코드라마 방영이 시청자들에게 미치는 영향」(『한민족어문학』 60집, 2012.6.30.)을 수정 · 보완한 것이다.

찾 / 아 / 보 / 기

ㅇ

ㅈ

ㅊ

ㅋ

ㅌ

ㅍ

ㅎ

인문치료의 이론과 방법

저 자 : 김선희, 엄찬호, 유강하, 유건상, 윤일수
이민용, 이영의, 정락길, 정성미, 최병욱
펴낸이 : 신승호(辛承昊)
펴낸곳 : 강원대학교 출판부
200-701 춘천시 강원대학길1(효자2동 192-1)
☎ (033) 250-7171 / FAX (033) 259-5716
등 록 : 춘천시 제28호
발행일 : 2014년 6 월 25 일 초판

ISBN 978-89-7157-344-0 정가 12,000원